국제저널 에디터가 가르쳐 주는

영어논문 쓰기와 논문심사 대처요령

카미데 요스케 지음 | 안병호 옮김

Σ 시그마프레스

국제저널 에디터가 가르쳐 주는

영어 과학논문 쓰기와 논문심사 대처요령

발행일 | 2015년 11월 10일 1쇄 발행

지은이 | 카미데 요스케
엮은이 | 안병호
발행인 | 강학경
발행처 | (주)시그마프레스
디자인 | 이상화
편집 | 류미숙

등록번호 | 제10-2642호
주소 | 서울시 영등포구 양평로 22길 21 선유도코오롱디지털타워
        A401~403호
전자우편 | sigma@spress.co.kr
홈페이지 | http://www.sigmapress.co.kr
전화 | (02)323-4845, (02)2062-5184~8
팩스 | (02)323-4197

ISBN | 978-89-6866-521-9

KOKUSAISHI EDITOR GA OSHIERU ACCEPT
SARERU RONBUN NO KAKIKATA
by Yosuke Kamide

＊ 책값은 책 뒤표지에 있습니다.

이 도서의 국립중앙도서관 출판예정도서목록(CIP)은 서지정보유통지원시스템
홈페이지(http://seoji.nl.go.kr)와 국가자료공동목록시스템(http://www.nl.go.
kr/kolisnet)에서 이용하실 수 있습니다.(CIP제어번호: CIP 2015030226)

논문발표는 연구자의 의무

좋은 논문이란

논문 제출에서 채택까지

논문을 쓰는 기본에서 실제까지

영어논문 작성법

레퍼리의 코멘트에 대한 구체적인 대처방법

마무리

부록

정년퇴임을 앞두고 마지막으로 해외저널에 논문을 투고한 것이 벌써 몇 년 전의 일인데, 아직 심사과정에서 일어난 일들이 생생하다. 오랜 연구생활을 통해서 많은 논문을 출간하면서, 논문집필에서부터 심사에 통과하는 모든 과정에 제법 익숙해졌다고 자부할 만한 기간이 지났다. 하지만 새로운 논문을 투고할 때마다 항상 박사과정 때 처음으로 해외 유명저널에 투고할 때와 같은 초조한 마음과 들뜬 기분을 느끼게 된다. 그만큼 논문집필이나 심사과정은 중견 과학자라고 하더라도 투고할 때마다 느끼는 부담일 것이다. 하물며 논문을 처음 써야 하는 대학원생이라면 그 심정을 가히 짐작할 만하다. 논문을 처음 쓰기 시작할 즈음 체계적으로 논문작성 및 논문심사 대처요령을 공부를 했더라면 하는 아쉬움이 퇴임을 한 후에 생각났으니 만시지탄이다.

요즈음 학부에서 글쓰기라는 과목이 개설되어 학생들이 훈련을 받고 있는 것으로 알고 있다. 그런데 글쓰기가 한두 학기의 강의를 듣고 능통해질 수 있는 성질의 능력이 아니다. 미국에서는 어려서부터 영어시간에 글쓰기 훈련을 집중적으로 받는다. 그리고 우리의 대학수학능력고사와 같은 SAT에서도 글쓰기(writing)라는 과목이 매우 중요한 비중을 차지하고 있다. 사실 대학을 졸업할 때까지 A4 용지 한쪽에 해당하는 길이의 글도 자주 써 보지 못한 이공계 학생들이 대학원에 들어가서 영어로 논문을 쓰고 그리고 논문심사 과정에서 레퍼리(referee)와 영어로 논리적인 대결을 펼친다는 것이 얼마나 벅찬 일인가를 쉽게 짐작할 수 있다. 그러나 유감스럽게도 우리나라 대학원 과정에서 정식 교과목으로 이러한 훈련을 한다는 이야기를 들은 적이 없다. "구슬이 서 말이라도 꿰어야 보석이다."라는 말이 있듯이, 아무리 훌륭한 연구를 수행하였다 하더라도 논문으로 발표하지 않으면 아무런 소용이 없다.

이러한 어려움을 덜어 줄 목적으로 이미 여러 종류의 관련서적이 출판되었지만, 대부분 원론적인 접근이어서 당장 실전에 적용하기에는 적합하지 않다고 생각한다. 마침 일본 나고야대학교의 명예교수인 카미데 요스케(上出洋介) 교수가 오랜 기간 연구활동과 국제저널 에디터로서의 경험을 바탕으로 실전에 적용할 수 있는 책을 집필하였다. 카미데 교수는 본 역자와 더불어 30여 년 이상 긴 세월 동안 공동연구를 통해서 다수의 논문을 같이 집필한 바 있다. 이러한 공동연구 과정을 통해서 역자는 논문집필과 논문심사 대처요령에서 보여준 저자의 탁월한 능력에 감탄한 적이 한두 번이 아니었다. 이러한 노하우가 이 책으로 결실을 맺게 되었다고 생각한다. 비록 카미데 교수가 일본의 젊은 연구자들을 위해서 이 책을 집필했지만, 책을 읽어본 후 바로 이 책이면 우리나라의 대학원생 및 젊은 연구자에게도 도움이 될 수 있을 것이라는 확신이 들었다. 특히 한글과 일본어는 문법체계가 비슷해서 영문작성에서 동일한 유형의 실수를 범한다는 공통점이 두 나라 사람들에게 나타난다. 그뿐만 아니라 유교문화의 전통을 공유하기 때문에 사고방식 역시 서양에 비한다면 상대적으로 공통점이 많다. 이러한 이유로 인하여 영어과학 논문에 있어서 일본인이 경험하는 어려움의 상당 부분을 우리도 공유하고 있다고 생각할 수 있다. 번역 과정에서 이러한 사실들을 확인하였다.

본 역자의 일본어 실력이 미천하여 일본어를 정확하게 우리말로 옮기는 데 어려움이 많았다. 다행스럽게도 카미데 교수가 많은 도움을 주어 무사히 번역을 마칠 수 있었다. 모르는 문장이나 단어를 문의하면 카미데 교수는 그 해답을 영어로 알려 주었고, 역자는 그것을 다시 한글로 번역하는 색다른 과정을 거쳤다. 원저와 번역본을 같이 읽으면서 코멘트해 주신 경북대학교 명예교수인 양승영 교수에게도 감사드린다. 끝으로 영어, 일본어, 한글이 혼재된 번역서의 편집 때문에 고생한 시그마프레스 편집부 직원들에게도 감사드린다.

2015년 10월
역자 안병호

우리들은 기술사회에 살고 있다. 가정이나 학교·사회 등 우리 신변에는 전자기기가 넘쳐나고, 교통, 통신, 인공위성기술은 일상생활을 편리하게 해줄 뿐만 아니라 많은 경우에 컴퓨터 제어를 통한 로봇기술의 사용으로 인간을 대신해 주기까지 한다.

그러나 아무리 정보기술이 고도로 발달해도 컴퓨터는 결코 인간을 대신해서 문장을 써 줄 수는 없다. 간단한 메모에서 에세이, 소설, 시, 연애편지, 리포트, 그리고 학술논문에 이르기까지 문장을 쓰는 도구를 사용하여 서로 커뮤니케이션을 도모하는 것은 인간의 특권이라고 말하는 편이 적절할지 모른다. 왜냐하면 '쓴다'는 것은 각각의 인간의 사고방식, 그리고 생각하는 능력, 창작하는 능력, 표현하는 능력과 밀접하게 결부되어 있기 때문이다. 인간이 아니면 느낄 수 없으며, 생각하는 것도, 창조해 내는 것도, 이들을 종합적으로 표현하는 것도 불가능하다.

달리 표현하면 '쓴다'는 것은 인간 개개인의 개성을 발휘하는 독특한 일인 것이다. 그러나 유감스럽게도 세상에는 '쓰는 것을 매우 좋아한다'는 사람은 그리 많지 않다. 왜 그럴까?

한편 항상 지적 호기심이 넘쳐나고, 생활의 향상을 목표로 계속 증진하는 인간에게만 지적 유희라는 연구 행위가 있다. 연구는 상상과 창조를 연결하는 행위로, 답은 고사하고, 풀어야 할 문제조차 아무도 모른다는 것이 그 본질이다. 그래서 연구성과는 논문이라는 형태로 역사에 남는 것이다.

이번에 수준 높은 학술전문지에 논문이 채택(accept)될 수 있으며, 임팩트(impact)가 높고 좋은 논문을 작성하는 데 도움을 주기 위해 본서를 출간하게 되었다. 여러분에게 언젠가 전하려고 지금까지 써 모아온 것들에 추가하여, 작금의 논문 부정에 관하여 우려해야 할 사태에 대해서도 언급하면서, 전체로서 줄거리가 통하도록 서술하였다. 좋은 논문을 세상에 남기는 노하우를 필자가 연구자 및 교육자로서, 그리고 학술전문지 에디터로서의 경험을 통하여 생각하고 느낀 점을 말하고자 하였다.

본 저서 국제저널 에디터가 가르쳐 주는 영어 과학논문 쓰기와 논문심사 대처요령(国際誌エディターが教えるアクセプトされる論文の書きかた)은 이공계 학생이나 연구자는 물론, 회사에서의 업적발표, 기획서의 작성에도 도움이 되리라 확신한다. 동일한 연구결과라면 어필(appeal)하는 힘이 강하고, 임팩트가 높은 논문 쪽이 좋다는 것은 정해진 사실이다.

또한 좋은 논문을 쓰는 방법은 좋은 리포트 쓰는 방법과 공통점이 많다. 필자의 교육 경험의 대부분은 국립대학 이공계 대학원생이 상대였지만, 학부학생 이외에 사립대학에서 이공계 전문과정 및 1,000명 정도나 되는 학생으로 구성된 일반 교양과정에서의 강의나 외국에서는 소수의 사람들에게 수업을 한 적도 있다. 이러한 경험으로부터 교수를 감탄시킬 만큼 좋은 리포트와 혹은 이와 정반대로 읽는 것이 처음부터 불가능하다고 생각될 만큼 나쁜 리포트의 특징을 분별하는 요령을 습득했다는 생각이 든다. 게다가 이 책에 언급된 요점들은 많은 현역 교원들의 공통된 의견이기도 하다.

논문에 관해서는 한층 더 심각하다. 대학원생이나 젊은 박사후 연수생(post-doc)들은 장래 한 사람의 독립적인 연구자로서 세계의 경쟁상대를

이기기 위해서 우수한 논문을 많이 쓰지 않으면 안 된다. 좋은 논문은 많이 인용되면서, 인류의 역사나 문화를 변화시킬지도 모를 가능성을 내포하고 있다. 다행히 필자는 세계 최상위급 학술잡지의 편집장, 즉 에디터로 11년간 근무하면서 매일 다양한 단계의 논문을 접하고 대처해 왔다. 또한 다수 전문지의 특집호, 국제회의 프로시딩(proceedings)의 편집장으로도 종사했고, 논문집필에서 투고, 심사, 출판에 이르기까지의 과정을 '내부'에서 지켜볼 수 있었기 때문에 논문심사의 이면무대도 지장이 없는 범위 내에서 소개하고자 한다.

좋은 논문 쓰는 방법을 습득하고, 일정한 규칙을 체득한다면, 역으로 구두발표도 편하게 할 수 있을 것임이 틀림없다. 왜냐하면 쓰는 것도 사람들 앞에서 발표하는 것도 '자신이 생각하고 있는 것, 하고 싶은 말을 제대로 정리하는 것', '읽는 사람도, 듣는 사람도 100% 이해시킨다'는 점에서는 공통이기 때문이다.

이 책에는 개념적인 것부터 구체적인 것에 이르기까지 많은 예를 제시했다. 예문에 나오는 전문용어는 독자에게는 인연이 없는 것으로 생각되며, 필자 자신도 잘 알지 못하는 것이 있다. 특수한 단어는 무시하고, 공통으로 중요한 점만을 짐작하기 바란다. 끝으로 이 책을 읽은 많은 분들이 질 높은 논문을 많이 발표할 수 있기를 기원한다.

2014년 4월
카미데 요스케

Chapter 1 논문발표는 연구자의 의무

1. 연구성과로서의 논문
2. 연구논문의 수치화
3. 논문에 의한 연구평가

'연구의 자유'라는 말이 있는 것처럼 학문의 내용이나 방법은 다른 사람이나 외부 단체의 간섭을 받지 않는 것이 보장되어 있다. 일본헌법의 제23조에는 "학문의 자유는 이것을 보장한다."라고 명확히 규정하고 있다. 또한 연구결과를 타인에게 가르치는 것이나 발표하는 것도 자유이다. 이는 종교의 자유와 표현의 자유와 함께 정신적인 자유에 속한다. 영어로는 전부를 한꺼번에 'academic freedom'이라고 말한다.

연구결과 발표의 자유도 보장되어 있기 때문에 아무리 좋은 연구결과를 얻더라도 논문을 발표하지 않을 자유도 있다. 그러나 연구결과를 발표하지 않는 연구자가 있다면 그 영향도 본인에게 국한된다.

본 장에서는 연구발표의 가장 보편적인 형태인 논문 등의 일반적인 성격에 대해서 이야기하고자 한다.

1. 연구성과로서의 논문

1) 논문이란 무엇인가

이 책의 독자들은 논문이 무엇인가를 이미 알고 있지만, 우선 복습으로 일반적인 용어인 논문, 특히 과학분야의 논문이란 무엇인가, 다른 문서와 어디가 어떻게 다른지 등에 대해 쉽게 정리해 본다. 일본어로서 논문이라는 것은 영어로 'article, report, letter, note, review' 등으로 불리는 것과 같이 여러 가지 종류, 형태가 있다. 전부 통칭해서 'paper'라 부르는 경우가 많다. 역으로 일반적인 페이퍼(paper)라 말하면 "그냥 종이라고 말할지 모른다. 그래서 영어사전에 paper를 찾아보면, 종이 이외에 신문, 서류, 그리고 논문도 나온다.

문장 작성에 대해서는 20년 전에 쓰인 책으로 베스트셀러가 된 고바야시 야스오(小林康夫), 후나비키 다케오(船曳建夫)가 저술한 '知の技法'(東京大学出版会)에 의하면 논문이란 "어떤 문제에 대해서 자신의 주장을 무언가의 조사에 기초하고, 합리적인 방법을 통하여 작성한 일정한 길이의 글의 집합체"로 정의하고 있다. '논문'을 정확하게 정의하려고 하면 아무래도 어려운 일이 된다.

논문을 가장 간단히 설명한다면, '어떤 테마에 관한 연구결과에 대해서 쓴 문서'라고 하면 될까? 논문이 일기나 수필 같은 작문과 다른 것은 역시 논문은 '논리적이지 않으면 안 된다'라고 하는 것이다. 또 연구논문은 자신이 수행한 연구로부터 얻은 결과에 대해서 보고하는 것이기 때문에, 그 결과는 새로운 점이 있어야 한다. 동일한 혹은 유사한 테마인 경우 다른 사람의 논문의 결론과 상충될지도 모른다. 어느 쪽이 정확한가, 양쪽 모두 잘못되었는가는 역사가 해결해 줄 것이다.

이와 같이 살펴보면 논문이란 무엇인가에 대한 키워드는 역시 그 글에서 다루고 있는 주제의 아이디어, 사물에 대한 견해, 연구 방법, 데이터 중의 일부 혹은 모두가 새로운 것 그리고 글 쓰는 방법이 논리적이어야 한다는 것이다.

2) 왜 논문을 발표할 필요가 있는가

학교교육법에는 "대학이란 학문의 중심으로 넓은 지식을 습득함과 동시에 깊은 전문적인 학문과 예술을 교수·연구하여, 지적·도덕적 및 응용적인 능력을 전개시키는 것을 목적으로 한다."로 정의하고 있다. 또한 "대학은 그 목적을 실현하기 위해서 교육 연구를 수행하여, 그 성과를 널리 사회에 제공하는 것으로부터, 사회의 발전에 기여하는 것으로 한다."로 되어 있다. 조금 난해한 문장이지만 평이하게 말하면, 대학이란 연구와 교육 모두를 수행하는 기관이라고 할 수 있다. 그래서 대학에서는 연구도 교육도 최고의 수준이 아니면 안 된다. 게다가 이 양자는 독립적이지 않고 밀접하게 결부되어 있을 필요가 있다. 극단적으로 말한다면, 오늘의 연구가 내일의 강의나 세미나에 활용되어야 하는 것이다.

학교교육법은 이미 "대학에는 대학원을 설치할 수 있다."라고 되어 있고, "대학원은 학술의 이론 및 응용을 교수·연구하고, 그 심오함을 추구하고 또한 고도의 전문성이 요구되는 직업을 담당하기 위해 깊은 학식 및 탁월한 능력을 배양하여, 문화의 발전에 기여하는 것을 목적으로 한다."라고 되어 있다. 대학이나 대학원은 그 점에서 고등학교까지의 교육과 다르다. 고등학교까지는 교사는 교과서 및 문부성이 정한 학습지도 요령에 따라 수업을 하면 되지만, 대학에서의 연구는 교육과 깊이 관련되어 있다. 학생이 없는 일반기업에 소속된 연구소에서의 '연구'와는 다르다.

또한 대학에 국한되지 않고, 국공립연구소나 기업연구소에서도 일반적으로 연구라는 이름이 붙은 일을 전문적으로 수행한다면, 그 성과를 잘 정리한 문서로, 말하자면 인쇄된 형태로 발표하여 다음 세대에 남겨놓지 않으면 안 된다. 논문이 없으면 그 분야 연구의 연속성이 보장되지 않는다.

연구라는 것은 공부나 단순한 발명·궁리와는 다르다. 연구와 공부는 비슷해서 혼동하는 사람이 많이 있는 것 같다. 그러나 연구라고 하는 활동은 인간의 상상력과 창조력을 연결하는, 사람들에게만 가능한 지적 플레이라고 잘 알려져 있다. 즉, 연구의 본질은 개개인의 상상에 기인된 상상력이고, 답은 말할 것도 없고, 풀어야 할 문제조차 아무도 모른다는 것이다. 상상과 창조라고 말한다면, 말장난처럼 들릴지 모르지만 상상하는 것, 혹은 가설을 설정하는 것은 연구의 중요한 기본요소라고 말할 수 있다. 해답이나 목표가 알려지지 않은 연구라는 일의 열쇠가 상상력이라는 것만은 확실하다. 태양풍의 이론을 제안하여 교토상을 수상한 시카고대학교의 E. N. Parker 교수는 자신의 저서 과학논문출판의 전술(柴田一成 역, *The Martial Art of Scientific Publication*)에서 연구라는 것은 정체를 알 수 없는 노동(obscure labor)이라고 기술하고 있다.

그래서 인간에 의한 연구의 축적은 지혜를 창출하는 인류 공통의 재산으로 역사에 남게 될 것이다. 연구의 성과가 논문으로 발표되지 않았다면, 그리하여 힘껏 애쓴 선인들의 연구성과가 아무에게도 전달되지 않았다면, 이 사회는 이렇게 발전하지 못했을 것이다.

잊지 말아야 할 점은 연구라는 일을 하고 있는 연구자는 연구성과를 발표해서 세상에 남기는 것이 중요한 임무인 것이다. 대학 및 국공립연구소에서 국민의 세금을 이용해서 연구를 수행하기 때문에, 연구성과를 논문의 형태로 보고할 의무도 같이 요구된다. 이와 같은 연구활동을 재정적으로 지원해 주는 국민에게 보고, 혹은 환원하는 것이 연구의 기본요소이다.

그런데 원래 논문이라는 것은 구체적으로 말하자면, 어떤 문제에 대한 연구결과에 자신의 견해를 더해서 정리한 문서라고 말하는 것이 현실에 가깝다. 학생에게 부여된 리포트와 다른 점은 리포트와 같이 과제가 설정되어 있지 않고, 연구의 진척에 따라 테마가 변할 수 있다는 점이다. 따라서 과제도 자신, 즉 논문의 저자가 설정해야 하는 것이다. 따라서 저자의 독창성이 잘 발휘될 수 있는 것이다. 이 책의 각 장에서 구체적으로 기술하고 있지만, 논문에는 새롭고 명확한 논점이 없어서는 안 된다. 즉, 앞절에서 기술한 바와 같이 논문에는 '새로운 것'이 반드시 필요하다. 지금까지 생각했던 방법으로는 왜 안 되는지에 대해서, 절대적인 증거나 논리 혹은 확고한 의지, 혹은 감정을 갖고 있는가를 묻는다. 새로운 것이 아니면 논문은 채택되지 않는다.

3) 연구성과는 논문으로 평가된다

그러면 연구결과는 어떠한 방법으로 발표해야 하는가? 연구성과의 발표에는 여러 가지 형태가 있다. 우선 신속하게 자신이 속해 있는 그룹 내에서 세미나 형식으로 발표할 수 있고, 좀 더 청중이 많은 연구소 내의 세미나 혹은 담화회(집담회)를 이용할 수 있다. 동료 연구자, 선배, 후배로부터 다양한 질문이 들어와서, 많은 유익한 비평을 얻을 수 있다. 그러나 이 단계에서 연구성과는 아직 그룹이나 연구소 밖으로 유출해서는 안 된다. 국민, 즉 납세자에게 환원하기 전까지는 발설해서는 안 된다.

연구소 내부 및 한정된 외부 지인들로부터 의견을 청취한 후에 학회나 심포지엄 등의 연구회에서 발표하기도 하고, 드디어 전국 규모의 무대에 데뷔하게 되는 것이다. 또한 국제회의에서 발표한다면 그 성과는 바로 국제수준이 된다. 국제회의에서 받는 질문이나 코멘트가 그 후 점점 발전하여 메일이나 전화를 통해서 논의가 계속 이어지는 경우도 자주 있다. 어차피 연구의 최종단계는 국제학술지에 논문을 발표하는 것이다. 특히 이 공계에서는 국제적으로 수준이 높고 심사를 거쳐야만 게재할 수 있는 저널(refereed journal)에 출판하는 것이 중요하다.

연구는 그 결과의 최종발표, 즉 논문에 대한 세상의 평판으로 평가되는 것이다. 아무리 아침부터 저녁 늦게까지 열심히 노력하고 연구하여도, 결과가 나오지 않으면 발표할 수 없다. 연구는 취미나 오락과는 다르다. 취미도 오락도 돈이 필요하다. 그러나 프로 연구자는 연구활동으로 급료를 받고 있는 까닭에 연구성과 발표의 의무를 지게 되는 것이다.

좀 더 엄밀히 말하자면 연구는 그 성과로서 평가된다. 이것이 연구의 규칙이다. 논문을 발표하지 않으면 연구를 하지 않는 것과 동일하다. 일부는 고가의 실험관측장비를 구입하면서도 연구성과 발표를 꺼리는 사람이 있는데, 이것은 세금을 사용하여 개인의 장난감을 구입한 것과 같다. 논문을 세상에 발표하는 것은 연구활동을 계속하기 때문에 논문이 나올 때까지는 연구가 종료된 것이 아니라는 점을 확실히 이해할 필요가 있다.

'연구의 자유', '학문의 자유'라고 하는 말이 있다. 일본헌법 제23조에 보장되어 있는 이 자유라는 것은, 학문이나 연구의 주제와 방법을 외부로부터 간섭받지 않는다는 것이다. 이 연구의 자유를 마음대로 '연구성과를 발표하지 않을 자유'라고 해석하는 사람도 있다. 이러한 연구자는 평가가 미온적인 일본에서밖에 살 수 없을 것이라고 생각한다. 또한 "연구성과는 장기적인 안목에서 평가되지 않으면 안 된다."라는 핑계를 대면서, 수년간이나 논문을 쓰지 않는 연구자도 있다. 이러한 사람들은 '응석받이'라 불러도 변명이 되지 않을 것이다. 또한 관측이나 실험 데이터만을 나열하는 것을 연구발표라고 착각하고 있는 사람도 있지만, 이것은 데이터 수집에 지나지 않는다. 좋은 논문을 쓰기 위해서는 확실한 목적의식을 가지고 있지 않으면 안 된다는 점을 지적하고 싶다.

어쨌든 간에 연구비의 배분 심사(예 : 특별추진 과학연구비의 심사), 인사(교수나 부교수로의 승진이나 신규채용), 훈장의 결정(학회상, 국제상, 메달 수여) 등에는 그 사람의 연구성과가 사회에 어떠한 영향을 미쳤는가를 엄격히 평가한다. 그 경우 가장 신뢰할 수 있는 자료로 사용되는 것은 그 사람이 출판한 논문에 대한 평가를 합산한 것이 대부분이다.

2. 연구논문의 수치화

1) 피인용지수의 의미

그렇다면 어떠한 척도를 사용해서 '좋은 논문', '영향을 미치는 논문'이라는 판단을 하는가? 정성적 혹은 정량적으로 완전한 척도가 없다는 점을 인정하면서, 어떤 논문이 얼마나 많이 다른 논문에 참고문헌으로 인용되었는가를 나타내는 수치인 **피인용지수**, 즉 **사이테이션 인덱스**(citation index)는 업적 평가에 잘 사용되고 있다. 혹은 단순히 **인용지수**라 해도 좋다.

도대체 논문의 저자가 다른 논문을 인용할 때 어떤 경위로 인용했는지가 흥미의 대상이 된다. 물론 그중에는 자기 자신의 논문을 인용하는 경우도 포함된다. 수년에 걸쳐 학술논문의 인용에 대해서 연구를 한 미국 과학정보연구소(Institute for Scientific Information)의 M. Weinstock 교수

(1971)에 의하면 인용하는 데는 그 이유가 필요하며, 다음과 같은 점을 생각할 수 있다고 정리하였다.

1. 해당 분야의 선구자에 대한 경의를 표하기 위해
2. 그 논문을 평가하기 위해
3. 방법론이나 사용한 장치 등을 명시하기 위해
4. 해당 연구의 배경이 되는 논문이기 때문에
5. 과거 논문의 오류를 지적하기 위해
6. 과거 연구의 오류를 지적하기 위해
7. 선행 연구의 약점을 비평하기 위해
8. 자기 학설을 보강하기 위해
9. 이후 연구에 주의를 환기시키기 위해
10. 별로 인기가 없고, 널리 알려지지 못한 연구를 소개하기 위해
11. 데이터가 정확하다는 것을 보여주기 위해
12. 어떤 아이디어나 개념이 최초로 논의된 논문이므로
13. 선구적인 개념이나 용어가 최초로 기술된 연구이므로
14. 기존의 아이디어를 부정하기 위해
15. 기존의 주장에 이의를 제기하기 위해

실로 많은 이유가 있겠지만 아마도 일반적으로 4번이 그 이유일 것이다. 논문의 서론(introduction)에서 자신의 연구 배경이 되는 선구적인 논문을 소개할 때에 가장 많이 인용된다. 또한 5~7번과 같이 그들 논문에서 해결되지 않은 여러 문제점을 지적하기 위해서 인용된다. 여기에는 '해당 분야의 선구자에게 경의를 표한다' 등, '의례적'으로 '사교적'인 항

목도 있고, 인용의 필요성이 반드시 높지 않는 항목도 있어, 머리를 갸우뚱하는 분도 많을 것으로 생각한다. 또한 과거 논문의 오류를 지적하기 위해서 인용하는 경우도 있기 때문에, 만약 그 지적이 옳은 것이라면, 인용된 논문은 감점을 받은 셈이 된다. 그러나 어쨌든 전체적으로는 역시 인용수가 많을수록 학계에 미치는 영향은 큰 것으로 간주한다.

전 일본기상학회 이사장 히로타(廣田勇, 교토대학교 명예교수)는 저자가 타 논문을 인용하는 이유를 (1) 시류(時流)형, (2) 집성(集成)형, (3) 파이오니아(pioneer)형, (4) 온고지신(溫故知新)형, (5) 고전적 명저(古典的 名著)형의 5개 유형으로 분류하였다(廣田, 1996). 각각의 의미를 살펴보자.

(1) 시류형

지금 유행하는 말하자면 '유행' 연구 테마의 논문은 인용되기 쉽다는 것이다. 이러한 부류의 논문은 세상에 나오자마자 활발히 인용되기 시작하지만, 인용의 수명은 의외로 짧다는 특징이 있다. 쉽게 달구어진 것은 쉽게 식는다고나 할까.

(2) 집성형

시류형의 논문은 숫자가 많지만, 시간이 지나면서 사라져 가는 것도 많다. 그러나 해당 분야에서 '정리'하는 듯한 성격을 띠는 논문이나, 독특한 해석을 하기 때문에 주목도가 높은 논문은 장기간에 걸쳐 읽혀지므로 결과적으로 총인용수도 많아지게 된다.

(3) 파이오니아형

어떤 특수한 현상이나 작용을 예언했던 논문, 그 현상을 최초로 발견했던 논문, 그 현상을 설명했던 논문은 두고두고 계속해서 읽힌다.

(4) 온고지신형

출판될 때는 별로 주목받지 못했지만, 어떤 단계에서 돌연 논문의 가치나 저자의 주장이 재평가되면서, 새롭게 주목을 받는 유형이다. 논문의 저자가 이 세상을 하직한 후에도 오랫동안 주목을 받는 경우도 있다.

(5) 고전적 명저형

파이오니아형 이상 가는 명저 논문이다. 태양지구물리학이라는 분야에서 "오로라나 자기폭풍은 태양 활동에 그 원인이 있다."라고 증거 데이터와 견해를 밝힌 R. Carrington 교수의 1890년에 발표된 논문 등이 여기에 해당된다. 오로라는 태양과 반대쪽인 밤 영역에서 강하게 나타나지만, 어쩌면 원인은 태양으로부터의 분출물에 있다는 것이다. 이 논문이 출판되었을 때 학계 내에서 많은 반대가 있었다고 한다. 그 선두에 섰던 사람은 절대온도(K)로 유명한 L. Kelvin이었다고 알려져 있다.

어떤 논문이 언제, 누구의 어느 논문에 인용되었는가를 나타내는 '피인용지수'는 인터넷을 통해서 조사할 수가 있다. 피인용지수로서 논문을 정량적으로 평가하는 데에는 몇 가지 문제점이 있다는 것을 알아둘 필요가 있다. 예를 들면 연구자들에게 항상 주목받고 있는 논문은 피인용지수가 높게 마련이지만, 그 경향은 비선형적이다. 즉, 다른 사람이 인용하기 때문에 흉내를 내어 인용하려는 사람이 점점 늘어나게 되는 것이다. 또한 이 지수는 상이한 학문분야에서 서로 비교하지 않는 것이 좋다고 생각한다. 논문을 대량 생산하지 않는 분야(예 : 수학)도 있으며, 실험물리학과 같이 많은 저자를 알파벳순으로 나열하는 분야도 있다. 가장 알기 쉬운 것은 논문이 일본어로 작성된 경우, 그 저널은 데이터베이스에 들어가지 않기 때문에 피인용지수에 반영되지 않는다는 점이다.

어느 쪽인가 하면 문과계라고 생각되지만, 국어학, 자연언론처리, 계량 국어학 3개 학회의 학술지에 출판된 논문에 대해서 통계적인 연구를 행한 국립국어연구소의 야마자키(山崎誠准) 교수의 조사(山崎, 2001)에 의하면, "논문은 다른 논문에 인용되고, 새로운 논문의 재생산에 기여한다."고 한다. 어떤 논문의 발표 시점을 그 논문의 출생일이라 하면, 참고문헌에 열거됨으로써 그 논문은 수명이 연장된다. 또한 논문은 학회라는 전문가 집단 가운데서, 다른 논문에 인용됨으로써 새로운 인용이 용이해진다. 이러한 해석을 인용한다는 것은 마치 생명유지 장치와 같은 기능을 담당하고 있다고 할 수 있다.

논문은 새로운 발견이나 제안을 포함하는 것이기 때문에 인용되지 않는 것은, 그 논문이 주장하는 학설이 잘못되었거나, 그렇지 않으면 이미 학계의 정설이 되어 버린 것이다. 즉, 이미 역할을 끝내 버렸다는 것이다. D. J. Price 교수의 *Little Science, Big Science*(島尾永康 역, 創元社)에 의하면, 새로운(혹은 오래된) 논문이 어느 정도로 많이 인용되는가는 분야에 따라 크게 차이가 난다. 예를 들면 과거 5년간에 출판된 논문이 전체 인용된 논문에서 차지하고 있는 퍼센트를 보면 다음과 같다.

분자생물학, 고에너지 물리학	70%
동물/식물학	15%
전 과학분야 평균	30%

덧붙여서 매년 약 10%의 논문은 전혀 인용되지 않고, '사멸', '자멸'되고

있는 것으로 알려져 있다.

2) 임팩트 팩터

개개의 논문이 누구의 어느 논문에 인용되었는가를 바로 파악할 수 있다면, 어느 학술분야의 저널이 저널 전체로써 어느 정도 인용되고 있는가를 즉시 알 수 있을 것이다. 이른바 순위를 낼 수 있다.

어떤 전문지가 국제학회에서 어느 정도의 영향력이 있는 저널인가를 나타내는 하나의 지표로 **임팩트 팩터**(impact factor)라는 수치가 있다. 약칭으로 IF라 쓰이며, 글자 그대로 논문이 학계나 사회에 어느 정도 강한 영향을 주는지를 수치화한 것이다.

임팩트 팩터는 1955년 미국의 정보과학자 E. Garfield 교수가 고안했고, 이 선구자에 의해 1975년에 *Journal Citation Reports*가 창간되었다. 그 후 임팩트 팩터는 순식간에 전 세계로 퍼져 나갔다. 현재는 영국의 Elsevier사, 미국의 Thomson Reuters사 등이 이 지수를 계산하여 공표하고 있다. 각각 'Scopus', 'Web of Science'라는 명칭의 데이터베이스가 기본 데이터로 사용되고 있다. 'Scopus'라는 생소한 명칭은 'Phylloscopus'라고 하는 뛰어난 항해능력을 지닌 철새의 이름에서 따온 것 같다.

이 두 개의 데이터베이스에는 전 세계의 학술전문지 가운데서 소정의 조건을 만족하는 것만이 선택되고 있다. 'Scopus'는 5,000개의 국제적인 출판사에서 출판되는 21,000여 종에 이르는 저널에서, Web of Science는 그것보다 약 20% 적은 저널이 기본 데이터가 되고 있다. 만족해야 할 일정 조건으로는 초록(abstract)이 영어로 되어 있는 것, 정기적으로 발행되는 것, 동료심사(peer review)에 의해 채택되고 있는 것 등이다. 그러나 일본에서 발행되고 있는 약 10,000종의 전문학술지 중에서 불과 5%밖에

표 1.1 Scopus 및 Web of Science 데이터베이스에 수록되어 있는 분야별 논문수의 분포. 2004~2006년의 평균치(문부과학성, 2010)

분야 분류	Scopus	Web of Science
화학	7.2%	12.2%
재료과학	3.8%	4.7%
물리학 및 우주과학	7.8%	11.4%
컴퓨터 사이언스 및 수학	6.4%	5.6%
공학	12.1%	8.5%
환경/생태학 및 지구과학	7.1%	5.5%
임상의학 및 정신의학/심리학	30.0%	24.6%
기초생물학	22.3%	24.2%
기타	3.3%	3.4%

주 : 1. 2004~2006년의 평균치이다. 2. Scopus : Elsevier사 Scopus 고객자료에 근거하여 과학기술정책연구소(현재의 과학기술·학술정책연구소)에서 집계. 3. Web of Science : 'Web of Science'에 기초하여 과학기술정책연구소에서 집계. 4. 논문의 분야 분류는 학술지의 분야 분류에 따른 것이다.

등록되어 있지 않다.

표 1.1은 Scopus, Web of Science 각각에 대해서 데이터베이스의 분야별 논문수를 비율로 표시한 것이다. 두 가지 모두 의학, 생물학에서 반 정도의 논문을 차지하고 있다는 것을 알 수 있다. 또한 화학 및 물리학의 수록 논문은 Web of Science에 많이 실려 있고, 공학은 반대로 Scopus 쪽이 많다는 것을 알 수 있다.

표 1.2는 국가별 논문수이다. 미국은 25%의 점유율로 으뜸이고, 이어서 중국, 일본, 영국, 독일이 나란히 그 뒤를 따르고 있다. 이들은 Web of Science의 자료를 기준으로 한 것이다.

표 1.3은 1988, 1998, 2008년의 10년마다 3개 연도에 대해서 순위 20

표 1.2 Scopus 및 Web of Science 데이터베이스에 수록되어 있는 논문수의 국가별 분포. 2004~2006년의 평균치(문부과학성, 2010)

	Scopus		Web of Science		점유율의 비
	논문수	논문 점유율(S)	논문수	논문 점유율(W)	S/W
일본	89,607	7.1%	67,805	7.4%	0.96
미국	320,698	25.5%	235,243	25.7%	1.00
영국	78,701	6.3%	55,938	6.1%	1.03
독일	68,972	5.5%	54,624	6.0%	0.92
프랑스	48,831	3.9%	38,894	4.2%	0.92
한국	26,818	2.1%	22,641	2.5%	0.86
중국	136,559	10.9%	62,160	6.8%	1.60
전 세계	1,255,477	100.0%	916,534	100.0%	1.00

위까지 총논문수를 국가별로 나타낸 것이다. 여러 나라에 걸친 공저자 논문에 대해서는 공저자 개개인의 나라를 각각 1로 계산했다. 예를 들면, 일본인과 미국인 각각 1인이 행한 공동연구의 경우, 일본과 미국에 1씩 계산하는 방식이다. 이 20년간의 변화에서 가장 주목할 만한 것은 중국의 급격한 대두이다. 일본은 1988년에는 세계 4위, 1998년에는 미국 다음으로 2위를 차지했지만, 2008년에는 중국, 영국과 독일에 추월당하고 말았다.

그런데 임팩트 팩터는 하나의 학술전문지에 1년마다 하나의 수치가 부여된다. 예를 들면 2013년의 어느 저널의 임팩트 팩터는 그 정의에 의하면 다음과 같이 산출된다.

표 1.3 1988, 1998, 2008년의 3년에 대해서 순위 상위 20위까지의 국가별 논문수. 수치는 전 분야의 합계(문부과학성, 2010).

1988년		1998년		2008년	
미국	192,730	미국	210,357	미국	275,625
영국	48,107	일본	60,347	중국	104,157
독일	41,818	영국	60,289	영국	75,914
일본	40,990	독일	54,632	독일	73,849
러시아	37,631	프랑스	41,367	일본	69,300
프랑스	30,701	캐나다	28,467	프랑스	53,707
캐나다	25,214	이탈리아	26,399	캐나다	44,379
이탈리아	15,630	러시아	24,316	이탈리아	43,528
인도	14,219	중국	21,098	스페인	35,716
호주	11,975	스페인	19,126	인도	35,437
네덜란드	10,989	호주	17,945	호주	30,085
스웨덴	9,546	인도	16,066	한국	30,016
스페인	8,468	네덜란드	15,742	러시아	25,166
스위스	7,756	스웨덴	12,928	브라질	25,081
중국	6,742	스위스	11,577	네덜란드	23,981
이스라엘	6,109	한국	9,105	대만	19,882
폴란드	5,710	벨기에	8,358	터키	18,623
벨기에	5,411	대만	8,221	스위스	18,051
덴마크	4,568	이스라엘	7,912	스웨덴	16,633
체코	4,138	브라질	7,683	폴란드	14,885

주 : 1. Thomson Reuters사의 'Web of Science'에 기초하여 과학기술정책연구소가 집계. 2. 오리지널 논문(일반논문, letter 등), 및 리뷰논문을 분석 대상으로 해서, 정수카운터(整數counter)법에 의한 분석. 3. 전 분야의 논문수 3년 연이동 평균에 의함. 예를 들면 2008년 값은 2007, 2008, 2009년의 평균치임.

$$IF = C/(A + B)$$

A : 2011년에 출판된 논문수

B : 2012년에 출판된 논문수

C : 2011년과 2012년에 게재된 논문이 2013년에 인용된 횟수

즉, 2011~2012년의 2년간에 그 저널에 게재된 논문이 여러 저널(원래의 저널도 포함)에 몇 회 인용되었는가를 표시하는 수치이다. 이 조사에 사용되고 있는 저널 수는 자연과학에서 8,000개, 사회과학은 2,600개이지만, 예상대로 그 숫자는 매년 증가하고 있다. 데이터베이스가 되는 이러한 전문지는, Thomson Reuters사의 선정위원회에 의해 평가가 높다고 판정된 80개국 이상, 230인 이상의 전문분야에 이른다. 여기서 말하는 논문은 오리지널 연구논문(original paper)과 리뷰논문(review paper) 모두가 포함된다.

이상의 정의에서 알 수 있는 바와 같이, 간단히 말하자면 '그 저널에 게재된 논문이 다음 해 또 그 다음 해에 인용된 평균치'가 임팩트 팩터이다. 그 값이 1.0이라면 게재된 논문이 같은 횟수만큼 인용되고 있음을 나타내고, '본전 이상의 성과를 냈다'라고 평하는 사람도 있다. 동일한 이유로 1.00 이하의 저널은 '본전도 못 찾았다', '별로 읽혀지고 있지 않다'라고 평하는 사람도 있다.

다음 임팩트 팩터가 매우 높은 저널의 예를 살펴보자. 임팩트 팩터는 상이한 분야 간에 비교하는 것은 의미가 없기에, 오히려 혼란을 일으킬 수도 있기 때문에 주의할 필요가 있다. 왜냐하면 예를 들어 생물계 및 화학계와 같이 연구수단으로 다수의 사람이 행하는 실험이 많고, 따라서 공동논문이 많은 분야에서는 자연히 피인용횟수가 높아지게 된다. 역으로

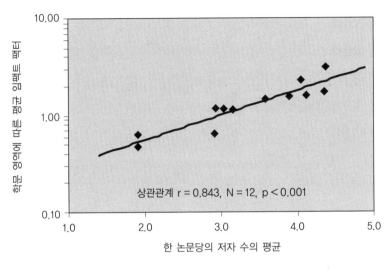

임팩트 팩터와 한 논문당의 저자 수

상관관계 r = 0.843, N = 12, p < 0.001

한 논문당의 저자 수의 평균

그림 1.1 논문의 공동저자 수와 임팩트 팩터와의 관계(출처 : Amin and Mabe, 2000)

수학과 같이 개개인에 의한 심오한 사고가 연구의 출발점이 되는 분야는 임팩트 팩터가 낮게 된다. 이러한 '불공평'을 감안하면서, 굳이 숫자를 나열해 본다. 그림 1.1에 임팩트 팩터와 공저자 수의 관계를 나타냈다.

모든 학문분야에서 다음의 12개로 대표되는 분야를 선정하여, 평균 임팩트 팩터가 높은 순서로 나열해 보면 아래와 같다.

생명과학
뇌과학
임상의학
약학

물리학

화학, 공업화학

지구과학

환경과학

생물학

물질과학(재료과학)

사회과학

수학, 컴퓨터 사이언스

생명과학은 평균 임팩트 팩터가 3.0을 초과하지만, 수학은 0.5 정도에 지나지 않는다. 최고와 최저 사이에는 무려 6배나 차이가 난다. 이것을 공동저자 수와의 관계에서 본 것이 그림 1.1이다.

또 주의해야 할 것은 저널의 임팩트 팩터의 계산에는 인용된 방법까지는 고려되지 않는다. 즉, 비판적으로 인용된 논문도, 칭찬한 논문도 같은 비중의 '인용횟수'로 계산된다. 어쨌건 저널의 임팩트 팩터는 그 저널이 학계에서 얼마만큼 많은 사람에게 주목받고 신뢰받는가를 알 수 있는 기준이 되고 있다는 것이다.

Thomson Reuters사는 매년 저널의 임팩트 팩터를 수치로 발표하고 있다. 이 수치는 각 저널에 게재된 논문이 평균 몇 회 다른 논문에 인용되었는가를 조사한 것으로, 그 평균치는 그 저널의 학계에 대한 영향력을 나타내고 있다고 판단된다. 그림 1.2의 데이터는 Thomson Reuters사가 발표한 6,000개의 잡지에 대해서, 1999년 1월 1일~2009년 4월 30일에 걸친 자연과학분야의 최고 10위까지의 순위를 나타낸 것이다.

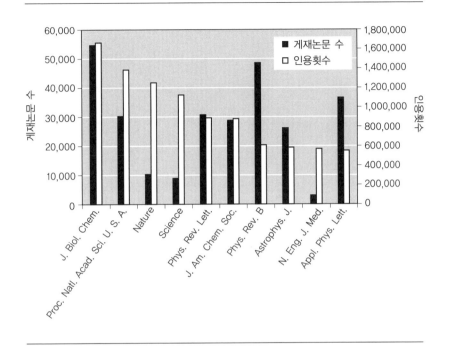

그림 1.2 1999~2009년까지의 논문인용 수의 순위(Science Watch.com의 자료를 기초로 작성)

3) 일본에서 발표되는 논문의 수가 줄어들고 있다

학술전문지의 평가에 대해서는 영국의 Elsevier사, 미국의 Thomson Reuters사가 조사해서 발표하는 임팩트 팩터가 가장 권위가 있고, 전 세계에서 많이 사용되고 있다. 전 세계의 주요 학술전문지를 데이터베이스로 삼아, 논문수에서 시작해서 논문인용 수 등의 조사를 지속적으로 실시하고 있다. 이와 같은 데이터가 있으면 개인의 순위는 물론, 대학의 순위, 국가의 순위까지 모두 컴퓨터가 계산해 준다.

일본인으로서 최근에 매우 걱정스러운 일이 있다. 그림 1.3은 Elsevier

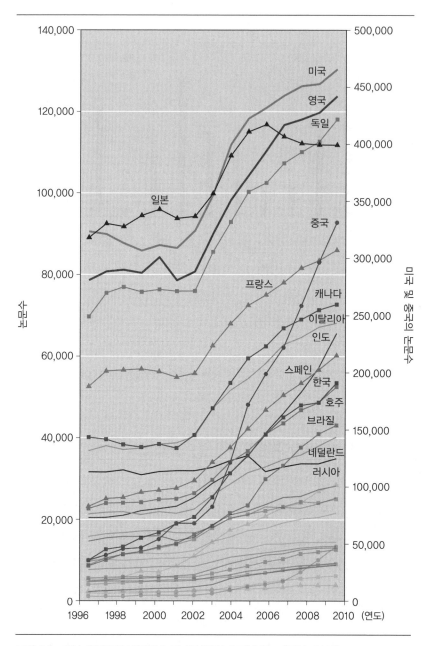

그림 1.3 지난 15년간의 각국의 논문 생산량의 추이(출처 : 내각부, 2012)

사가 발표한 지난 15년간의 각국의 논문 생산 수의 추이이다. 이 그림에서 매우 신경이 쓰이는 것이 두 가지 있다. 첫째는 일본에서 생산된 논문 수만이 2005년경부터 부쩍 줄어들고 있다는 점, 둘째는 2000년경부터 중국의 논문 생산 수가 급격히 상승하고 있다는 점이다. 해석은 학술행정 전문가에게 정확한 분석을 맡겨야 하겠지만, 얼른 보기에는 2004년부터 시작된 국립대학의 법인화가 논문 생산량에 영향을 끼쳤을 가능성도 부인할 수 없는 것처럼 보인다. 법인화가 시작될 무렵부터 증가 경향이 둔화되고, 2007년부터는 어떤 이유에선가 하강곡선으로 돌아선 것이다. 전 세계적으로 모든 국가의 논문수가 증가하고 있는 데 비해서 일본의 논문 수가 하강곡선을 그리는 것이 이상하다고 생각하지 않는가? 이것은 심각한 문제이다.

최근 내각의 결정이 있은 후 문부과학성에서 '과학기술백서 2013'이 출간되었고, 각종 매체에서 다음과 같은 제목의 대형 기사가 즉시 보도되었다. 매우 염려스러운 사태가 지금 진행 중에 있다.

질과 양 모두 저하 일본의 과학(과학기술백서 2013)
연구활동에서 일본의 존재감 저하(NHK 뉴스)
일본발 연구논문의 질과 양이 모두 하강(요미우리 신문)

일본에서 연구논문의 질과 양이 모두 하강

이번 조사의 대상이 되었던 2009~2011년까지의 논문수에서 일본은 10년 전 세계 2위에서 5위로 추락, 또 다른 논문에 인용되는 횟수가 상위 10%에 들어가는 '영향력이 큰 논문' 혹은 '양질의 논문'의 수는 4위에서 7위로 내려앉았다. 새로운 분석과 원인을 서둘러 확실히 밝히지 않으면, 일본의 과학 전체가 위험한 상태가 된다는 것을 자각해야 한다.

그림 1.4와 1.5는 Thomson Reuters사의 Web of Science 데이터를 바탕으로 공개된 그래프이다. 뭐라고 해도 일본 이외 국가의 논문수는 상승하는 경향을 보인다. 특히 눈에 띄는 것은 2000년 이후 중국의 급속한 약진과 조사를 시작한 이래 줄곧 동일한 경향으로 성장을 계속하는 미국이다. 그림 1.5는 논문수의 세계 각국의 점유율인데, 일본의 감소와 그 외국가의 증가라는 '더블 펀치(double punch)' 효과로 순위의 하락은 누가

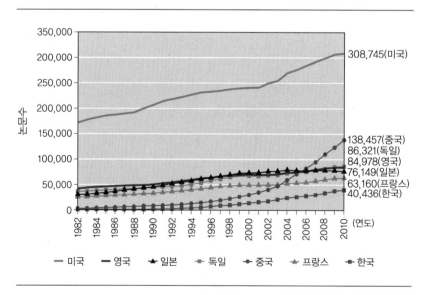

그림 1.4 주요국에서 발표한 논문수의 변동. Thomson Reuters사의 데이터베이스에서 3년 이동평균을 실시한 것(출처 : 문부과학성, 2010)

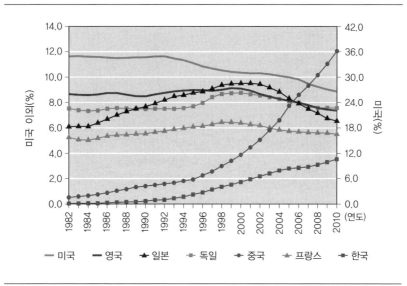

그림 1.5 논문수의 세계적 점유율의 변동. Thomson Reuters사의 데이터베이스에서 3년 이동평균을 실시한 것(출처 : 문부과학성, 2010)

보아도 명확하다.

더욱이 논문 질의 지표인 피인용지수에 있어서도, 상위 10%에 드는 논문 점유율은 한심한 추세이다. 그림 1.6에서 알 수 있듯이, 여기서도 이전 4위에서 6위로 추락하였다.

저자의 전문 인접분야에서도 예외가 아니다. 2000~2005년을 경계로 논문수가 감소하고 있으며, 만약에 이 감소가 젊은 연구자가 의욕적이지 않다는 것을 반영한 것이라면, 이것은 국제 경쟁력을 상실하는 의미로 심각한 문제이다.

요즈음 숫자의 증감에 너무 예민한 것이 아닌가 하는 생각이 들지만, 이만큼 명백하게 감소하고 있기 때문에 확실히 납득할 수 있는 이유가 필요한 것이 아닐까? 게다가 일본만이 계속 줄어드는 것도 무척 신경이 쓰

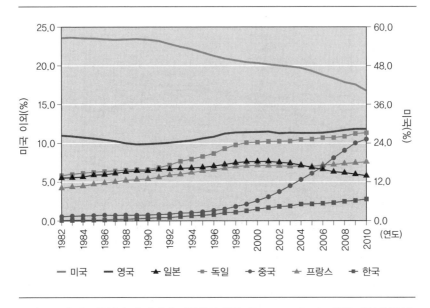

그림 1.6 논문 피인용수의 세계적 점유율의 변동. Thomson Reuter사의 데이터베이스에서 3년 이동평균을 실시한 것(출처 : 문부과학성, 2010)

이는 부분이다.

천문학이나 소립자물리학 등에서는 학생들도 많이 참여하는 대형 공동연구로 운용되기 때문에, 교수급의 사람들은 많은 시간을 빼앗겨, 논문을 쓸 시간을 확보할 수가 없게 되었기 때문이라는 해석도 있을 수 있다. 만약 그것이 논문 감소의 원인이라고 한다면, 연구책임자는 연구 스타일을 바꾸도록 노력해야 할 것이다. 또한 대형장치의 개발에 많은 젊은 연구자가 동원되는 한편, 대형 프로젝트를 더욱 대형화하기 위해서는 연구책임자가 바빠서, 시간을 빼앗겨 연구를 마무리할 시간이 없다고 한다면, 그 프로젝트의 책임자는 책임자로서의 자격이 없다. 더욱이 그 프로젝트를 위해 제작된 대형장치에 대해서도 사회에 보고해야 한다. 이러한 장치에 대한 연구논문의 출판도 많이 이루어져야 한다.

2004년에 시작된 국립대학의 법인화도 논문수 감소의 원인이 되고 있다고 한탄하는 사람도 종종 있다. 교수, 준교수(역자 주 : 일본에는 조교수, 부교수의 직책이 없고 교수 이하를 모두 준교수라 함)가 법인화에 따른 중간 목표의 설정 및 보고서 작성에 많은 시간을 빼앗기므로 침착하게 논문을 쓰고 있을 틈이 없다는 것이다.

4) 논문의 수명, 유통기간

각설하고 연구자의 연구능력, 활동상황을 측정하고 나아가 평가를 하는데 사용된다는 논문이지만, 도대체 '좋은 논문'을 어떻게 판단하는가? 그리고 한 편의 논문의 평균적인 유통기간은 어느 정도인가?

유감스럽지만 그것을 측정할 절대적인 척도라는 것이 없다는 점이다. 논문이 연구의 기초자료가 되는 것은 확실하지만, 따라서 논문이 없는 사람은 연구활동도 없는 것으로 판단되며, 좋은 논문을 많이 발표하는 사람은 업적이 좋다는 것은 확실하다. 그러나 발표까지의 기간에 대한 양적

유통기간이 언데까지인지 몰라?

그리고 질적인 판단과 평가는 어렵다. 저널의 수준(citation index)을 고려하지 않고, 어떤 사람의 업적을 논문수만으로 평가한다는 것도 타당하지 않다는 것이 확실하다. 논문을 많이 발표하면 할수록 훌륭하다고 한다면, 한 편의 논문을 3개로 나누어 발표하는 사람도 나올 것이다.

실질적으로 그 논문이 학계에서 어느 정도의 영향을 끼쳤는가를 정량적으로 측정할 수 있으면 좋을 것이다. 일반적으로 논문인용 수, 결국 그 논문이 다른 논문에 어느 정도로 인용되었는가가 영향력의 크기를 가늠하는 비교적 객관적 척도라 할 수 있다. 물론 어떤 논문은 부정적인 의미에서 인용된 것도 있기 때문에 반드시 정확한 수치는 아니지만, 부정적인 의미에서(즉, 그 논문이 잘못되었다) 인용된 경우만으로도 학계에 영향을 준 것만은 확실하다. 그와 같이 인용된 경우는 적다고 생각되지만 반드시 전적으로 없다고 할 수는 없다.

우선 주의하지 않으면 안 되는 것은 임팩트 팩터는 동일 분야에서만 그 높고 낮음을 비교할 수 있다는 것이다. 그림 1.7이 보여주는 것처럼, 전문분야가 다르면 평균 임팩트 팩터는 크게 차이가 난다. 결코 생명과학에 종사하는 연구자가 수학자보다 우수하다는 것을 나타내고 있는 것은 아니다. 평균 공저자 수도 임팩트 팩터를 올리거나 내리게 하므로 크게 영향을 미친다. 저자는 자기들의 논문을 더 많이 인용하는 경향이 있기 때문이다. 어쨌든 임팩트 팩터의 비교는 동일 전문분야 내의 저널에 대해서만 실시해야 한다.

그러면 논문이 출간된 후 인용빈도가 가장 높을 때가 평균적으로 언제이며, 그리고 언제 인용되지 못하고 잊혀지는 운명을 맞이하는가? 데이터가 좀 오래되었지만, 재미있는 통계가 있어 두 가지만 살펴본다. 데이터가 오래되었어도, 도달하는 결론은 현재와 거의 변화가 없다고 생각된다.

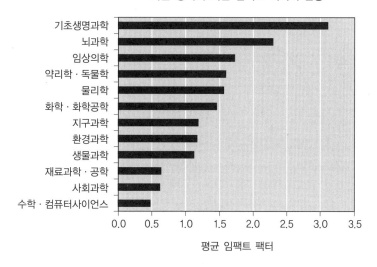

그림 1.7 평균 임팩트 팩터와 학문분야와의 관계. 전문분야가 다르면 임팩트 팩터도 크게 달라진다(출처 : Amin and Mabe, 2000).

최초로 거대 학술출판사인 Elsiever가 실시한 통계결과를 그림 1.8에 나타냈다. 여기서 논문을 세 종류로 분류하고 유통기간을 표시했다. 논문에는 일반적으로 보통논문(full paper라고도 함), 짧은 속보(速報)적 논문(letter, brief report 등), 그리고 리뷰논문(review paper) 세 가지가 있다. 쉽게 상상할 수 있듯이 리뷰논문은 널리 읽히기 때문에 '첫 시작'이 느린 만큼 수명도 길어, 10년이나 20년이 경과해도 인용수가 많다는 것을 알 수 있다. 한편 즉시 효과가 나타나는 즉효적인 의미가 있는 논문(letter나 brief report)은 그 반대의 시간변화를 보여주며, 보통논문은 그 중간쯤 되는 시간 특성을 나타낸다.

또 하나는 연령과의 관계이다. 논문의 인용수는 30대에 최고점에 도

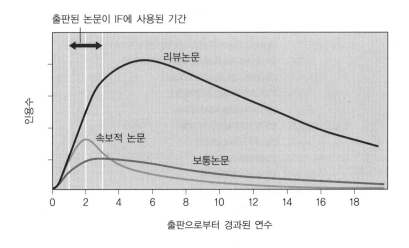

출판된 논문이 IF에 사용된 기간

리뷰논문

속보적 논문

보통논문

인용수

출판으로부터 경과된 연수

그림 1.8 3종류의 논문(보통논문, 속보적 논문, 리뷰논문)에 대해서 임팩트 팩터가 변동하는 모식도. 횡축은 출판으로부터 경과된 연수(출처 : Amin and Mabe, 2000)

달하고, 그 후 연령과 함께 천천히 감소한다. 나중에 제시되는 도표(그림 1.13)에서 알 수 있듯이, 이러한 경향은 단순히 쓰는 논문수도 2~3년의 차이로 같은 경향을 보이기 때문이다. 당연하지만 논문을 쓰지 않으면 인용도 되지 않는다.

그러나 예외도 있을 수 있다. 본인의 승낙을 얻어 그림 1.9에 나타낸 것은, 일본우주과학연구소 소장이었던 니시다(西田篤弘) 명예교수(일본학사원회원, 문화공로자)의 논문에 대한 분포도이다. 이 그림은 인용된 전 논문수의 합계를 나타낸 것이다. 보면 금방 알 수 있는 것은 평균 인용수의 피크가 두 곳에서 나타난다. 즉 '30대에 피크에 도달하고, 그 후에는 연령과 함께 천천히 감소하는' 보통 연구자의 형태를 보이면서, 추가해서 50대에 다시 한 번 파도와 같은 큰 증가를 나타낸다. 이 증가는 니시

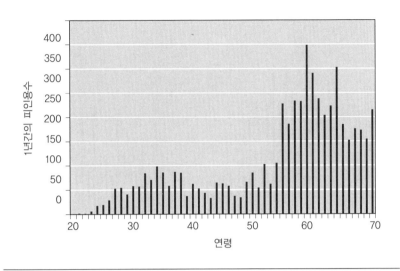

그림 1.9 니시다 교수의 논문인용 수의 연변화. 두 개의 피크가 보인다. (Web of Science 데이터베이스로부터 작성)

다 교수가 세계적인 주목을 받은 우수한 과학위성계획의 책임자로 근무할 때, 그 위성의 데이터를 사용한 연구성과가 전 세계적으로 인용되었기 때문이라고 해석된다.

또한 모든 논문에 대해서는 아니지만 특정한 한 편의 논문에 주목해서, 그 인용수가 연령과 함께 어떻게 변화해 가는가를 조사하는 것도 가능하다. 지구 주위 우주공간에는 여러 가지 특징을 지닌 플라스마 저장고가 있다는 것이 알려져 있지만, 그중 지구에 가까운 곳, 그러나 전리권보다는 바깥에 플라스마권이라 불리는 영역이 있다. 니시다 교수는 이 플라스마권의 생성기작(mechnism)을 이론적으로 제안했다. 약관 30세 때의 이 이론논문은 간단하고 직관적으로 알기 쉬운 설명 때문에 즉시 많은 독자를 얻었다. 역시 그림 1.10이 보여주듯 다른 논문과 같은 형태로 시

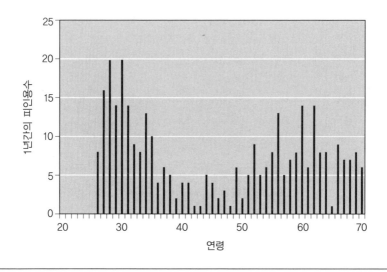

그림 1.10 니시다 교수에 의한 플라스마권 논문인용 수의 연변동. 여기에도 두 개의 피크가 보인다. (Web of Science 데이터베이스로부터 작성)

간이 지남에 따라 인용수가 차차 하강하였다. 그러나 플라스마권 측정을 위한 인공위성의 발사 등으로 다시 주목받아, 60세를 넘기고 재평가되고 인용이 이루어지게 되어, 그 효과가 또 다른 피크로 연출된 것이다.

3. 논문에 의한 연구평가

1) 질인가, 양인가

어떤 연구자를 논문으로 평가하는 경우, 가장 간단하고 빠른 것은 그 사람의 총논문수일 것이다. 한 사람당 단 하나의 숫자로 표현되기 때문이다. 실제 인사나 연구비 신청 채택여부에 논문목록을 첨부하라는 요청이 있는 것이 보통이다. 그러나 응모한 후보자 개인에 대해서 단순히 논문

총편수만을 비교해서 많다 적다로 판단해서 되겠는가? 아니 결코 그렇게 해서는 안 된다.

그러나 누구라도 곧 알 수 있듯이 각 전문분야에는 채택되는 데 높은 장애가 있는 학술전문지가 있는가 하면, '누구의 논문이라도 환영'하는 학술지도 있다. 평가하는 측, 예컨대 인사위원회는 후보자가 준비한 논문목록에 나열된 논문을 하나하나 검토하면서 심사를 진행해 가는 것이 현재의 상황이다. 임팩트 팩터가 높은 전문지에 채택되는 것이 어렵기 때문에 그 효과를 고려하여 가중치를 부여해서 총점수를 계산하는 등의 노력을 기울이고 있다.

그러면 총피인용지수는 어떨까? 분명히 세상에 미친 영향력의 크기를 가장 정확하게 표현했다는 생각이 든다. 그래서 단순한 총논문수보다는 훨씬 나을 것이다. 그러나 단독저자 논문과 공동저자 논문의 차이를 가늠하기는 어렵다(현재 총피인용지수에는 그 차이를 두지 않는다). 또한 소수의 '대박' 논문이 총피인용수를 훨씬 크게 만드는 경향이 있기 때문에, 역시 논문목록과 비교해 가면서 신중하게 평가를 진행해야 한다.

그 외에 한 논문당 인용수, 여러 차례 인용된 논문수 등, 그때그때 적절하다고 생각되는 방법으로 작업을 진행하는 것이 보통이다. 결국 어떻게 하더라도 사람의 손이 개입되지 않을 수 없다. 어쨌건 총피인용지수 등의 수치는 통계적인 동향을 조사하기 위한 것이므로, 누가 누구보다 더 영향을 주었는가의 정보가 필요한 인사(채용, 승진) 그리고 누가 제일 영향력 높은 연구성과를 도출했는가로 상을 수여하는 수상에는, 철저하고 세부적인 조사와 해당 위원회 내에서의 타협하지 않는 철저한 논의가 필요하다.

2) h지수, g지수

이런 '조정' 작업을 자동화한 것이 각각 2005, 2006년에 제안된 h지수, g지수라고 할 수 있다. 이 두 지수는 여러 문제점이 제기되고 있음에도 불구하고, 어떤 연구자의 논문 생산의 질과 양을 단 하나의 숫자(스칼라 양)로 표현하는 장점이 있다.

h지수는 캘리포니아대학교 샌디에이고 분교의 J. E. Hirsh 교수에 의해 제안된 수치로 다음과 같이 정의된다. 즉, "전 논문수 N편 가운데 h편이 적어도 각각 h회 인용되고, 나머지 N−h편 모두 인용수가 h보다 적을" 때, 그 연구자의 지수는 h가 된다는 것이다. 이것은 "h회 이상 인용된 논문이 h편 이상 있다."라고 바꾸어 말할 수 있다. 문장으로 표현하면 좀 까다롭지만 그래프를 보면 알기 쉬운 정의이다. 그림 1.11은 매우 간단한

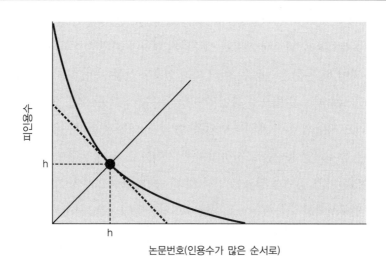

그림 1.11 h지수를 정의하는 그래프(출처 : Hirsh, 2005)

그래프이다. 횡축은 인용횟수가 많은 순서로 논문에 번호를 붙여서 배열하고, 종축에는 그 인용횟수로 잡는다. 2차원면상에서 어떤 사람의 감소곡선을 따라가면, 그 곡선상에서 '종축 값 = 횡축 값'이 되는 곳의 값이 곧 h지수 값이 된다.

h지수는 보통 자연수이다. 예를 들면 어떤 연구자가 쓴 논문이 100편 있다면, 대다수는 무시되고 1편만 1회 인용되었다면, 그 경우 h지수는 1이다. 한편 다른 연구자는 1편만 발표하고, 그것이 5편의 논문에 인용되었다 해도, 그 사람의 h지수는 1이다. 이와 같은 경우에는 h만으로는 두 사람의 연구능력을 구별할 수 없다. 즉, 이 두 사람은 동일한 h값을 갖는다고 평가된다.

h지수는 확실히 연령에 따라 커지는 경향이 있지만 결코 비례해서 커지는 것은 아니다. h지수의 약점은 공동연구 등으로 인해 저자 수가 많은 경우, 논문수도 인용수도 증가하기 때문에 h지수도 점점 커지는 경향을 보인다. 여기에 대해서 단독으로 꾸준히 연구하는 사람의 h지수는 좀처럼 성장하지 않는다. Hirsh 교수에 의하면, 노벨물리학상 수상자 37인의 h지수의 평균은 41로, 예상한 것보다 저조해서 놀랐다고 한다. 그러나 표준편차가 무려 15나 되는 것도 있다는 것이다. 한편 세계 최고의 h값을 보유한 연구자는 생명과학이 전공으로 무려 191이라고 한다.

한편 g지수의 목적도 h지수와 매우 비슷하다. h지수는 월등히 잘 인용되는 히트논문을 적절히 반영시키지 못하기 때문에, 이 문제를 해소하기 위해서 벨기에의 핫세르드대학교의 L. Egghe 교수에 의해 g지수가 제안되었다. h지수의 단점을 개선하기 위해서 제안된 것으로 구체적으로 '상위 g번째까지의 논문의 피인용수의 합계가 g^2 이상이 되는 최대 g값을 g지수'로 계산했다. 그림 1.12를 보면 잘 알 수 있지만, 'g보다 큰 인용수의 평균을 종축'으로 취하는 것이다. 그림 1.12에 비교를 위해서 h지수에 사용한 수치 자료를 별(*)표로 나타냈다. 이들의 관계를 수식으로 표시하면, c를 피인용지수로서,

$$g^2 \leq \Sigma c$$

가 되지만 이것은 또

$$g \leq (1/g) \Sigma c$$

라고도 쓰는 것이 가능하기 때문에, 위의 2개의 정의(g^2를 사용한 경우와 평균인 $\Sigma c/g$를 사용한 경우)가 성립한다는 이유이다. h지수는 큰 피인용지수를 고려하지 않는 반면, g지수는 고려하기 때문에, 일반적으로 g지수 쪽이 큰 값을 나타내는 경향이 있다. 덧붙여 h지수를 사용하거나 혹은

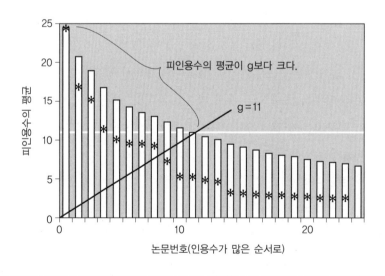

그림 1.12 g지수를 정의하는 그래프(출처 : Woeginger, 2008)

g지수를 사용하더라도, 개량된 양식이 이미 제안되었다는 점을 염두에 두어야 한다. 그러나 사실 이 밖에도 몇 가지 개선된 지표가 있다. 예를 들면, 구글이 개발한 독자적인 알고리즘으로 평가하는 지표 등이다.

h지수의 문제점은 표 1.4의 예에서 분명하게 드러난다(淸水, 2009). h지수가 동일한 값을 가진 두 사람의 연구자 A, B가 있다. 그럼에도 불구하고 B쪽이 A보다 분명히 더 열심히 노력하고 있는 것으로 판단된다. 그래서 무언가 이상하다고 생각하지 않는가? 이러한 측면에서 h지수와 g지수 곱의 평방근에서 산출한 평가지표 hg지수가 현재로서 가장 우수한 것으로 생각된다.

표 1.4 h지수가 5로 동일한 값을 가진 2명의 모델 연구자

연구자 A			
피인용수	합계	논문 순위	(순위)^2
9	9	1	1
8	17	2	4
7	24	3	9
6	30	4	16
5	35	5	25
5	40	6	36
0	40	7	49
0	40	8	64
0	40	9	81
0	40	10	100

h=5, g=5

(계속)

표 1.4 h지수가 5로 동일한 값을 가진 2명의 모델 연구자(계속)

연구자 B			
피인용수	합계	논문 순위	(순위)²
50	50	1	1
20	70	2	4
20	90	3	9
10	100	4	16
3	103	5	25
1	105	6	36
0	106	7	49
0	106	8	64
0	106	9	81
0	106	10	100
0	106	11	121

h=5, g=10

3) 논문 생산량과 연령

나중에 문부대신이 된 아리마(有馬朗人) 도쿄대학교 교수 등은 1980년대 경에 얻을 수 있었던 인용지수의 수치 데이터베이스를 이용하여 흥미로운 통계를 산출했다. 연구자의 생애주기와 논문 집필력 사이의 관계를 조사한 것이다. 예를 들면 논문이 출간된 후 인용되는 횟수의 연변화 등은, 그 후 새롭게 타 분야의 대량의 논문 데이터를 사용한 연구에서도 동일한 경향을 얻었기 때문에, 논문 생산량과 연령의 관계도 변하지 않는 경향을 가지고 있다고 생각한다.

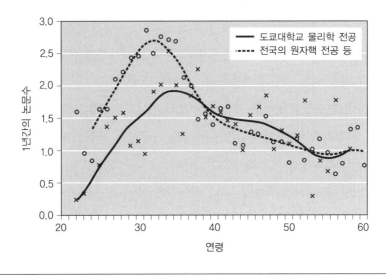

그림 1.13 평균적인 연구자가 제1저자로서 쓰는 논문의 수가 연령과 함께 어떻게 변하는 가? 실선은 당시 도쿄대학교 이학부 물리학과만의 예이다. 점선은 여기에다 전국의 원자핵, 소립자이론 전공이라는 특정 분야의 연구자를 포함시킨 경우이다. (출처 : 有馬·金田, 1984)

    그림 1.13은 평균적인 연구자가 일생 동안 제1(선두)저자로 얼마의 논문을 쓰는가를 보여주고 있다. 실선은 당시의 도쿄대학교 이학부 물리학과만의 예이고, 점선은 여기다 전국의 원자핵, 소립자이론 전공이라는 특정분야의 연구자의 논문을 합한 예이다. 두 곳 모두 꽤 명확하게 33~34세 전후에 피크를 보이고 있다. 상세한 설명은 독자에게 맡기겠지만, 필자는 다음과 같이 생각한다. 학위를 취득하는 것이 20대의 후반이고, 그때부터 5~6년간이 소위 연구에 몰두할 수 있는 수년간에 해당한다. 빠른 사람은 종신직인 조교나 준교수(우리나라의 조교수 혹은 부교수에 해당)로서 인생을 시작하고, 혹은 박사후 연수과정으로 지도교수로

부터 독립된 연구생활에 진입할 때이다. 강의, 수업을 아직 담당하지 않아서도 좋고, 학내 위원회 등의 '잡무'도 없어 연구생활의 능률이 최고조에 도달할 때이므로, 그 결과가 논문의 수로 나타난다고 생각한다. 박사후 연수과정 때는 연구에 집중할 수 있다는 것이다.

필자의 연구생활에서도 제일 잘 인용되는 논문은 30대 전반에 이루어진 연구이다. 필자는 박사후 연수과정을 미국에서 마쳤는데, 전 세계에서 그곳으로 모여든 사람들과 서로 협력하는 한편 엄격히 가차 없이 경쟁해 가면서, 논의를 통해 많은 코멘트를 받은 것이 그 후의 생활방식을 결정하는 데 크게 효과적이었다고 생각된다.

4) 논문수가 많으면 교수가 될 수 있는가

약간 본 주제에서 벗어날지 모르지만 최근 인터넷상에 논문수에 관련하여 이러한 의문이 제기된 후, 많은 사람들이 참여하여 큰 논쟁으로 발전했던 것으로 기억된다. 필자에게 물으면 교수가 되기 위해서는 "논문이 많지 않으면 안 되지만, 필요충분 조건은 아니다."라고 말하겠다.

교수는 연구실의 운영을 책임지는 사람이다. 교수 선발에 있어서는 책임자로서의 자질, 능력이 요구된다(역자 주 : 일본의 경우 교수는 연구실을 운영하는 과장 겸 우두머리로 우리나라의 교수와는 역할이 약간 다르다). 연구실 단위로써의 임무는 연구와 교육이 주요 책무이지만, 운영이라는 일 중에는 실로다양한 역할이 포함된다. 젊은 연구자, 박사후 연수생 및 고학년 대학원생 중에는 이미 30~50편이라는 괄목할 만한 수의 논문을, 게다가 대부분제1저자로서 국제학술지에 게재한 출판기록을 갖고 있는 사람이 있을지도 모른다. 분명히 이 사람의 연구능력은 뛰어나고, 국제회의 등에서 정확히 핵심을 찌르는 질문이나 코멘트를 하곤 해서 학계의 지도자들로부터 높은 평가를 받는 경우라면, 준교수로도 채용될지도 모른다.

그러나 교육경력, 연구실의 운영능력, 사람을 다루는 능력, 연구비 획득능력 등에 대해서는 미지수이다. 인격도 알 수 없다. 이러한 능력의 균형도 중요하다. 학회, 특히 국제학회에서의 '눈에 띔, 혹은 주목받음'도 중요한 요소이다. 자신의 연구수준의 높이도 물론 중요하지만, 다른 연구자에게 날카로우면서 건설적인 질문을 던지는 것도 중요하다.

이렇게 논문수, 즉 좋은 논문의 숫자가 교수가 되기 위해 중요한 것은 당연하지만, 이것은 어디까지나 필요조건의 하나에 지나지 않는다는 것이다.

5) 논문과 일반 서적의 차이

과학자는 전문가의 집단인 학회 내에서 폐쇄적으로만 활동하지 않고, 일반인들에게 연구성과를 발표해 줄 것도 기대하고 있다. 연구자의 이러한 활동을 일반인에게 환원 혹은 아웃리치(outreach) 등으로 불린다. 국민이 낸 세금을 사용하여 연구한 것을 성과로서 환원한다는 의미와 연구자 집단 내에만 보관하지 말고, 밖으로 내보내는 노력도 필요하다는 의미이다. 학술논문에는 많은 전문용어가 사용되므로 일반인의 입장에서는 이해하기 어렵기 때문에 연구방법과 성과를 숙지해서 알기 쉬운 언어로 해설할 필요가 있다.

그러나 이와 같은 아웃리치 활동은 연구자의 의무가 아니므로 무어라고 하더라도, 오리지널 연구를 행한 후에 남은 시간에 해야 한다. 과학자 가운데는 이러한 계몽활동을 통해서 일반사회에 등장하는 것에 알레르기 반응을 나타내며, 연구실에 틀어박혀 있는 것이 진짜 과학자라고 착각하는 경우도 있다. 그렇다고 반대로 극단적으로 저널리즘에 자신을 팔아서, 아직 젊은 나이에도 불구하고 오리지널 연구를 할 시간을 내지 않는 연구자도 볼 수 있다. 필자는 어느 연령에 도달할 때까지 필사적으로 오리지널 연구를 해서, 사회의 도움이 되는 논문을 생산해야 한다고 생각한다. 학문의 전체적인 모습을 대충이나마 파악할 수 있는 여유가 생길 때, 이 책과 같은 일반서적을 출판해서 현역 과학자가 스스로의 연구경험을 통해서 느낀 것이나 학문의 흥미를 전하는 것은 연구자의 교육적 활동의 일환이라 생각한다.

6) 논문을 쓰지 않는 사람

여기까지 읽고 연구자에게 논문을 발표하는 것이 얼마나 중요한지를 이해하게 되었으리라고 생각한다. 거꾸로 이야기하면 논문을 출판하지 않는 연구자는 치명적이 될 수 있다는 것이다.

　연구자와 논문의 관계에 대하여 정곡을 찌르는 글을 발견했다. 홋카이도대학교 명예교수인 카토미나(角皆静男) 교수(지구화학 전공)가 공개한 것인데, 도쿄대학교의 야마가타(山形俊男) 교수 등 많은 지식인이 동조하고 있다. '연구자의 논문 10계명'이라고 제목을 부쳐, 간단하고 정곡을 찔러 통쾌하기 때문에 이하에 그 전문을 게재한다.

> ### 연구자의 논문 10계명

수년 전, "논문을 쓰지 않는 연구자는 쥐를 잡지 않는 고양이와 같다."라고 말했다(최근의 고양이는 쥐를 잡지 않는다는 등의 야유도 있지만). 그 후에도 기회 있을 때마다 같은 말이 되풀이되어 왔다. 이것을 여기에 정리해 두고자 한다.

1. "쓰인 논문은 집필자의 연구자로서의 인격을 나타낸다." 작성된 논문에서 그 연구자의 됨됨이를 알 수 있다. 또한 비판의 소재로도 사용된다(일본인은 별로 다른 사람을 칭찬하지 않지만 욕은 한다). 무서운 일이다.

2. "데이터만 생산하고 논문은 쓰지 않는 사람은 기술자(역자 주 : 기술자의 일)이다." 기술자가 중요하지 않다는 것이 아니다. 단지 기술자는 연구자가 아닌 점을 자각하고, 연구자로서의 대우를 요구해서는 안 된다. 역으로 연구자는 연구자로서의 책임을 완수해야 한다.

3. "데이터도 생산하지 않고, 논문(원저 논문, original)도 쓰지 않는 사람은 평론가이다." 이것도 평론가가 불필요하다는 뜻은 아니다. 단지 평론가로서 행동하는 것이 아니라 연구자로 행동하므로, 이런 사람에게 연구비가 흘러들어 가기 쉽다는 것이 문제점이다.

4. "연구자는 논문을 씀으로써 성장한다. 또한 성장의 양식으로 삼아야 한다." 투고하고, 심사(비판)를 받는 것으로 성장한다. 젊은이의 경우 논문이 채택되지 않은 비율이 특히 높다. 그래서 몰래 조용히 투고하는 사람이 있다. 오히려 구미국가의 경우에는 원고가 완성되면, 널리 배포해서 주변의 비평을 받고 싶어 한다.

5. "논문은 연구자의 생계수단이다." 취직, 승진, 임기갱신, 상, 연구비 등 연구자로서의 자질을 평가할 때 제일 먼저 문제가 되는 것은 좋은 논문을 많이 작성했느냐는 점이다. 우수하면 성장하고 그렇지 않으면 사회로부터 배척당한다.

6. "논문은 후세의 연구에 영향을 미치지 않으면 안 된다." 여기서 타분야의 연구자 및 행정 관계자들은 심사제도가 있는 잡지에 제1저

자로서 쓴 논문의 숫자가 얼마나 되는지에 주목한다. 잡지의 질 또는 그 후의 피인용횟수도 거론된다. 진짜는 질로, 어느 정도 후세에 영향을 미쳤는가 하는 점이다. 또한 논문을 써도 사라져 버릴지 모르겠지만 써 두지 않으면 영향도 미칠 수 없다.

7. "연구자는 자신이 쓴 논문에 책임을 진다." 그 당시의 수준에서 불가피했던 것이라면 모르지만, 잘못된 논문을 썼다면 책임을 지지 않으면 안 된다. 고의적인 것은 아니지만 미숙함으로 인해 혹은 열심히 노력하지 않아 결과적으로 틀린 논문을 쓴 경우에도 신용은 추락한다.

8. "바빠서 논문을 쓸 수 없다는 것은 변명이 되지 않고 능력이 없다는 것과 같다." 정말 가치 있는 것을 확실히 얻을 수 있는 것이라면, 논문 초벌은 하룻밤 사이에도 쓸 수 있다. 쓰지 않는 것은 부족한 점이 있기 때문이고, 쓰는 힘도 능력 중의 하나이다. 또한 연구 때문에 교육에 시간을 할애할 수 없는 것도 아니다.

9. "박사학위 논문 이상의 논문을 쓰지 않는 사람은, 그 박사논문은 지도교수의 것이라 해도 어쩔 수 없다." 최근에 박사과정의 연구를 논문으로 쓸 때 당연히 그 학생이 제1저자가 된다. 그러나 아이디어에서 시작해서 여러 가지 지도를 받은 결과이므로, 그 학생의 진가와 실력은 나중에 알려지게 된다고 할 수 있다.

10. "연구에 있어서 가장 중요한 것은 아이디어이고 그것을 실현하는 것이 논문이다." 실험, 조사, 관측이 주요한 분야로 몸을 움직이는 것을 중요시하는 경향이 있다. 아이디어를 존중하고, 규모가 큰 연구를 하고 싶어 한다. 여기에는 기술적인 것도 포함해서 협력 체제를 구축하고 자금을 지원할 필요가 있다.

이제 연구자로서 논문을 발표하는 것이 얼마나 중요한지를 알았다고 생각된다. 물론 논문을 쓰기 위해서 그에 상응하는 연구를 하고 출판할 수 있는 결과를 내지 않으면 안 되는 것은 당연하다.

위에서 인용한 것 이외에 카토미나 명예교수는 최저 논문수에 대해서도 가이드라인을 제시했다.

게재지, 논문의 길이, 사용 언어, 공저자 수와 그 순위 등에 따라 달라지지만 대체로 기준은 아래와 같다.

1. 연구자는 제1저자로 원저 논문을 1년에 한 편씩 반드시 쓰도록 노력한다.
2. 교수가 되려면 자신의 나이 이상의 원저 논문을 발표하고, 또한 제1저자의 논문수가 그 나이의 반을 초월해야 한다.
3. 조교수(역자 주 : 현재는 준교수)가 되려면 위의 절반 정도를 충족해야 한다.
4. 과정박사(역자 주 : 논문만 쓰는 박사에 대해서 'course work'가 병행되는 박사과정)가 되려면, 박사과정에서 수행한 연구를 제1저자로서 적어도 간단하게 서면으로 통보하고, 심사가 있는 잡지에 게재 허가를 얻어야 한다.
5. 수사(역자 주 : 석사과정생)가 되려면 논문발표는 필요 없으나, 이제까지 학회에서 2회 이상 구두발표를 하는 것을 기준으로 하고 있다. 수사과정에 입학한 후에 논문 주제를 변경한 사람에 대해서도 적어도 1회 이상 구두발표를 한다. 지도교수는 이것을 원저 논문으로 만들 책임이 있다.

제1장에서는 연구논문의 중요성을 깨달았던 것이 아닐까 한다. 다음 장부터는 드디어 좋은 논문을 쓰고, 투고해서, 마침내 채택되도록 구체적인 방안으로 들어가 보자.

Chapter 2 좋은 논문이란

1. 논문 스타일
2. 여러 종류의 저널
3. 논문의 기본조건
4. 논문의 부정은 연구의 부정

전 세계에는 다양한 형태의 저널과 논문이 있다. 역사에 길이 남을 논문에서부터 아무도 읽어주지 않는 '조용한' 논문에 이르기까지 실로 많은 논문이, 실로 많은 저널에 게재되고 있다. 인류 역사상 구전되는 '맛있는 명논문'이란 어떤 내용이고, 그리고 어떻게 작성되었을까?

누구나 좋은 논문을 좋은 저널에 출판하고 싶다고 생각한다. 본 장에서는 좋은 논문, 나쁜 논문이란 무엇인가에 대해서도, 예를 들면서 여러분과 함께 생각해 본다.

1. 논문 스타일

1) 자연과학자와 글쓰기

연구자가 논문을 쓴다는 것은
소설가, 수필가 등의 소위 '작가', '문
필가'가 쓰는 방식과는 성격이 꽤 다르다. 연구자로서의 작업은 대부분
의 시간을 실제의 연구활동에 사용하고, 그 결과를 정리하여 논문을 작성
하는 것이 마지막이다. 따라서 연구의 전체 과정 중에서 논문을 써서 연
구를 마무리하는 데에는 적은 시간만을 사용할 뿐이다. 그에 비해서 소설
가는 쓰는 것 자체가 주된 일이다.

적은 시간이라고는 하지만 '논문을 쓴다'라고 하는 것은 결코 작은 일
이 아니다. 왜냐하면 아무리 연구가 훌륭하더라도 논문이 나오지 않거
나, 설득력이 없는 조잡한 논문이라고 한다면, 연구 전체에 대한 평가가
낮아지게 마련이기 때문이다. 논문만이 영원히 사라지지 않는 연구결과
의 증거이다. 그래서 연구라는 행위에서 논문을 쓰는 과정은 매우 중요한
단계라고 말해도 틀림이 없다.

소설 등을 쓰는 문필가와 논문을 쓰는 과학자 사이에 신문·잡지기자
라는 사람들이 있다. 필자는 특히 과학부 기자인 친구가 많다. 그중의 한
사람인 니시카와(西川拓) 기자는 도후쿠대학교 대학원 이과 연구과에서
지구물리학을 전공하고, 석사과정 수료 후 "과학의 즐거움을 일반인에게
전하고 싶다."라며 마이니치 신문사에 입사하였다. 현재는 과학환경부에
서 매일 기사를 쓰고 있다.

수년 전 오사카대학교에서 개최된 '이과의 장래 전망 워크숍'의 기조강
연과 이어진 패널토론에서 니시카와 기자는 "의외로 들리겠지만 신문기

사를 쓰려면 이공계 사람이 적합하다."라고 말했다. 이공계 사람은 예를 들면 실험보고서 등과 같이 '사실'을 전달하는 훈련을 부지불식간에 받고 있다. 그리고 객관적으로 생각하고, 또는 "객관적으로 판단하기 위해서 한걸음 물러서서 본다."라는 마음 가짐을 가지고 있다.

단지 연구자와 신문기자의 차이점은 신문기자가 다루는 주제는 자신이 좋아하는 것만을 선택할 수가 없다는 것이다. 연구자는 연구의 주제 자체, 기본적으로는 자신이 그것을 좋아했기 때문에 선택한 것이다. 하여튼 간에 연구자가 논문을 쓰는 것과 신문기자가 기사를 쓰는 것 사이에는 유사점이 많다는 것은 올바른 지적이다. 그만큼 신문기사에서 본받을 점이 많은 것 같다.

필자가 속해 있는 국제학회는 1919년에 설립된 이래, 2년에 한 번 총회가 세계 각지에서 개최된다. 그중에서 리포트 보고라는 분과가 있는데, 지난 2년간 그 분야의 학문적인 발전을 평가하고, 금후의 방향을 제시하는 역할을 담당하고 있다. 이 리포터 역할을 맡은 사람은 많은 논문을 공평하게 읽지 않으면 안 된다. 따라서 정신적으로 매우 소진되며 시간과 에너지를 필요로 하기 때문에 기운이 좋은 30대 초반의 사람을 임명하는 것이 관례이다. 학회에서 발표를 마친 후 여러 사람의 의견을 들은 후 리뷰논문을 쓰는 것도 리포터의 일이다.

필자는 2개의 주제에 대해서 이 리포터를 각 2기(즉 4년)에 걸쳐 수행했다. 단기간에 많은 논문을 "객관적으로 판단하기 위해서 한 걸음 물러서서 읽는다."는 것은 바로 신문기사를 쓰는 것과 같은 심경이라는 생각이 들었다. 모든 것을 공평하게 보고, 자신의 평가를 더해서 리뷰논문으로 발표하였다.

2) 기술적 글쓰기

자연과학 논문에 쓰이는 영어는 세상에서 말하기를 기술적 글쓰기라고 한다. 기술적 글쓰기(technical writing)라는 것은 *Basic Technical Writing*(H. M. Weisman, 1985)에 따르면 아래와 같다.

Technical writing is a specialized field of communication whose purpose is to convey technical and scientific information and ideas accurately and efficiently.

(기술적 글쓰기라는 것은 기술적 · 과학적 정보나 아이디어를 정확히, 그래서 효율적으로 표현하는 커뮤니케이션의 특별한 카테고리이다.)

정보 정리에서 시작된 기술적 글쓰기(T. E. Pearsall, K. C. Cook 저, 都田青子 역, 丸善出版)는 한마디로 과학 · 기술에 관한 문서를 쓰는 것으로 농학, 공학, 생물학, 경제학, 이학 등 각각의 분야에 독자적인 방식이 있다고 한다. 기술적 글쓰기의 현저한 특징은 감성에 호소해서 설득하는 것이 아니고, 객관적인 자료를 제시하면서 납득시키는 것이다. 문학적 문장이 쓸데없이 장황하다고 말하고 싶은 것은 결코 아니지만, 과학기술 문장은 정확하고 단순한 것이 특징이다.

세상에는 우리 자연과학자의 논문은 맛도 재미도 없는 단순한 것이라는 선입관을 가진 사람이 적지 않다. 실제 필자도 대학원에 입학해서 연구를 흉내 내는 정도의 일을 할 무렵에는 그렇게 생각했다. 실험이나 관측을 해서 그래프나 도표를 만들고, 발표논문에는 이들을 설명하고, 해석을 첨가하면 되기 때문이다. 이론적인 연구에서는 가정을 기술하고, 수식을 전개해서, 계산결과를 보여주는 방식이다. 그러나 이 책을 읽어

나가면서 알게 되리라 생각되지만, 논문이라는 것은 그처럼 맛도 재미도 없는 것이 아니다. 인간미가 더 넘치기도 한다.

자연과학에서는 '진실'이란 하나밖에 없지만, 인문 · 사회과학에는 하나의 문제에 대해서 다양한 견해가 있을 수 있다. 분명히 목표로 하는 진실은 하나밖에 없다. 그러나 그 진실이 완전히 알려지면 그 학문은 끝이다. 모르는 것이 많기 때문에 연구가 필요한 것이다. 그 '미지의 진실'의 해명을 향해서 한 걸음 한 걸음 나아가는 자연과학의 연구, 그래서 그 증거인 논문은 가정의 타당성 및 결과의 해석을 둘러싸고, 타협을 허락하지 않는 논쟁이 존재한다. 큰 문제일수록 그 논쟁은 심각하다. 천차만별의 의견이 제출되는 경우가 자주 있다. 그렇게 해서 신랄한 논의, 고찰이야말로 논문의 클라이맥스이며, 연구자가 가장 주력해야 할 곳이다.

논의, 고찰에서는 무엇을 해결하려고 하는가와 그것이 얼마나 중요한지에 대한 설명, 과거 연구결과와 비교, 자신의 연구기법의 독특한점, 금후의 방향성 등을 설득력 있는 문장으로 작성해야 한다. 그 주제를 파악하는 방법을 어필하는 과정은 바로 개성을 나타낼 수 있는 완벽한 기회이다. 이러한 논의는 학회에서의 연구발표 · 프레젠테이션에도 동일하게 적용된다. 청중을 쏙쏙 끌어들이면서 논리적으로 납득시켜야 한다.

3) 긴 논문, 짧은 논문

긴 논문이 좋은가, 짧은 논문이 좋은가에 대해서 자주 질문을 받는다. 물론 긴 논문일수록 쓰는 데 시간이 걸리기 때문에 그러한 의미에서 저자의 노력을 칭찬해 주어야 한다. 하지만 너무 길고, 표현이 중복되면 지루한 느낌을 주게 된다. 세세한 점을 장황하게 쓰는 것은 읽는 사람을 피곤하게 만들 뿐이다. 역으로 짧은 논문은 간단하게 쓸 수 있기 때문에 그만큼 논문수를 늘린다고 단순히 생각하는 사람도 있다.

형편없는 저자라면 어떤 발견으로 한 편의 논문이면 적절한데도 굳이 내용을 둘로 나누어 두 편의 논문을 만드는 사람도 있는 것 같다. 그 배경에는 학계에서 살아가기 위한 유혹이 있을 것이라고 생각한다. 예를 들면 학위를 받은 젊은 연구자는 박사후 연수과정이라 불리는 임기가 2, 3년인 자리를 얻고, 업적에 따라 다음 단계의 지위에 오르거나, 운이 좋으면 영구직장을 얻게 된다. 즉, 좋은 저널에 많은 논문을 출판하는 것이 삶의 안정으로 이어질 것이라고 생각하게 된다. 인사전형을 담당하는 위원은 그런 작전을 충분히 꿰뚫는 눈이 있기 때문에, '쓸데없는 노력이나 잔꾀'를 부리지 않는 것이 좋다.

필자의 의견은 동일한 내용이라면 짧고 간단한 논문을 추천하지만, 이러한 외양적인 것에 사로잡혀서는 안 된다고 말하고 싶다. 한 편의 논문에 연구결과의 어디까지를 포함시켜 논의할 것인가도 자주 제기되는 고민 같지만, 이것도 스스로 납득할 만한 수준에서 결정해야 한다.

최근에 논문수에 대한 평가가 있기 때문에 짧은 논문을 많이 내는 것을 목표로 하는 젊은이도 증가하는 것 같기도 하다. 그러나 인사 선발과정 등에서 한 편의 논문을 두 편으로 분할해서 쓴 것이 발각될 경우에는, 심사위원에게 나쁜 인상을 주기 때문에 결국 본인이 손해를 볼 수 있다. '발각된 경우'라고 하지만 사실은 발각될 수밖에 없다.

논문수, 피인용수 등의 수치에 대해서는 동일 분야에서의 비교는 좋지만, 분야를 초월해서 상호평가하는 것은 위험하다. 가령 수학과 분자생물학에서는 논문의 길이, 공저자의 수에서 큰 차이가 있다. 간단히 말하자면 수학논문은 단일저자로 긴 대신에 그만큼 자주 쓰지는 못한다(역자 주 : 수학논문의 경우 저자가 오해하고 있다고 사료됨). 한편 분자생물학에서는 공저자 수가 많고, 따라서 피인용수도 평균적으로 높다.

4) 맛있는 논문, 감탄을 자아내는 논문

과학논문이 개성을 발휘해야 하는 것은 실은 연구 그 자체에 개성이 있기 때문이다. 연구는 감정을 갖은 인간이 실행하고 있기 때문이다. 문제를 파악하고 취급하는 방법에서 연구자의 개성이 강하게 나타난다. 개성이라는 것은 그 개인의 독특함으로 그 연구자의 능력과 경험이 크게 영향을 미친다. 독창성이라고 바꾸어 말해도 좋을 정도이다.

연구에는 당연히 목적이 있다. 어느 정도 목표도 설정되어 있다. 특정한 테마의 연구가 필요하기 때문에 시작하는 것이다. 그 테마에 제목을 부치는 것은 연구자 그 자신이다. 해결되지 않은 문제를 해결하는 것이 연구이지, 누군가가 이미 해버린 것을 복사하는 것만으로는 진정한 연구가 아니다. 무엇보다 지도교수로부터 연구 테마를 지시받은 박사과정 전기(前期) 대학원생에게는 그 연구가 아직 확실이 자신의 것이 되지 않는 가운데, 연구의 진정한 맛을 모를지도 모른다.

제4장에서 기술하겠지만 연구논문은 보통, '서론', '방법', '결과', '논의'의 4개 요소로 구성되어 있다. '서론'에는 그 연구 테마의 배경이 되는 것, 즉 이제까지의 연구에서 알려진 것에 대한 개략적인 소개와 결여된 점 및 의견의 불일치를 서술하고, 마지막 '논의'에서는 자신의 연구에서 얻은 결과에 대한 해석, 검토, 장래의 문제점 등에 대한 고찰을 쓴다. 특히 '서론', 즉 논문의 도입부에는 독자를 끌어들이는 매력이 없으면 안 된

다. '논의'에서는 그 문제에 대해서 자신은 어떤 독특한 방법으로 접근했는가, 그 이유를 설득력 있게 써서 호소할 필요가 있다.

구성에 있어서도, 문장의 스타일에 있어서도, 그 부분의 형식은 학생들이 제출하는 리포트와 공통적이다. 학생실험의 경우 방법이나 결과는 전원이 대부분 동일하기 때문에, 리포트에 나타난 한 개인의 독창성은 역시 주어진 문제에 어떻게 대처했는가를 확실히 표현하는 '서론', '논의' 부분이다. 여기에 개인의 취향이 묻어 나오는 것이다.

연구자의 논문이 학생 리포트와 다른 점은 결과가 올바른지 어떤지 누구에게도, 물론 저자 자신도 모른다는 것이다. "누구도 답을 모른다." 이것이 연구활동의 어려운 점이고 동시에 즐거움이다. "이 인공위성의 데이터를 이렇게 생각해 보는 것은 전 세계에서 나밖에 없다."라는 만족감이 생긴다. 연구를 실제로 수행할 때의 이러한 마음이 논문을 쓸 때 독창적인 주장으로 이어진다.

그러나 뭐니뭐니 해도 최소한 저자 자신이 논문 내용에 절대적으로 자신감이 없으면 논문을 발표할 수 없다. 논문의 논리 및 논의의 전개, 심사에 즈음하여 레퍼리(referee)의 질문에 대한 회신에서 설득력이 필요한 것이다. "레퍼리가 뭐라고 반응할지 모르지만 우선 투고해 보자."라는 식의 모호한 태도는 안 된다.

재미있는 것은 이렇게 엄격한 심사를 무사히 통과했다고 해서 그 논문이 반드시 옳은 것은 아니라는 점이다. 출판되고 나서 공식적으로 오류가 지적되는 경우도 있고, 해석에 클레임(claim)이 붙을 수도 있다. 이렇게 해서 '도태'되거나, 올바른 혹은 올바른 것 같은 논문만 역사에 남는다.

최근에 유행하는 평가로 전 세계는 업적을 수치화하는 것에 익숙해져 있다. '좋은 논문'은 인용횟수가 많다고 단정하고 있지만, 그것은 어디까지나 가정에 지나지 않는다. 수치에 비례하지 않는 논문도 있다. 예를 들면 읽는 사람이 감동을 받는 논문이다. 서론에서 언급한 연구의 동기, 발상, 그래서 얻은 결과의 해석과 통찰력, 문제점의 지적에 이르기까지 바로 '감탄을 자아내는' 논문이야말로 좋은 논문이라 부를 만하다고 생각한다. 마치 명곡을 들을 때처럼 취해 버린다고 하면 과장일까? 이와 같이 좋은 논문을 세상에 남기는 것은 연구자로서 하늘의 별 따기가 아닐까 한다.

히로타(廣田勇) 교토대학교 명예교수(전 일본기상학회 이사장)에 의하면, 대기과학 분야에는 19세기의 과학자 J. W. Rayleigh, L. Kelvin, H. L. Helmholtz 등의 논문은 고전적 명저로 현재에도 자주 인용되고 있다고 한다. 연구의 발상, 문제 제기, 해석 그리고 통찰력으로 감복시킬 수 있도록 훌륭한 논문은 훌륭한 예술작품을 접했을 때와 같은 감동을 준다. 바로 '작품'이라 해도 좋다. 이 점에서 연구과제의 말단에 매달려 물거품처럼 사그라질지도 모르는 논문을 계속 생산하는 것과는 사정이 다르다.

히로타 교수의 우수한 논문이란 무엇인가에서 결론 부분의 문장을 인용하면서 이 절을 마무리한다.

우수한 논문은 확실히 존재한다. 논문은 바로 작품이고, 그 효과는 우수한 미술이나 음악이나 문학을 접했을 때 받는 감동과 전적으로 동일하다고 말해도 좋다. 그것은 어떤 의미에서 주관적이지만 종합적인 절대평가가 보편성을 가질 즈음에, 거기에 스스로 객관성이 생겨나는 것이며, 시간의 경과에 수반되어 역사적인 도태작용이 그 실제적인 증거가 된다.

〈중략〉

젊은 연구자들에 대해서 한마디 언급하고자 한다. 첫째, 연구성과를 논문으로 척척 발표하고, 그 내용평가는 세상에 맡긴다. 젊어서 쓴 것에 미숙한 부분이 있어도 부끄러운 일이 아니다. 설령 옥석이 섞여 있어도 상관없다. 뛰어난 작품은 나중에도 계속 읽히지만, 그렇지 않는 것은 잊혀질 뿐이다. 이전의 졸작이 나중에 비난받을 일은 결코 없다.

5) 같은 연구결과라면 좋은 논문이 좋다

이 책에서 이야기하고 싶은 것은 이러한 감동을 주는 좋은 논문을 쓰는 방법에 대한 것은 아니다. 격조 높고, 읽는 사람을 사로잡는 논문보다 몇 단계 수준 아래지만 어디까지나 빠듯하게나마 '출판 가능'한 논문을 쓰는 요령에 대해서 조언하는 것이 이 책의 목적이다. 대상은 주로 경험이 일천한 연구자를 염두에 두고 있다.

동일한 결과가 얻어졌다면, 그 성과를 좋은 논문으로 작성하여 학문의 역사에 남기면 좋겠다. 당연한 일이지만 좋은 연구결과가 얻어졌어도, 좋은 논문을 쓰지 않으면 그 결과를 세상에 발표할 수 없고, 그렇게 된다면 안타깝고 불행한 일이다. 그러나 모처럼 좋은 연구결과가 나와 좋은 논문이 될 수 있는데, 논문 게재가 거부되거나 너무 매력이 없는 논문이 나오는 것도 유감이다. 그러나 그것도 실력의 일부로 보는 것이며, 국제 학회의 엄격함이라는 것으로 극복해야 한다. '매력 없는 논문'이라는 것은 읽을 때 설레고 두근거리지 않아 재미없는 논문이다.

반대로 '그저 그런' 결과인데 논문 작성을 경이롭게 하여 일약 각광을 받게 되는 논문도 있다. 특히 과장되게 여러 가지를 늘어놓지 않고, 독자에게 명료하게 연구결과를 전달하면서 감동까지 주는 기술도 있다.

좋은 논문은 당연히 인용되는 횟수도 많아진다. 그리고 인용횟수에는 비선형적인 효과도 있다. 즉, 누군가 다른 사람이 어떤 논문을 인용하고 있는 것을 보고 자신도 인용하는 경우가 있다. 이렇게 '흉내를 내는' 정도로는 기하 급수적은 아니더라도, 인용횟수를 늘리는 효과를 결코 무시할 수 없다.

6) 나쁜 논문이란

좋은 논문이 있으면 나쁜 논문도 있다. 아무리 연구성과가 대발견을 포함한 훌륭한 논문일지라도 문장과 도표로 기술되지 않으면 독자가 알아주지 않는다. 그 기술 방법에도 일종의 테크닉이 있다.

좋은 논문, 모범적인 논문의 조건을 열거하기보다, 나쁜 논문은 어떤 논문인가를 언급하는 편이 알기 쉽다고 생각한다. 여러분 중에 다음에 쓴 것에 조금이라도 짐작이 간다면, 이해하기 쉬울 것이다.

보통 저널의 레퍼리가 논문을 채택하지 않는 이유로 다음과 같은 것들을 들지는 않는다. 그러나 아무리 연구 자체의 동기가 훌륭하고, 좋은 결과가 나왔어도 작성법 때문에 심사를 통과하지 못하거나, 필요 이상의 시일을 요구하는 것이 많이 있다. 한마디로 읽기에 '피곤한' 논문이다. 어디에도 결정적인 결함이 있는 것은 아니지만, 읽고 있으면 피로감을 느끼는 논문이다. 논리의 비약이 있거나, 논문 가운데서 이쪽저쪽으로 왔다 갔다 하는 경우이다. 매우 친절한 레퍼리라면 굳이 상세한 지적을 해주는 경우도 있지만, 그러한 친절을 기대할 수 없다. 조금 생각나는 것만으로 다음과 같은 항목을 열거해 본다.

(1) 문장이 직설적이지 않다

문장을 빙빙 둘러서 말하면 읽기 어렵다. 이중부정 등은 꼭 필요한 경우 외에는 사용하지 않는 편이 좋다.

(2) 설명이 너무 세세하다

특히 그림, 그래프의 설명이 너무 자세한 경우이다. 실험결과를 서술할 때 중요한 점 이외는 생략해도 지장이 없다. 항목별로 쓰는 것을 추천한다.

(3) 타인의 논문을 베끼고, 모방하면, 결점까지 흉내 내게 된다

읽기 쉬우면서 좋은 논문의 경우 그 스타일을 모방하는 것은 괜찮은 일이지만, 문장 자체를 복사하면 작성법의 글투가 그 부분에서 갑자기 바뀌어 버려 점점 읽기가 어려워진다. 자신의 것이 되지 않은 문장을 모방하면, 틀린 부분까지 복사해 버리는 일이 일어날 수도 있다.

(4) 어려운 단어를 사용한다

자신도 이해가 되지 않는 어려운 단어를 사용하면 전체 흐름 중에서, 그 부분만이 유리되어 읽기가 어려워진다. 문장은 가능하면 간결하고, 읽기 쉬운 글투로 작성해야 한다. 그리고 전체적으로 수월하게 읽을 수 있는 것이 중요하다.

(5) 동일한 말, 문장이 여러 곳에 나온다

특히 초록, 서론, 논의, 결론 등에서 비슷한 문장이 계속해서 나오는 논문을 접하는 경우가 자주 있다. 각 섹션의 목적을 제대로 파악하고, 똑같은 문장을 사용하지 않도록 주의하자. 한 편의 논문 가운데, 복사 그리고 부치기(copy and paste)가 몇 군데나 있는 것은 어처구니없는 일이다.

How to Write and Publish a Scientific Paper(Cambridge University Press, 2006)를 쓴 R. A. Day 씨에 따르면,

> The writing of an accurate, understandable paper is just as important as the research itself.
>
> (정확한 그래서 이해하기 쉬운 논문을 쓰는 것은, 해당 연구를 실시하는 것과 동일한 정도로 중요한 일이다.)

라는 것이다. 주목받는 좋은 논문을 쓰는 것은 독창적인 연구를 어떻게 수행하는가와 동일한 정도로 신경을 써야 하는 것이다.

7) 독자도 이해할 수 있는 논문을

이러한 묘한 절의 제목을 사용한 것은, 독자는 전혀 이해하지 못하는 반면 저자, 즉 작성한 자신만이 알 수 있는 논문이 세상에는 많이 나돌고 있기 때문이다. 실제로 안타까운 일이지만 독자가 이해하지 못하는 논문을 출판하는 것은 의미가 없다. 게다가 연구 내용이나 수준에 관한 것이 아니라 쓰기 자체에 문제가 있는 것이다.

그럼 좋은 논문은 도대체 어떠한 방식으로 쓰는가? 앞서 언급한 것처럼 '나쁜 논문'이 아닌 것만으로 좋은 논문이라고 할 수 없다. 특히 주의할 점은 다음과 같다.

(1) 읽기 쉽고, 길지 않고, 설득력이 있다

이론적으로 깔끔하게 정리되어 있으면, 독자는 마치 추리소설을 읽는 것처럼 빨려들어 갈 것이다.

(2) 말하고 싶은 것이 없으면 쓸 수 없고, 말하고 싶은 것이 있어도 쓰지 않으면 알아주지 않는다

학생들이 제출한 리포트에서 자주 볼 수 있지만, "도대체 이 사람이 무엇을 말하고 싶은 것인가"에 대해서 의심이 들 때가 있다. 의도가 전달되게끔 작성하자. "쓰고 싶지 않지만 마감이 내일이라 할 수 없이……"라는 마음이 리포트의 곳곳에서 묻어나는 것이다.

(3) 자신은 알아도 타인은 알지 못한다

이것이 가장 흔한 패턴이다. 논문에서 무언가를 열심히 호소하고 있는데, 논리의 결여 혹은 도표 순서의 오류 등으로 인해 직설적으로 이해할 수 없는 경우가 있다. 논문을 정식으로 제출하기 전에 동료에게 단단히 읽어 보게 하는 것이 중요하다. 적어도 하나의 문단 내에서는 문장이 논리적이어야 한다. 대부분의 경우 적절한 접속사를 추가하면 논리가 선명해지는데, 그 접속사는 저자 본인 외에는 모르는 것이다.

(4) 독특한 논문

이것은 모든 저자가 지향하는 바이다. 어떤 점에서 독특한지는 저자가 수행한 연구 자체가 중요하지만, 전체의 흐름이나 형식은 '서론', '방법', '결과', '논의'라는 틀을 답습하더라도, 독자에게 감동을 주는 독특함을 발휘할 수 있으면, 연구자로서 제몫을 한 것이다.

2. 여러 종류의 저널

1) 좋은 저널

전 세계에는 도대체 얼마나 많은 학술전문지가 있는가? 아마 50,000종에 가깝다고 생각된다. 여기에는 지금까지 이미 폐간되고, 통합된 저널도 포함되어 있다. 조금 오래된 데이터(Garfield, 1996)이지만 만약 여러분이 생물의학자이고, 새로이 출판되는 관련 논문을 모두 읽어야 한다면, 하루에 무려 5,500편의 논문을 읽지 않으면 안 될 것이다. 세계적으로 그만큼 대량의 논문이 생산되고 있다는 것이다. 여러분은 1년에 몇 편 정도의 논문을 읽고 있는가?

읽는 방법도 여러 가지로 제목과 초록을 간단히 훑어보는 것으로부터, 차분히 계산식을 따라가면서 읽는 방식도 있다. 그러나 그것만으로는 어느 정도 확실히 읽었는가에 대한 수치화된 척도라고 부를 수는 없다. 독자가 자신의 논문을 쓰면서, 거기에서 '읽은' 논문을 인용하고, 그 인용한 이유를 말할 때 비로소 진정으로 '읽었다'고 할 수 있다.

놀라운 것은 과학 전분야에 불과 500종의 저널이 전 세계 인용수의 70%를 점유하고 있다는 사실이다. 2,000종이면 무려 95%에 달한다. 즉, 이들 '주요' 저널 이외에 출판되는 논문은 영원히 전혀 인용되지 않고 종말을 맞게 되는 것이다.

덧붙여서 1년당 어느 저널에 몇 편의 논문이 게재되고 있는지 데이터를 살펴보자. 조금 오래된 데이터이지만, 표 2.1에 전 세계의 주요 전문지를 나타냈다. 필자가 에디터로 근무한 *J. of Geophysical Research*나, 일본의 *Japanese J. of Applied Physics*는 매우 선방하고 있다는 것을 알 수 있다. 게재논문 수가 많다는 것은 인용횟수도 많다는 것을 의미한다.

표 2.1 각각의 학술전문지는 어느 정도의 논문을 게재하고 있는가에 대한 순위(1994년의 데이터). Most productive Journals라고 불린다. (출처 : Garfield, 1996)

1	J. of Biological Chemistry	4,915편/년
2	Physical Review B	4,894
3	J. of Applied Physics	2,968
4	Proc. National Academy of Sciences	2,650
5	American Journal of Physiology	2,480
6	Tetrahedron Letters	2,448
7	Applied Physics Letters	2,254
8	J. of the American Chemical Society	2,134
9	J. of Chemical Physics	2,107
10	Physical Review Letters	2,050
11	Astrophysical J.	2,028
12	J. of Physical Chemistry－US	1,919
13	J. of Geophysical Research	1,888
14	Physica B	1,874
15	Biochemistry－US	1,865
16	Biochemical and Biophysical Research Communications	1,860
17	Physics C	1,850
18	Biochemica et Biophysics Acts	1,830
19	Japanese J. of Applied Physics	1,794
20	Transplantation Proceedings	1,655

2) 오픈 액세스

글자 그대로의 의미로 논문이나 저널에 대한 접근이 공개되어 있다. 즉, 자유라는 것이다. 이것은 인터넷의 보급으로, PC만 있으면 일일이 가게 까지 나가지 않아도 쇼핑을 할 수 있는 것과 같이, 도서관까지 발품을 팔 필요 없이 어디에 있으나 자신의 모니터를 통해서 논문을 무료로 읽을 수 있다는 의미이다.

생각해 보면 이러한 동향은 당연한 것이다. 원래 국민이 낸 세금으로 수행한 연구성과를 부유한 대학 사람만 읽을 수 있다는 것은 그야말로 불공평한 처사이다.

단 그 이상으로 좋은 점도 있다. 검색이 용이하다는 점이다. 전 논문의 모든 페이지가 디지털화되어 있기 때문에 단순히 용어의 검색에 그치지 않고, 연구자 간의 논의가 실시간으로 이루어질 수도 있다.

그러나 아무리 편리해도 논문이 데이터베이스에 들어 있지 않으면 소용이 없다. 그러나 2000년경부터 시작된, 학술잡지의 오픈 액세스(open access)화의 물결에 의해, 수록논문수도 점점 증가하고 있다. 온라인 액세스의 진정한 목표는 전체 논문을 인터넷상에 공개하고, 자유롭게 그리고 무료로 읽을 수 있는 것이 오픈 액세스이다. 구미에서는 대학 도서관이

오픈 액네스 논문

중심이 되어 오픈 액세스를 지원하고 있다. 일본에서도 2003년에 국립정보화연구소가 주체가 되어 SPARC Japan이라는 조직을 출범시켰다. 그리고 구미의 SPARC와도 제휴하여 일본에서 출간되는 저널을 전산화해서 인지도를 향상키는 일을 하고 있다. SPARC란 Scholarly Publishing and Academic Resources Coalition의 약자이다.

오픈 액세스의 경우도 이전과 동일하게 저작권은 저자에게 귀속되고, 출판비용은 저자의 투고료에 의한다는 점은 공통적으로 인식되고 있다. 이제부터 논문을 이용자에게 무료로 공개하는 온라인 저널(online journal)을 늘려나가는 것이 중요하다. 오픈 액세스판(版)만으로 새롭게 창간된 잡지는 문제가 없지만, 이제까지 오랜 기간 책자의 형태로 발행된 잡지는 순차적으로 디지털화하고 있다.

3) 노벨상 수상자가 투고를 거부

최근 센세이션한 뉴스가 전 세계에 퍼졌다. 노벨 생리학·의학상을 수상한 지 얼마 안 된 캘리포니아대학교 버클리 분교의 R. W. Schekman 교수가 3대 저널 네이처(*Nature*), 사이언스(*Science*), 셀(*Cell*)을 지칭해서 금후에는 이들 잡지에 논문을 투고하지 않겠다고 선언했다. 이유는 지극히 알기 쉬운 바로, 세계적으로 유명한 이들 3대 잡지의 '상업주의'적인 자세가 연구의 체질을 왜곡하고 있다는 것이다.

Schekman 교수는 2013년 12월, 영국의 가디언(*Guardian*)지에 투고하여, 네이처, 사이언스, 셀 세 종류의 학술지를 비판했다. 전 세계의 많은 연구자들이 임팩트 팩터가 높은 이들 저널에 논문을 내면, 평가가 높아지므로 세 잡지에 경쟁적으로 게재하고자 한다. 그러나 Schekman 교수는 "세 종류의 잡지는 고유의 의미대로 과학연구를 권장하기보다는 마치 브

랜드 힘을 사용하여 판매 부수를 증가시키는 일에 필사적인 것처럼 보인다.”라고 지적하였다.

더욱이 Schekman 교수는 이들 세 종류의 잡지는 “순수한 학문분야가 아니고, 이목을 끌거나 물의를 일으키는 논문을 우선적으로 게재하는 경향이 있다.”라는 견해를 피력하였다. 이러한 경향이 점차 증대되면, 이들 세 잡지의 경우 유행을 타는 주목받기 쉬운 연구분야만 점점 융성해지고, ‘기타’ 중요한 분야가 홀대받는 상황이 벌어지는 것이 아닐까 하는 문제를 제기한 것이다. 이러한 악성 경향에 제동을 걸려면 연구자 자신이 이들 잡지에 투고를 보이코트하는 것 외에는 방법이 없다고 경종을 울린 것이다.

3. 논문의 기본조건

1) 리뷰논문이란

리뷰논문은 일반논문에 비해 평균적으로 피인용회수가 많은 것으로 알려져 있다. 제1장에서 언급한 바와 같이 인용의 수명도 길다. 어떤 의미에서는 교과서와 같은 성격을 띠기 때문에 많은 연구자, 특히 젊은 연구자들에게 많이 읽히고, 그래서 논문의 서론에서 인용되는 경우가 많다.

리뷰논문이라는 것은 해당 분야에서 수년간의 발전을 정리하고, 평가를 더해서 금후의 발전과 제언을 기술한 것이라고 하면 맞는 말이 아니겠는가? 이렇게 이야기하면 리뷰논문을 쓰는 것은 젊은 연구자에게는 어려운 일처럼 들리지만, 박사학위를 받았다는 것은 그 분야에서 리뷰논문을 쓸 수 있는 자격을 부여받은 것과 동등하다고 필자는 생각한다. 대학원생 가운데는 연구 테마는 지도교수로부터 받은 경우가 많고, 그렇게 주어진 문제에 어떻든 해답을 얻었다는 징표로 학위가 주어지는 것으로 해석할 수 있다. 대신 박사학위를 취득했다는 것은 그 문제와 주변문제에 대해서 객관적 평가를 할 수 있는 능력이 있다고 보는 것이다. 바꾸어 말하면, 박사학위를 받는다는 것은 그 토픽에 대한 리뷰논문을 쓸 수 있는 정도가 되었다는 것이다.

리뷰논문은 이들을 위한 전문저널에 발표하고, 그 저자는 보통 청탁에 의해 선발된다. 즉, 아무나 리뷰논문을 쓰는 것이 아니고, 리뷰저널의 편집장으로부터의 초대가 필요하다. 편집장으로부터의 초대가 있어도, 편집장 혼자서 생각하는 것이 아니고 그 리뷰잡지의 자문위원회(Advisory Board) 위원으로부터의 추천에 의해서 편집장이 결단을 내리는 것이 보통이다.

필자의 일이지만 막 박사논문의 최종 마무리를 하고 있을 때, 미국 지구물리학연합의 *Review of Geophysics*라는 저널로부터 초청장이 도착했다. 막 두꺼운 박사논문을 쓰고 있어서 많은 참고문헌을 읽고 있던 때이기 때문에 그 초대를 서슴없이 받을 수 있었다. 박사논문의 '논의'의 장에서, "이와 같은 관측이 있었으면, 연구가 가속적으로 진척되겠지만"이라고 생각했던 것들도 솔직히 쓸 수 있었다.

2) 이런 것은 논문이 아니다

다음과 같은 '심한' 코멘트가 레퍼리로부터 올 수 있다. 각각의 분야에서 있을 수 있는 일이라고 생각하지만, 이러한 종류의 코멘트에 제목을 붙이려면, '이런 것은 논문이 아니다'라고 해야 할 것이다. 아래에 최상위급 저널에 투고한 지진학 논문의 경우를 예로써 인용한다.

Unfortunately I cannot definitely recommend publication of this paper for publication in the Journal of ⋯, that has well-established standards in the world scientific community. The reason for my rejection is quite simple. That is, this is not a scientific paper at all. In my view, this is at most a data report of the results of observations, which the authors and others made over the last years regarding earthquakes in the northern Pacific.

레퍼리의 코멘트는, 글쎄 한마디로 말하면 "숫자의 나열, 이러한 것을 학술논문이라고 말할 수 없다. 과학이 전혀 없다."라고 말하는 것이다. 이런 종류의 문제는 지진학의 영역에 한정되지 않고 화산, 대기, 기후, 환경, 바다, 하천, 초고층대기 등 지구과학의 모든 영역에 존재할 뿐만 아니라 자연과학 전반에 대해서도 해당되는 것이 아닐까 한다.

지구과학은 우리들이 거주하는 이 행성의 문제를 보다 잘 이해하려는 기초과학인 동시에 자연재해에 관한 예보를 사회로부터 요청받고 있는 측면이 있다. 예보가 중요한가 혹은 기초연구가 중요한가의 둘 중에 한 가지를 택하는 문제가 아니다. 위에서 언급한 지진학, 대기과학, 해양학, 우주공간과학 등에 기본적으로 공통되는 점은 한마디로 말하면, '인간이 제어할 수 없는' 자연현상을 취급한다는 것이다. 실험실에서 행하는 실험과는 달리, 지구나 우주공간을 상대로 온도나 압력 등의 실험조건을 정하고 나서 관측에 임할 수는 없다. 지구과학은 '일방적으로 주어진' 관측 데이터 가운데서 의미 있는 보편적인 성질을 찾아야 한다는 숙명을 띠고 있다.

다른 자연과학 분야에서도 연구의 동기에 과학적인 목적이 없으면 그 실험 자체의 목적이 단지 '측정하는 것'이 되어 버리고, 물리적 혹은 화학적인 통찰이 결여된 작문이 되어 버리고 만다. 실험 데이터의 나열로는 아무래도 '논리적 전개'가 필요한 논문이 될 수 없는 것이다.

어떻든 데이터가 많으면 많을수록 좋은 연구가 가능하다고 말할 수 있다. 그러나 귀찮은 것은 모아진 데이터의 대부분은 자연의 노이즈(noise), 즉 자연의 단순한 호흡에 지나지 않는다. 그러므로 확고한 연구의 동기가 없으면, 관측은 비싼 장난감을 사용한 놀이가 되어 버릴 수도 있다. 다량의 데이터를 예쁜 색깔을 사용해서 통계적인 그림으로 보여주는 것만으로는 진정한 학문의 발전을 기대할 수 없다. 가정이 비현실적이고, 관측 데이터에 부합되지 않는 이론도 안 되며, 아무 생각도 없이 이론적인 예상도 하지 않고 데이터 검토만 해서도 안 된다. 올바른 데이터 해석이라는 작업은 관측 데이터, 즉 모델 이론 사이의 오가는 이른바 시행착오의 연속인 것이다.

이제 이해했으리라 생각되지만 관측 데이터를 늘어놓고 그 설명을 쓰는 것만으로 학술논문이라 말할 수 없다. 그와 같은 데이터는 자료집 형태의 보고서로 출판하면 된다. 물론 어떤 아이디어에 근거해서 방대한 데이터를 처리하고, 무언가 특성을 발견하기도 하고 가설의 검정을 행하기도 하면서, 훌륭한 논문을 발표하는 연구자도 많이 있다.

3) 스타 연구자

여기에 재미있는 통계가 있다. 잘 인용되는 논문을 쓰는 연구자를 친근하게 '스타(star) 연구자'라고 부르는데, 어떠한 공통점이 있는지에 대해서 조사한 결과(加藤, 2011)가 있다. 우선 스타 연구자를 정의해 보자. 정확하게는 논문 인용률이 매우 높은 연구자(most-cited researchers)라고 한다.

Thomson Reuters사의 데이터베이스(1981~2004년까지 출판된 논문)를 사용하여, 논문의 피인용횟수가 21개 분야별에서 상위 250위까지의 연구자들이다.

이들 21개 분야는 농학, 생물학·생화학, 화학, 임상의학, 컴퓨터 사이언스, 환경·생태학, 공학, 지구과학, 면역학, 재료과학, 수학 등이다. 세상에 큰 영향을 미치고 있는 이들 연구자는 많은 점에서 '보통'의 연구자와 다르다는 것을 알 수 있다.

그림 2.1에 표시한 것과 같이, 이렇게 선택된 스타 연구자의 압도적인

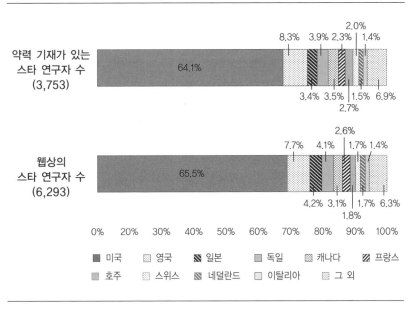

그림 2.1 스타 연구자(논문 인용률이 매우 높은 연구자)의 국가별 분포. 60% 이상이 미국 거주자이다. 이하 영국, 일본, 독일, 캐나다, 프랑스, 호주, 스위스, 네덜란드, 이탈리아 순(출처 : 加藤, 2011)

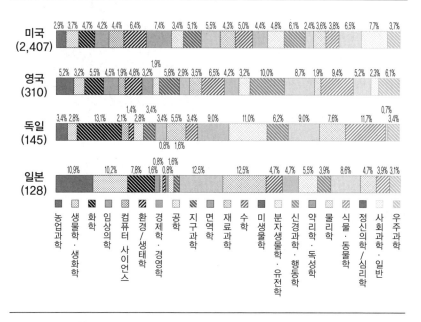

그림 2.2 4개국(미국, 영국, 독일, 일본)에서의 스타 연구자의 분야별 분포. 일본에서는 상대적으로 농업과학, 생물학·생화학, 면역학, 재료과학이 강세라는 것을 알 수 있다. (출처 : 加藤, 2011)

다수는 미국에 근무하고 있다. 또 미국 2,407명, 영국 310명, 독일 145명, 일본 128명으로, 전체의 약 8할을 점유하고 있다는 것을 알 수 있다. 평균 연령은 65세이다. 이하 이들 4개국에 대하여 좀 더 상세하게 살펴본다. 그림 2.2는 미국이 어느 분야에서도 일정 비율로 최상위를 달리고 있는 반면 2위의 영국은 분야별로 편차가 크고, 이어 독일과 일본에 이르러서는 분야별 규모의 차이가 현저하다는 것을 알 수 있다. 또한 일본의 특징은 다른 3개국과 비교할 때 특히 면역학(12.5%), 재료과학(12.5%), 농업과학(10.5%)의 비율이 높다.

추가적인 분석 결과 일본 연구자 가운데 피인용수가 높은 사람은, 일본 연구자의 평균과 비교해서 해외에서 근무하는 비율이 월등히 높다는 것을 알 수 있다. 일본인 가운데 높은 피인용 연구자의 73.4%, 연구자 평균 8.9%가 국외에서 근무하고 있다. 또한 일본은 상기 3개국보다는 여성 비율이 낮고, 일본에서 박사학위를 취득한 비율이 높고, 그리고 취득한 곳은 대규모 국립대학에 집중되어 있는 경향을 나타내고 있다.

참고로 필자의 친구 스타 연구자의 프로필을 잠깐 소개한다. 어느 정도 '대단한지' 알 수 있을 것이다. 그는 언뜻 비슷해 보이지만 '상위 250인'이라는 조건이라기보다는 '상위 0.5%'라는 조건을 만족하는 스타이다. W. Baumjohann 교수는 63세의 독일인으로 2004년 이래 오스트리아 국립우주과학연구소의 소장으로 재직하면서, 연구소 운영을 진두지휘하는 한편, 연구를 위해 시간을 쪼개어 많은 대학원생, 박사후 연수생을 지도하면서, '대단히 분주한' 연구활동을 전개하고 있다. 때때로 연구에 '질린' 때가 있는지, 필자에게 시비를 거는 메일을 보내온다. 모순이 있는 문제를 찾아내어 필자가 그의 의견에 찬성하지 않을 것을 예상하고 자신의 의견을 보내온다. 당연히 필자는 그의 견해에 동조하지 않기 때문에, 이 논의는 논쟁이 되어 며칠간 지속되는 것이다. 어느 새 이러한 종류의 상호교신이 논문의 논리적 논쟁, 고찰을 쓸 때 매우 유용했다는 생각이 든다.

그와 필자의 교제는 그가 학부학생이었을 때부터 시작되었다. 교수 대신에 국제회의에 참석하고, 초청 연구발표를 한 것이다. 이 독일 교수와 필자의 지도교수[후쿠시마(福島直), 도쿄대학교 명예교수]는 절친한 친구 사이였다. Baumjohann은 그 독일 교수의 최초 학생이었고, 필자는 후쿠시마 교수의 최초의 학생이어서, 우리 두 사람은 말하자면 형제와 같은 느낌이 들었다.

러시아에서 개최된 그 국제회의에서, 장래의 방향을 아직 잡지 못한 그 학생에게, 필자는 선배로서 우주과학의 매력을 열심히 이야기했다. 이야기하면 할수록 그가 기초학력이 높은 수재라는 느낌이 들어서, 이 분야로 진출하도록 매일 저녁 설득했다. 국제협력의 소중함과 함께 즐거움도 전했다. 그 보람이 있었는지, 1주간의 국제회의가 끝날 무렵에 그는 이 분야에 남을 것을 필자에게 약속했다.

이제 그의 논문 생산량을 그림 2.3a에서 보자. 논문수는 꾸준히 증가하여, 현재 550편에 달하고 있다. 한편 2008년에는 무려 연간 40편이라는 기록적인 수의 논문을 썼다. 필자의 논문출판기록은 1년에 14편이 최고였고, 그 해의 다급했던 상황은 생각하고 싶지도 않은 정도이기 때문에, 40편이라는 것은 상상이 되지 않는다. 여기서 주의할 필요가 있는 것은 14편과 40편이라는 숫자는 다른 사람이 제1저자가 된 공저자 논문도 다수 포함되어 있다는 점이다. 즉, 그는 우수한 학생과 박사후 연수생을 다수 포함시킨 연구 그룹의 리더라는 점도 이와 같은 초인적인 생산에 공헌했다는 점을 알 수 있다.

1995년에서 2년 정도, 논문 생산량이 감소했는데 이 감소는 그 기간 동안 2권의 교과서를 집필했기 때문이었다. 한편 그림 2.3b에 표시한 바와 같이 인용수는 매년 증가하여, 최근에는 1년에 1,000회라는 대기록을 달성했다. 참고로 이 사람의 h지수는 61이다.

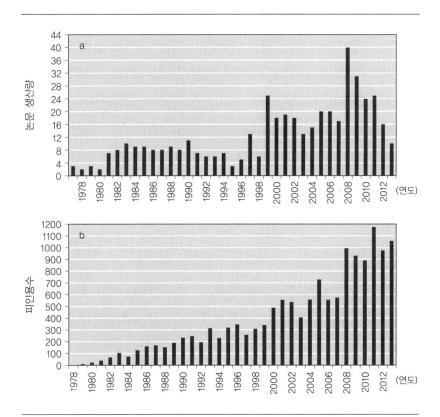

그림 2.3   a : 필자의 친구인 스타 연구자의 논문 생산량. 횡축은 연도, 몇 개의 산과 계곡
이 보인다. b : 필자의 친구인 스타 연구자의 논문 피인용수. 횡축은 연도, 단조롭게 증가하
지는 않지만, 연령과 함께 전체적으로 인용수가 증가하고 있다. (Web of Science의 자료
를 이용해서 작성)

4. 논문의 부정은 연구의 부정

1) 가이드라인

연구에 있어서 사기라든가 부정은 흔히 듣는 뉴스이다. 사기꾼, 도둑놈
이라고 과장해서 말하는데 영어로는 'fraud'라고 말한다. 연구나 논문의

경우, 'scientific fraud'라 부르고, 사건이 발생하면 신문을 요란스럽게 장식하는 사기꾼과는 조금은 다른 뉘앙스로 들리지만 독자, 동료 나아가 세상을 의도적으로 속이려 하는 것이기 때문에 '악질'이라는 의미에서 기본적으로 동일하다.

논문은 연구성과를 세상에 알리는 최종 수단이기 때문에 논문에 부정이 있다는 것은, 그 연구 자체에도 좋지 못한 점이 있다는 것을 연상시킨다. 문부과학성에는 연구활동의 부정에 대한 가이드라인이 있다. 이것은 부정의 기본적인 문제를 탐구하고 있다. 연구에 부정행위가 있다는 것은 과학을 모독하는 처사인 것이다. 예컨대 조작이나 변조된 논문을 내는 것은 과학에 대한 신뢰를 근본적으로 뒤흔드는 것이 된다.

가이드라인에 의하면 연구 부정행위는 연구성과의 발표 본래의 취지를 왜곡시켜, 학계의 정상적인 과학적 의사소통을 방해하는 행위와 다를 바 없다. 부정이라는 것은 구체적으로 데이터나 연구결과를 날조 · 변조하거나, 타인의 연구성과를 도용하는 것 등이 대표적인 예이다. 그래서 학계나 연구기관은 부정행위에 대해서 엄격한 자세로 임하고 있다. 문부과학성은 이것을 '지식의 품질관리'라고 부른다.

2) 날조, 변조

데이터의 날조와 변조는 절대로 안 된다. 이것은 말하자면 데이터를 '억지로 만들어 내는' 것이다. 아무리 이론상으로 그래프가 일직선이 될 것이라고 생각해도, 실험이나 관측이 그렇게 되지 않는 경우, 일직선이 되도록 실험 그래프에 조작을 가해서는 안 된다. 논문에는 오차의 추정도 정직하게 기술할 필요가 있다.

의학계에서는 악성 논문부정이 이루어질 때면 신문에 '고혈압 치료제

데이터의 날조

의 임상 테스트 데이터의 변조' 등의 제목이 뜬다. 병원에서 실시한 임상
시험으로부터 데이터 해석에 이르기까지, 그 약제를 개발한 제약회사의
이전 직원이 대학의 연구원으로 관여했다는 보도가 나올 때도 있다. 대학
병원을 끌어들여 공평해야 할 과학연구가 교묘하게 조작되고, 어떤 특수
한 약물의 효과가 뛰어난 것처럼 데이터를 짜 맞춘 것도 있어, 그 계획적
인 범죄가 놀랍다. 이면에는 회사에서 기부금이 흘러들어 가고 있는 것이
다. 이러한 악질적인 부정은 사회 전체에 대한 배신행위이고, 연구에 대
한 신뢰를 추락시키는 행위이다. 특히 의학에서의 부정은 환자의 생명이
걸려 있다는 점을 잊지 말아야 한다. 단순히 보조금을 반환하고, 박사학
위와 의사면허를 반납하면서 '미안해요'라고 하면 해결되는 문제가 아니
고, 전 세계적으로 후속 연구에 지대한 영향을 미치게 된다.

　한편 표절은 도둑질이기 때문에 훔친 당사자는 그 범죄에 대해서 인식
하고 있다. 자신의 오리지널 연구와 비교하기 위해서 누군가 다른 저자의
그림을 사용하려면, 물론 출처를 명기하고, 인용하면 좋을 것이다. 물론
이미 출판된 자신의 논문에서 복사하거나 같은 그림을 사용하는 것도 표

절이 된다.

그러나 분명히 다른 사람의 논문을 표절한 사례도 곳곳에서 발각되고 있다. 이러한 타인의 논문을 표절한 예로 아마도 세계기록은 60편에 이르는 타인의 논문을 모른 체하고 그냥 다른 전문지에 투고하여 무사히 출판시킨 사건도 있었다. 미국 의학계에서 일어난 일로 최상급 저널이 아니었기 때문에, 좀처럼 발각되지 않았던 것 같다. 물론 그 '저자'는 의사면허를 박탈당했다.

네이처나 사이언스에 당당히 16편이나 날조논문을 게재한 벨 연구소의 젊은 연구원도 있었다. 2000년경의 일이다. 초전도체에 관한 연구로 다른 연구자로부터 실험 재연이 전혀 이루어지지 않는다는 의혹이 여러 곳에서 일어나면서 데이터 조작이 판명되었다. 기억에도 새로운 것은 인간의 ES 세포에 관한 서울대학교수의 날조일 것이다. 이것은 연구팀의 내부고발로 발각되었다.

논문의 부정이 일본에서 일어난다면 일본 과학계 전체가 세계로부터 신뢰를 상실하게 될 것이다. 물론 국내적으로는 국민을 속이는 것과 동일하며 범죄와 동일시된다. 결론에 맞게 그래프를 오래된 논문에서 끄집어 내 오는 것 등은 기막히는 노릇이다.

분명히 세상에는 부정을 재촉하는 유혹이 없다고는 할 수 없다. 일류 학술지에 많은 논문을 출판하면 그 다음에 안정된 직장을 얻고, 거액의 연구비를 획득하게 된다. 연구자는 업적을 높이지 않으면 안 되는 압박과 경쟁 때문에 온갖 종류의 부정을 저지르는 것으로 지적되었다.

3) 과장된 논의는 부정인가

실험 데이터의 조작은 악질적인 행위이지만, 가령 논문의 '논의

(discussion)' 절에 다소 과장되게 쓰는 것은 어느 정도로 악질적인 행위인가? 실제로 자연현상은 매우 복잡하다는 것을 과학자는 충분히 알고 있어, 단순화된 모델은 현상의 대규모 양상밖에는 설명할 수 없음에도 불구하고 논문에는 "이 모델을 사용하면 현상을 구석구석 작은 부분에 이르기까지 틀리지 않고 설명할 수 있다."라고 쓰기도 한다. 자기 자신은 그것이 허위임을 눈치채지 못한 것 같다. 다른 동업자도 동일한 글투로 기술하기 때문에 관행이라고 그렇게 해버린 걸까, 혹은 자신의 제안이야말로 세계에서 최고의 획기적인 모델이라 믿고 있었기 때문일까?

4) 그 외의 부정

이중투고라는 행위는 동일한 논문을 두 개의 저널에 동시에 투고하는 것을 말한다. 이중투고는 엄격하게 금지되고 있다. 저명한 연구자가 이중투고로 신문의 뉴스거리가 될 수 있지만 본인에게 물어보면, "내 연구결과를 두 번 사용했을 뿐 다른 사람의 연구성과를 훔치지는 않았다."라며, 뜻밖에 그 나쁜 짓에 주의를 기울이지 않을지도 모른다. 두 저널에 논문이 접수되어 출판되어 버렸다면 어떻게 생각할까?

　이 경우 대학 내의 게시판 같은 논문집으로부터 외부에 널리 공개된 기관지까지 포함된다는 점에 주의해야 한다. 단 학회나 연구회에서 구두발표를 위한 예비 원고집에 실은 원고는 논문으로 취급하지 않는 것이 보통이다. 동일한 문장이나 동일한 그래프가 사용되었다면 명확히 이중투고이다. 또한 프로시딩(proceedings, 의사록적 논문집)이라 불리는, 국제회의에서 발표한 논문이 훌륭한 책이 되어 출판되는 경우가 종종 있다. 또는 특별 테마에 대해서 책으로 편집되는 것도 있다. 이와 같은 프로시딩이나 서적의 일부가 되었던 '논문'도 훌륭한 논문이기 때문에 동일한 또는 유사한 내용의 논문을 보통의 저널에 내는 것도 이중투고가 된다. 이중투고에 대해서 윤리적인 면에서의 규정에 대한 학회나 출판사의 규정은 제3장에서 논한다.

또한 연구자의 양심이 요구되는 것은 그 논문에 전혀 관여하지 않은 사람이 공저자로서 이름을 올리는 경우이다. 연구 그룹의 보스에게 선물로서 공저자로 올리는 것도 부정행위로 간주된다.

판단이 어려운 것은 논문에 의한 인권침해이다. 저작권의 침해도 그 판단이 꽤 어려운 문제를 포함하고 있다. 타인이 발견한 것이나 제출한 모델 등을 인용범위를 초월해서 기재하거나, 타인의 명예를 손상시키는 언급이 논문 내에 있는 경우 에디터가 적절한 판단을 내린다.

5) 코피페가 유행?

코피페는 말할 것도 없이 PC의 명령어 'Copy and Paste'의 약자로 일본인들이 좋아하는 단축어이다. 결국 타인의 논문에서 특히 서론이나 논의를 그대로 무단으로 차용하는 것이다. 게다가 한 행이나 한 문장을 차용할 뿐만 아니고, 오늘날에는 여러 절을 한꺼번에 코피페해 버리는 경우도 가능해졌다. 이것은 "타인의 생각이나 연구결과를 나타내는 문장을 인용표기를 하지 않고 사용하는 것"으로 정의되는 '도용'에 해당된다.

박사논문에 타기관이 공표했던 설명(기술)과 똑같은 문장이 발견된 적도 있다. 어떤 연구 그룹에서는 이와 같은 코피페가 이전부터 행해지고 있었던 것 같고, 구체적인 도둑질이 선배로부터 계승되어 온 것은 아닌지 의심이 된다. 학위 심사위원도 깨닫지 못하리라는 것은 정상이 아니다. 심사위원이 깨닫고 있는데도 묵인한다면 심각한 문제이다. 무단으로 복사하는 것은 도용이고, 그렇게 하는 것이 당연한 듯이 행해져 왔다는 것은, 연구나 논문에 대한 신뢰가 크게 왜곡되어 있다는 것이다. 연구실 전체에서 행해지고 있다는 것은 말하자면 조직범죄이다.

박사논문에서의 도용문제가 언론에 등장하는 경우, 대학교원 측에서도 각종의 변명이 나온다. 하지만 믿기 어려운 것은 "확실히 약 20쪽이 거의 완전히 도용되었지만, 연구의 본질과는 직접 관계가 없는 '서론' 부분이어서 큰 문제가 없다."라고 하는 견해이다. 이것은 논문이라는 것을 이해하지 못하는 터무니없는 생각이다. 논문의 '서론'에서 해당 분야의 발달과 연구의 동기를 언급하는 것이기 때문에, 누가 어떻게 해도 같은 설명이 될 수가 없다. 해당 테마에 관해서 자신의 평가를 보태어 기술하므로, 큰 문제가 없다고 생각하는 것은 당치 않다. 코피페, 즉 도용은 절대로 해서는 안 된다.

Chapter 3   논문 제출에서 채택까지

1. 논문의 심사과정
2. 레퍼리의 자격
3. 에디터와 레퍼리
4. 레퍼리의 역할
5. 논문의 변형

이 장에서 저자에 의해 논문이 에디터에게 제출되고부터 채택되어 저널에 출판될 때까지 어떠한 과정을 거치는가에 대해서 알아본다.

논문의 심사단계에서 에디터는 레퍼리의 도움을 받는다. 그러나 올림픽의 체조나 피겨 스케이팅 경기의 레퍼리와는 달리, 학술전문지의 레퍼리는, 전 세계의 동료 연구자로부터 선정된 사람들로, '위로부터 내려다보는 시선'으로 심사하는 것이 아니다. 여기서 실례를 열거하면서 레퍼리 제도의 문제점, 급증하는 공동논문의 문제점도 논의한다.

1. 논문의 심사과정

1) 접수와 채택

제1, 2장에서 논문의 중요성, 논문 쓰기의 중요성을 이해했을 것으로 생각된다. 이제 드디어 여러분은 논문을 써서, 저널의 에디터에게 제출하게 되었다. 큰 문제 없이 무사히 채택되어 연구성과가 전 세계에 주목받기를 기원한다. 오해하기 전에 다시 이야기하지만, 이 책은 '좋은 논문을 쓰는 방법'에 관한 것이지, '좋은 연구하는 방법'에 대해서 쓴 책이 아니다. 또한 '좋은'이라고 해도 얼마나 좋은가는 명확하지 않지만, 국제학술지에서 '빠듯하게 채택'되는 논문을 '확실하게 채택'되도록 조금이라도 도움이 되었으면 하는 생각이다. 그러기 위해서는 출판할 만한 가치가 있는 논문이어야 한다는 것이 전제조건이다.

먼저 출판된 논문에서 맨 처음 혹은 맨 마지막에 등장하는 용어부터 알아보자.

(Received January 10, 2014; Revised April 21, 2014; Accepted May 3, 2014)

이 3개의 날짜는 무엇을 말하는 것일까?

Received : 제출된 논문이 에디터에게 도착하여 심사업무가 시작된 날(수령일 혹은 접수일이라 함)
Revised : 여러 번 수정하는 동안 최후의 수정본이 에디터에게 도착한 날
Accepted : 최종적으로 논문이 채택된 날(채택일이라고도 함)

접수(received)는 단지 원고를 받은 날이고, 채택(accepted)까지 가지 않으

면 그 논문은 햇볕을 보지 못하고 만다. 'received'와 'accepted'는, 의미가 비슷해서 혼동하기 쉬우므로 주의해야 한다. 특히 일본어에는 'accepted'도 접수(受理)라고 말하기도 하기 때문에, 그냥 영어로 '억셉트'라고 말하면 오해가 없을 것이다.

논문은 에디터에게 제출하는 것은 'submit'라고 한다. 즉 'received'를 저자 쪽에서 보면 'submitted'라고 말하는 것이 된다. 또한 'accept'된 논문은 '인쇄 중'이라는 의미로 'in press'라고 쓴다. 인사 공모에 제출하는 이력서 등에 첨부하는 논문목록에는 일반적으로는 채택 여부를 알 수 없는 '심사 중'인 논문은 첨부할 수 없다. 게재가 거부될 경우 없는 것과 마찬가지이기 때문에 연구 업적이 될 수 없다. 그러나 심사 중인 논문도 기재하는 것이 허락된 경우에는 'submitted' 혹은 'submitted to Journal of …'라고 하면 좋다. 그러나 어떤 논문이 이미 'accepted', 즉 채택되었으나 아직 출판되지 않은 경우, 'in press'로 표시해서 이미 출판된 논문과 대등하게 취급받는다.

최근 모든 논문이 반드시 종이에 인쇄되는 것만이 아니고 디지털판으로 출판되는 논문도 많이 있기 때문에 이들도 포함해서 'in press'라고 하는 것은 다소 어울리지 않는다. 단 'accepted for publication'만으로 해도 좋을지 모르겠다.

2) 어느 저널을 선택할까

각 전문분야에는 전 세계적으로 여러 학술지가 있고, 연구자는 자신에게 가장 적절하다고 생각되는 저널을 선택해서 논문을 투고한다. 물론 투고 논문은 그 내용에 대해서 엄정한 심사를 받지만, 상위 저널로 불리는 일류 잡지일수록 심사가 어렵고, 논문의 게재거부율도 상당히 높다. '유명한 저널이란 무엇인가'에 대해서 직설적으로 답하기는 어렵지만, 임팩트 팩터가 높은 저널이라고 생각하면 된다.

종종 영국의 네이처와 미국의 사이언스는 2대 유명 국제학술지로 알려져 있는데, 이들의 채택률(게재논문수/투고논문수)은 10%대, 혹은 그 이하이다. 즉, 제출된 논문의 90% 이상이 게재가 거부당한다는 뜻이다. 또한 각 학문분야에는 '이것이야말로 최상급'이라고 인정되는 저널이 있다. 이들은 오랜 시간에 걸쳐서 축적된 편집방침에 따라 수준 높은 논문만을 게재하는 것으로 국제적으로 부동의 명성을 이어왔다.

일본 내에서도 국제저널이 있으므로 그곳을 노리는 것도 하나의 방법이다. 또한 지금 쓰고 있는 논문의 내용이 최근, 가령 *J. Chem. Soc.*에서 뜨거운 논쟁이 계속된 것이라면 거기서 승부를 걸어보자는 생각을 할 수도 있을 것이다.

게다가 각각의 저널은 취급하는 학문 영역, 독자층, 배포상의 특징이 있기 때문에, 이들도 고려해서 자신의 '이 논문'이 가장 잘 어울리는 저널을 선택한다. 저널의 홈페이지에는 투고규정이 표시되어 있으므로 잘 읽고, 잘못된 투고로 귀중한 시일을 낭비하지 않아야 한다.

그렇다고 해도 "어느 저널에 투고하는가"는 개인적으로 별로 큰 문제가 아니라고 생각한다. 젊은 연구자로 그 논문을 투고할 곳을 모르는 경우, 가까운 교수나 선배에게 문의하는 것이 좋다. 베테랑 연구자라면 어느 저널은 어떤 토픽의 논문이 잘 게재되는지를 알고 있을 것이다.

3) 논문이 출판되기까지의 과정

연구논문은 어떠한 과정을 거쳐서 채택되고 인쇄 · 출판되는가? 우선 하나의 연구가 종료된 단계에서 논문 작성에 착수한다. 필자의 경우 한 편의 논문을 마무리하는 데 몇 개월에 걸쳐 10회 정도 원고를 고쳐 쓴다. 설득력 있는 내용과 문장을 만들기 위한 소위 투고기간이라 할 수 있다. 1개월에 모두 써버리는 것도 불가능한 것은 아니지만 수개월이라고 하는 것은 2개 요소의 타협의 결과이다. 서둘러 1개월 정도에 마무리해 버리면 내용이 제멋대로 되어버리기 십상인 반면, 1년씩이나 걸린다면 다른 그룹에게 선두를 추월당해 버릴지도 모르기 때문이다. 학회나 강연회나 심포지엄에서 발표를 거듭하며, 질문이나 비판을 받기도 하고, 전 세계 연구 동료들에게 직접 초안을 읽어 보라고도 하면서 최종원고를 만들어 나가는 것이다.

필자의 전문분야에서는 논문은 모두 영어로 쓰여 있기 때문에, 다시 쓰는 것은 PC가 도와준다. 몇 편의 논문을 동시에 쓰기도 하고, 다음 새로운 연구를 진행시키는 것은 연구자의 일상생활이다. 즉, '논문을 쓴다' 는 것은 일상생활의 시간 배분에서 상당한 부분을 차지하고 있는 것이다.

몇 번이고 고쳐 쓴 후 "이 정도면 좋다!"라는 '자신감'이 생길 때 투고한다. 투고할 저널은 연구가 종료되는 단계, 즉 논문을 쓰기 시작하기 전에 결정해 두자. 그 분야의 여러 저널 중에서 하나를 선택하여 최종원고를 에디터에게 보낸다. 저널에 투고된 그 논문은 복수의 레퍼리에게 보내져, 출판할 가치가 있는지 없는지에 대한 심판을 받는다. 레퍼리라 해도 특별히 능력이 뛰어난 사람이 아니라 같은 전문분야에 종사하는 연구자 중에서 에디터가 선정한 사람이다. 이러한 심사과정을 동료심사(peer review)라고 말한다. 'peer'라는 것은 '동지, 동료, 동업자'라는 뜻으로 실제로 동업 전문가에 의한 평가인 것이다. 이 평가를 일본어로 사독(査読)이라고 한다. 앞서 언급한 바와 같이 연구라는 것은 사실의 해명이 목적이고, '사실'을 누구도 알지 못하기 때문에 심사과정에서 격렬한 논쟁이 시작되는 것은 어쩔 수 없는 일이다.

"평소에 이 저자가 마음에 들지 않는다."거나 "자신의 생각과 이 논문이 일치하지 않는다."라는 이유로 게재를 거부할 수는 없지만 어쨌든 경쟁심이 강한 살아 있는 인간끼리의 토론, 특히 먼저 발표하는 사람이 승자가 되는 요소가 강한 자연과학에서는 저자와 레퍼리 사이의 '싸움'은 확대되는 경향이 있다. 이러한 싸움은 모두 에디터를 경유한 문서로 이루어지기 때문에, 다툼에 승리하기 위해서는 논문뿐만 아니라 레퍼리 및 에디터와의 교신까지도 설득력 있는 문장을 사용해야 하는 것은 당연한 일이다.

저자로서나, 레퍼리로서나 자신이 생각하고 있는 것을 꽤 좋은 문장으로 표현할 수 없을 때에는 좌절감을 맛보게 된다. 최종적으로 에디터에 의해 승부가 가려지겠지만, 일류 저널의 경우 게재율은 투고논문수의 절반 이하이다. 즉, 절반 이상의 논문은 모처럼 썼어도 게재가 거부되는 것이다. 한때 자신의 스승의 논문이라든가 혹은 노벨상 수상자의 논문이라도 결점이 있으면 통과하지 못한다.

그러나 엄격한 심사를 무사히 통과했다고 해서 그 논문이 올바른 것은 결코 아니다. 출판되고 나서 정식으로 오류가 지적될 수도 있고, 결과나 해석에 클레임(claim)이 걸릴 수도 있다. 필자도 잘못된 논문을 낸 적이 여러 번 있다.

평균적인 최상위 저널의 전형적인 심사과정의 예를 다음에 나타냈다. 투고된 논문의 출판 여부는 에디터의 결단에 따른다. 이하는 여기에 이르는 단계의 예이다. 절차 등 세부사항에 차이가 있지만 다른 저널에서도 큰 틀에서 대체로 공통적인 것 같다.

심사과정(Peer Review Process)

1. 저자가 에디터에게 원고를 제출한다. 저자에게 레퍼리 후보로 5명의 동일분야 연구자의 이름, 전자메일 주소 등의 연락처를 첨부하라는 저널도 있다. 말하자면 저자에 의한 레퍼리의 요청이다. 또는 "○○의 이유로 이런 사람들을 레퍼리로 위촉하지 마세요."라는 요청을 받아들이는 저널도 있다.

2. 편집조수가 제출된 원고의 '질'을 검토한다. 이것은 논문의 과학적인 내용보다는 그 논문이 만족할 만한 조건을 갖추고 있느냐에 관한 것이다.

3. 에디터가 순위를 메기면서 레퍼리 후보를 정하고 연락을 취한다. 이 경우 에디터는 부편집인(Associate Editor)과 상의하기도 한다. 또한 각각의 저널은 레퍼리 후보의 데이터베이스를 가지고 있기 때문에 그리 어렵지 않게 최고의 심사위원 후보자를 선정할 수 있다. 이러한 데이터베이스는 단지 이름과 연락처와 같은 사무적인 정보에 추가해서 그 연구자가 가장 강한 분야에 대한 키워드를 포함하고 있다.

4. 레퍼리가 결정되고 심사가 시작된다.

5. 에디터는 채택, 수정 필요, 거부 중의 하나를 선택한다. 이 단계에서 에디터는 부편집인, 편집위원, 레퍼리와 협의한다.

6. 만약 그 결론이 '수정 필요'라면, 저자는 논문을 수정해서 다시 제출한다.

7. 에디터는 수정 원고에 대해서 새로운 결정을 내린다.

8. 에디터는 저자에게 그 결정을 통고한다.

6~8회의 개정 과정은 에디터가 최종결정을 내릴 때까지 반복된다. 그러나 이 반복이 영원히 계속되는 것은 아니다. 대부분 3회 정도로 반복될 때까지 결론이 나지 않을 경우, 그 논문은 '채택 거부'가 된다. 특별한 케이스이지만 에디터의 독단으로 채택 여부가 결정되는 경우도 있다.

2. 레퍼리의 자격

1) 레퍼리는 훌륭한가

투고된 논문은 심사를 위해서 레퍼리(referee, 심사위원)에게 회람된다. 여기서 "레퍼리, 즉 자신은 훌륭하다."라고 생각하는 레퍼리가 있기 때문에 종종 문제가 발생한다. 레퍼리는 훌륭할 거라고 착각하는 저자가 있는 것도 문제이다. 젊은 연구자나 학생은 "이번 논문은 무딘 레퍼리를 만나서 행운이었다."라든가 "세세한 곳까지 트집을 잡는 레퍼리를 만나, 100항목에 달하는 '아무래도 좋을 것 같은' 코멘트에 답하느라 매우 난처했다."라고 말하는 것을 들은 적도 있다. 이러한 오해 때문에 가끔 이상한 사건이 발생하므로 에디터가 신경을 쓴다. 에디터(editer, 편집인)를 통하지 않고 레퍼리가 저자에게 직접 전화를 걸어 "여기와 거기를 고치면 채택해 준다."라고 충고하는 것이다. 그래서 저자는 에디터에게 연락하여 "레퍼리가 말한 대로 원고를 수정하였다."라고 전해 온 것이다. 어쩐지 이상하다고 생각하지 않는가? 이것은 레퍼리가 저자의 전 지도교수였던 경우로 속을 썩인 경우였다.

나중에 '저자, 에디터, 레퍼리의 불가침조약'에서 설명하겠지만, 에디터와 레퍼리의 역할을 정의하면 레퍼리는 "논문의 평가에 관해서 에디터에게 의견을 개진한다.", 에디터는 "레퍼리의 의견을 참고하여 채택 여부를 결정한다."라고 되어 있다. 이러한 역할은 여러 학회지에서 공통된 인식이다. 각각의 역할을 규정한 이 '불가침조약'에 관한 편람에 의하면 아무리 레퍼리가 OK를 해도 출판이 거부되는 경우까지 있다. 반대의 경우도 물론 있다. 저자로서의 필자의 경험에 의하면, 복수의 레퍼리가 "이 논문은 전혀 안 돼!"라는 평가를 받은 논문이 1년도 더 걸린 '뜨거운 논쟁' 후 결국 채택된 적이 두 번이나 있었다.

레퍼리와 저자는 에디터를 통해서 의견과 정보를 교환하는 것이 규칙이다. 영문 학술지의 경우 교신은 모두 영문으로 행하게 되어 있다. 그러나 이 원칙이 지켜지지 않는 경우가 많아 곤란하다. 자신의 연구논문이 얼마나 뛰어난지를 에디터에게 직접 구두로 설명하는 저자, 반대로 이런 목적조차 분명하지 않은 연구에 연구비를 낭비한다고 전화로 위세 좋게 지껄이는 레퍼리, 학회나 심포지엄에서 "그 논문의 그 식은 말입니다……"라고 레퍼리에게 변명하거나, 역으로 싸움을 걸듯이 다가오는 저자도 있다. 논문심사의 결과에 대한 코멘트는 구두로는 접수하지 않는다.

레퍼리도 인간이다. 심사가 잘못될 수도 있고, 레퍼리의 생각이 바뀔 수도 있다. 하여튼 저자는 주장하고 노력하지 않으면 안 된다. 레퍼리의 지적에 대한 답변의 경우, 문장은 논리적이고 설득력이 없으면 패배하게 된다. 게다가 간단 명료함도 요구된다. 레퍼리가 잘못되었다고 생각할 경우에는 명확하게 지적하는 것이 좋다.

에디터가 곤란해지는 경우는 레퍼리가 뭐라고 썼는지 알 수 없을 때이다. 레퍼리의 영어가 틀린 경우도 흔히 있지만, 무엇을 전하고 싶은지에 대한 논리를 알 수 없을 때에는 어떻게 할 도리가 없다. 그래서 때로는 레퍼리를 심사하는 것도 필요하다.

2) 게재거부는 차별인가, 구별인가

논문 게재가 거부되었다는 것을 받아들이는 것은 저자로서는 무척 괴로운 일이다. '거부'를 통지 받으면 갑자기 분노하는 사람이 있다. "이 무능한 레퍼리를 선택한 것은 에디터의 책임이다. 처음부터 거부할 생각으로 선택한 것이 틀림없다."라고 시비를 거는 사람이 있다. 이런 우수한 논문 게재를 거부하는 것은 차별행위이기 때문에 재판에 회부하겠다고 위협하는 저자도 있었다(결국 재판에 회부하지는 않았지만).

논문이 거부되었다는 것은 한마디로 그 논문에 오류가 있든가, 수준이 낮다는 것을 의미한다. 그러므로 한 저널에서 게재거부된 논문을 그대로 다른 저널에 다시 투고하는 '투고 순례'는 도의상 허용되지 않는다. 이것은 나중에 기술하는 이중투고와 동일하며, 자기도용이라 부르는 일종의 사기행위이다. 저널은 동일분야별 저널들과 연락을 취하면서 이러한 사태에 대처한다.

단 게재가 거부된 원고에 대폭적인 개정을 도모한 원고는 여기에 해당되지 않는다. 저자가 이것을 자신 있게 말하는 경우, '새로운 논문'으로 다른 저널에 제출하는 것은 저자의 책임하에 실제로 행해질 수 있는 일이다.

"잘못된 곳은 딱히 없는 논문이지만 아무래도⋯⋯?"라는 논문도 거부된다. 예컨대 사소한 것을 들쑤시는 것 같은 논문, 마치 학생이 연습문제를 푼 듯한 수준의 논문, 시종 수식의 전개에만 매달린 논문, 수필과 같은 논문, 다른 논문을 복사한 것 같은 논문 등은 게재가 거부된다.

그러면 에디터는 절대로 오류가 없는가? 역사적인 발견에 관한 논문이 게재거부된 사례가 여러 차례 있었다는 것을 우리들은 알고 있다. 이것은 한마디로 에디터의 실수이다. 아무리 레퍼리가 '노(no)'라고 말해도, 에디터의 재량으로 채택해 버리면 되기 때문이다.

그러나 그 분야 복수의 전문가인 레퍼리가 제대로 된 이유를 대면서 "가치가 없다."고 하는 논문에 대해서 에디터가 내용의 세부사항을 학문적으로 판단한다는 것은 사실상 불가능하다. 그렇지만 레퍼리의 평가는 '노'이지만, 에디터의 '직감'으로 그 논문의 역사적 의의를 느낄 때, 단 하나 에디터가 할 수 있는 것은 그 논문이 정식으로 거부되기 전에 취하, 즉 'withdraw'를 추진하는 것이다. 그리고 다른 저널을 소개하는 것이다.

비겁한 레퍼리도 있다. 저자로부터 심사보고서의 약점을 지적받을 때, 저자는 레퍼리의 이름을 알 수 없다는 점을 이용해 입을 다물고 만다. "저자의 억지로 인해 더 이상 교신할 필요가 없다."라는 핑계를 에디터에게 써 보내고 이후 묵비권을 행사한다. 필자는 이와 같은 비겁한 레퍼리를 접하고, 불유쾌한 생각을 한 적이 여러 번 있었다.

3) 블랙리스트

에디터에게는 레퍼리 후보자의 블랙리스트(black list)가 있다. 그렇다고 하기보다는 이러한 리스트가 자연스럽게 생겨난다고 생각한다.

(1) 레퍼리를 부탁해도 항상 거절하는 사람

레퍼리라는 것은 학회에 대한 무료 서비스이다. '피차 일반'의 정신으로 흔쾌히 받아들이는 것이다. 각자가 모두 바쁘다. "지금 다른 저널의 레퍼리를 하고 있기 때문에……"라고 거절하는 사람이 있지만, 동시에 5편 정도의 논문심사까지는 맡아 할 수 없는 것일까? 미국 항공우주국(NASA)과 미국 과학재단(NSF)은 연구계획 제안서(소위 proposal, 나중에 언급)의 심사를 일본인에게까지 의뢰하고 있다. 이 연구계획서의 심사는 논문 3편 이상의 심사에 필적할 만큼 대단한 것이다. 특히 규모가 큰 부류의 제안서의 채택 여부는 그 연구분야나 그룹의 존폐를 결정하는 중대한 서류이고, 전체 연구자의 경력, 급여에서 시작해, 예상되는 결과까지 기술되어 있는 기밀문서이므로 신경을 써야 한다. 따라서 논문심사를 거절할 때, 지금 제안서의 심사를 병행하고 있기 때문이라는 것은 이유가 된다.

(2) 성실하게 논문을 읽지 않는 레퍼리

"그 사람의 논문이라면 좋게 마련이다."라는 선입관을 가지고 있는 레퍼리가 있다. 또한 그 논문을 동일 그룹의 다른 사람에게 하도급하는 사람, '귀찮다고 해서' 곧 바로 OK를 내는 사람도 있다. 심지어는 놀랍게도 비밀을 누설하는 레퍼리도 있다.

(3) 논문심사 보고서를 극단적으로 미루는 레퍼리

논문을 몇 달간이나 맡아둔 후에 불과 하룻밤 사이에 간단한 코멘트로 마무리하는 사람, 레퍼리를 맡고서는 몇 번이고 재촉해도 감감 무소식이다가, 마침내 '논문을 분실했다'고 말하는 터무니없는 레퍼리도 있다.

(4) 자신의 의견을 무리하게 관철시키려는 레퍼리

새로운 아이디어에 알레르기 반응을 보이는 사람, 흠을 잡는 사람, 심술궂은 사람, 심한 말을 사용하여 헐뜯는 사람, 비방하는 사람도 있는데, 그 표현이 너무 심할 때는 에디터가 그 부분을 스크린(screen)해서 저자에게 보낸다. "사실 이 저자가 마음에 들지 않는다."든가, "자신의 생각과 친숙하지 않다." 따위의 이유만으로 게재를 거부할 수 없지만, 어려운 점은 레퍼리는 결코 "나는 이 저자가 싫어서 이 논문은 절대 안 돼."라고 쓰지는 않는다. 경쟁심이 강한 인간, 선착순의 요소가 강한 과학에서는 저자/레퍼리 의견 차이가 증폭되는 경향이 있다. 결과의 해석이 다르다든가, 그 연구의 목적조차 마음에 들지 않을 경우 논문이 출판되고 나서, 코멘트 논문(comment paper)을 쓰면 되는 것이다. 이와 같은 연구자 사이의 '다툼'을 통해서 학문은 발전하는 것이 아니겠는가?

블랙리스트에 반해서 골드리스트도 있다. 건설적인 코멘트를 시간 내에 보내오는 레퍼리는 1년에 1회 에디터의 추천으로 학회가 그 노고를 치하하고 있다.

3. 에디터와 레퍼리

1) 논문 투고규정

어느 저널이나 '투고규정'이라는 것이 있다. 인쇄된 저널의 표지 안쪽이나 홈페이지의 'Information for Contributors', 혹은 간단하게 'For Authors' 등이라는 항목이 있는데, 그것이 투고규정이다. 대체로 다음과 같이 쓰여 있다.

- *Journal of* ***는 *** 학에 관한 오리지널 논문, 짧은 보고서, 리뷰를 게재한다. 기본적으로 그림을 포함해서 논문은 최장 15쪽, 레터는 5쪽으로 한다. 리뷰논문의 경우 보통논문보다 길어도 좋지만 미리 에디터와 협의할 것을 권장한다.
- 유사한 논문을 다른 저널에 제출하는 것을 엄격히 금지한다.

위와 같은 일반적인 주의사항 후에 논문의 종류, 구성에 관한 주의가 기술되어 있다. 예를 들면, 초록(abstract)의 글자 수 제한, 참고문헌의 양식에 관한 것이다.

논문은 그 저널이 취급하는 분야에 관한 독창적인 연구결과를 발표하기 때문에 새로운 방법으로 새로운 결과를 얻어, 논문 전체의 신뢰성이 인정되어야 한다. 또한 다른 연구자에게 도움이 되는 새로운 데이터베이스를 정리한 것도 여기에 포함된다. 또한 저널마다 호칭이 다르지만, 짧은 논문(Short Article), 레터(Letter), 보고(Brief Report)라는 카테고리의 저술은, 논문과 같은 정도의 독창성이 요구되지는 않는다. 의견이라 부르는 새로운 시도나 제안 등도 환영한다.

논문 내용의 일부가 이미 발표되었어도 동일한 목적을 더욱 새로운 각도에서 검토하고, 새로운 지식으로 정리한 것 등은 새로운 논문으로 간주된다. 그러나 그 내용이 동일한 저자에 의해 이미 출판되었을 경우, 그것과의 관계에서 차이점을 명확하게 설명하는 것이 중요하다.

2) 이중투고

투고규정에 "유사한 논문을 다른 저널에 제출하는 것을 엄격히 금한다."라고 되어 있는 것처럼, 이 규정은 소위 '이중투고'라는 행위를 금지하고, 이러한 결정은 특히 과학논문에 국한된 것이 아니고, 신문, 잡지에 의견을 게시하거나 투서의 경우에도 공통적으로 해당된다. 이중투고는 영어로 'dual submission'이며, 경우에 따라서는 재판에 회부될 정도로 심각한 법률 위반이 된다.

일반적으로 이중투고는 동일한 작품을 복수의 매체에 보내 응모하는 행위이다. 또한 이미 다른 매체에 발표된 작품을 투고해도 같은 행위에 해당한다. 또한 '똑같은' 원고는 아니더라도 유사한 경우도 동일하게 취급된다. 이중투고 금지의 이유는 명백히 저작권을 침해하는 비윤리적인 행위로 간주되기 때문이다.

학술논문의 경우 이미 저널에 출판된 논문, 또는 투고 중인 논문 외에 서적에 포함된 논문, 정부 등의 기록물로 일반적으로 판매되고 있는 것, 국제회의 등 프로시딩도 이중투고가 허용되지 않는다. 단 한정된 회원에 게만 배포되는 보고서, 심포지엄을 위해서 준비한 'preprint'로 심포지엄 참가자에게만 배포되는 것은 이 범주에 속하지 않는다.

아래에 혼돈을 일으키는 경우에 대해서 Q&A식으로 나타내 본다.

Q 국제학술지에 게재된 본인 혹은 본인을 포함한 그룹이 영어로 쓴 논문을 국내저널에 투고하는 경우 이중투고가 되는가?

A 영어/일본어일지라도 '동일 내용' 혹은 '거의 비슷한' 내용이라면 이중투고로 간주된다. '거의 동일하다'라는 기준은 저자 자신이 판단할 일이다.

Q 이중투고를 금지하는 규정의 문장 가운데는 학술간행물이라는 말이 나오지만 엄밀한 의미는 무엇인가? 예를 들면, 게시판이나 사보 등은 포함되는가?

A 학술간행물이라 함은 학회 등의 심사, 리뷰를 거친 논문 등을 지칭하는 간행물이다. 배포가 한정적인 회의 보고서, 사내보, 게시판 등은 포함되지 않는 것 같다. 인터넷 등 통상 문헌 검색법으로 열람할 수 있는 것도 학술간행물이다. 따라서 사내보라도 편집위원회 등에 의해 심사가 있고, 인터넷에 공개된 것이라면 학술간행물이 된다. 최종적으로 이 점을 확인하는 것은 저자의 책임이다.

Q 저널에 게재된 본인의 논문을 개정해서 다른 저널에 투고하고 싶은데 이 경우 이중투고가 되는가?

A 이것은 개정의 질 및 양에 관한 문제다. 많이 개정했다면 새로운 논문으로 투고할 수 있다.

Q 그러면 '많이' 개정했다는 것은 어떤 걸 의미하는가?

A 이 질문과 같은 경우에는 대부분 저자 자신의 판단에 따른다. 즉, 그 개정에 의해 '새로운' 논문이라고 볼 만한 수준의 연구의 진전이 있었는지의 여부, 구체적으로 "논의가 대폭 달라졌고, 고찰이 상세하고 정확해졌다.", "새로운 실험 방법을 사용했다.", "새로운 데이터를 사용했다." 등을 새로운 논문이라 간주할 수 있을 것이다.

3) 에디터와 레퍼리의 교신

'투고규정'에 따라 논문원고를 에디터에게 보낸다. 지금은 대부분 전자투고 방식을 채택하므로 그 저널의 홈페이지에 나와 있는 지침에 따라 원고 전체를 보내면 된다.

에디터는 편집조수의 도움으로 투고된 논문을 읽고, 우선 그 논문을 레퍼리에게 보낼 가치가 있는지를 판단한다. 예를 들면 에디터가 대충 읽어도 오자가 많이 발견되거나, 개인적인 공격을 가했거나, 영어의 질이 극도로 나빠서, 그대로 레퍼리에게 보내도 레퍼리가 이해하지 못할 것으로 판단되는 경우, 그러한 이유를 써서 저자에게 반송한다. 네이처 등, 채택률이 10% 이하의 '출판이 어려운' 저널에서는 여기서 편집부 직원의 조언을 받아 제출된 그 논문이 '흥미로운가의 여부', '내용이 획기적인가의 여부'에 대한 조언을 받는다. 편집부 직원에게는 그 논문이 다루고 있는 연구에 대한 판단기준이 있다.

1. 지금까지 없었던 기발한 것인가?
2. 예상치 못한 놀라운 결과를 이끌어 내는가?
3. 다른 분야에도 강한 영향을 미치는가?

이와 같은 제1관문을 통과하면, 에디터는 레퍼리(일반적으로 복수의 사람)를 결정한다. 레퍼리는 어떻게 선정되는가? (1) 저자나 저자의 연구기관과 독립인 기관에 소속되어 있을 것, (2) 전문적으로 그리고 공평하게 심사할 수 있는 능력이 있을 것, (3) 주어진 기간 내에 심사보고서를 제출할 수 있는가가 최소 조건이며 저널에 따라서는 저자에게 레퍼리 후보를 추천해 달라고 할 수도 있지만, 누구에게 레퍼리가 되어 달라고 요청하는 것은 완전히 에디터의 몫이다.

그 후 레퍼리로부터 심사보고서(Referee's Report)가 접수되면, 에디터는 이들의 의견을 참고하여 다음 단계의 결단을 내린다. 저자에 대해서는 'decision letter'라는 에디터의 결단을 편지로 작성한다. 결단은 다음의 다섯 단계로 나누어진다.

1. 즉시 채택되고 출판에 회부된다.
2. 저자가 원고에 약간의 개정을 가한 후 채택된다. 이 경우 일반적으로 개정된 원고는 다시 레퍼리에게 보내지지 않는다. 편집부 직원 선에서 개정이 적절히 이루어졌는지를 판단한다.
3. 최종 판단이 보류된다. 레퍼리의 코멘트에 대해서 저자가 어떻게

대응하느냐에 따라 채택이 결정되기 때문이다. 때로는 실험과 계산을 다시 하지 않으면 안 된다. 이와 같은 경우에는 개정된 원고를 레퍼리에게 다시 보낸다. 이때 저자는 레퍼리의 코멘트 각각에 대해서 어떻게 대응했는지에 대해서 상세하게 회답할 필요가 있다.

4. 채택이 거부된다. 이유는 레퍼리로부터 학문적인 문제점이 지적되기도 하고, 논문의 결론이 확실하게 제시되지 않았기 때문이기도 하다. 이 경우 에디터는 문제를 해결한 후 다시 제출해도 좋은지 여부를 지시할 수 있다. 다시 제출하는 것이 OK라면, 저자는 레퍼리가 지적한 모든 문제에 대해서 답하고, 개정 원고를 준비해야 한다. 그렇지 않으면 그 개정본은 레퍼리에게는 보내지지 않는다.

5. 완전히 채택이 거부되어 다시 개정판을 제출하는 것도 허용되지 않는다. 그러나 레퍼리도 에디터도 틀렸다고 생각되는 경우 이 사실을 서면으로 호소할 수밖에 방법이 없다. 이 경우 레퍼리/에디터가 놓친 점을 명확하고도 구체적으로 제시하자. 모호한 말로는 안 된다.

4) 저자, 에디터, 레퍼리의 불가침조약

필자가 편집인이 된 것은 42세 때로, *Geophysical Research Letters*라는 미국 지구물리학연합의 레터 저널의 하나였다. 그 임기 4년의 마지막이 다가와 좀 쉬어야겠다고 생각되는데, 동 연합이 *Journal of Geophysical Research -Space Physics*에 대해서 미국 이외, 유럽과 아시아 · 태평양 지역에 한 명씩 합계 3명의 에디터를 두기로 결정하였다. 아시아 · 태평양 지역의 제1호 편집인으로 필자가 추천되었다. 단순히 지역적으로 3개라는 것이 아니고, 3명이 전문분야를 3등분하고 각기 동일한 권한을 갖는 것이다. 즉, 필자의 편집실에 자기권-전리권 물리학을 중심으로 위로는 태양/태양

레퍼리

에디터

저자, 에디터, 레퍼리의
불가침조약

저자

풍, 아래로는 열권과 대기권의 변동에 관한 수많은 연구결과가 매일 접수되었다. 아시아·태평양 지역에 한정되지 않고 전 세계로부터 논문이 투고되었다.

"레퍼리는 훌륭한가"라고 언급한 것처럼, 연구자 가운데는 대부분의 저자가 논문의 채택 여부를 결정하는 것은 레퍼리라고 생각하는 것 같다. 논문 게재가 거부당했을 때, "불행히도 이상한 레퍼리를 만나 의미를 알 수 없는 코멘트로 혼란을 야기해 결국 채택되지 못했다.", "레퍼리가 아무래도 상관이 없는 세세한 점을 들고 나와, 시간을 엄청 끌어서 게재가 거부되었다."라고 자초지종을 이야기하는 것을 자주 듣곤 한다. 물론 저자의 이러한 판단은 틀린 것이다.

그런데 필자가 에디터 업무를 수행할 때, 자주 느낀 점은 에디터라는 것은 검사와 변호인 사이에 끼인 판사와 같은 존재가 아닐까 하는 것이다. 논문의 채택 여부는 에디터가 결정하는 것이지 레퍼리가 결정하는 것이 아니다. '불행하게도' 이상한 레퍼리를 만났다면 그 취지를 에디터에게 서신으로 알리는 것이 좋다고 생각한다.

저자, 에디터, 레퍼리는 윤리적으로 다음과 같이 지켜야 할 의무가 있다. 미국 지구물리학연합, 미국 화학회의 규범에 의거해서 생각해 보자.

이 규범은 다른 저널에서도 유사할 것이라 생각한다.

1. 저자는 ACO의 원칙, 즉 Accurate(정확성), Concise(간결성), Objective(객관성)에 따라야 한다. 연구결과는 간결하고 정확히 기술하고, 그래서 객관적인 논의를 논문에 쓰는 것이다. 또한 그러면서 일반인도 따라 할 수 있게 상세하게 기술할 필요가 있다. 그 논문에 언급된 연구에 큰 영향을 준 다른 주요 연구를 인용해야 한다. 제3자로부터 구두나 편지로 얻은 정보는, 그 사람의 동의 없이 인용하면 안 된다. 기본적으로 동일한 논문을 복수의 저널에 제출해서는 안 된다. 다른 논문을 비판해도 상관없지만 개인적인 공격은 금물이다. 논문을 저널에 보내기 전에 모든 공저자는 논문의 내용에 동의할 필요가 있다.

   저자는 논문을 제출함으로써 처음으로 연구자의 권리를 획득하여 업계, 즉 과학자 사회의 일원이 된다. 설령 그 1호 논문의 게재가 거부되더라도 레퍼리와 서로 싸운 경험은 남는다.

2. 에디터는 제출된 모든 논문을 어떠한 편견도 없이 동일하게 취급해야 한다. 종교, 국적, 성별, 정치적인 신념에 의해서 차별해서는 안 된다. 또한 논문의 처리는 지체 없이 이행해야 한다. 에디터는 논문의 채택, 거부에 관해서 완전한 책임을 진다. 이 결정을 위해서 부편집인 및 레퍼리와 상의해도 상관없다. 에디터와 편집부 직원은 심사 중인 논문에 관해서 전문적인 조언을 받는 사람 이외에게 원고에 대한 정보를 흘려서는 안 된다. 또한 에디터는 저자의 지적인 독립성을 존중해야 한다. 그리고 에디터 자신이 그 저널에 논문을 제출하는 경우, 이해 관계가 없고 자격이 있는 대리 에디터가 그 논

문의 처리를 담당하도록 한다. 에디터는 편집 과정에서 얻은 정보를 자신의 연구에 사용할 수 없다. 내용이나 결론에 오류가 있는 논문이 출판되었을 경우, 에디터는 그것을 바로잡고 그 소식을 출판해야 하는 책임이 있다.

논문이 연구의 진전에 기여하는 것으로 알려진다면 어떤 수준의 것이든, 틀린 점이 포함되지 않는 한 게재되어야 한다는 것이 필자의 생각이다. 설령 그 진전이 거의 없는 경우라도 기본적으로 채택되어야 한다. 내용에 관한 책임은 저자에게 있다.

3. 논문심사는 모든 연구자에게 동일하게 해당된다. 즉, 레퍼리는 이 중대한 역할을 공평하게 분담해야 한다. 레퍼리는 객관적으로 그 논문의 질을 평가한다. 이때 저자의 개인적인 비판은 금물이다. 레퍼리는 저자와의 이해관계에 세심한 주의를 기울여야 한다. 에디터가 레퍼리에게 보낸 논문은 기밀서류로 다루어야 한다. 레퍼리는 자신의 의견이 에디터와 저자에게 잘 이해되도록 코멘트를 작성해야 한다.

레퍼리의 평가 코멘트는 구체적이지 않으면 안 된다. 특히 게재거부나 대폭적인 수정을 요청하는 경우 어디가 잘못되었는지, 과거 어떤 논문이 인용되지 않는지를 분명하게 설명할 필요가 있다. 물론 "자신의 논문이 인용되지 않았다고 해서 기분이 나쁘다."가 게재거부의 이유가 되어서는 안 된다. 자신이 게재거부를 했는데도 결국 그 논문이 출판되었을 때, 분노한 나머지 에디터에게 "이 논문을 게재한다면 앞으로 두 번 다시

이 저널의 논문심사를 하지 않겠다.”라든가, “다시는 이 저널에 논문을 투고하지 않는다.” 등 신경질적인 편지를 쓰는 사람도 종종 있지만 칭찬 받을 만한 태도는 아니다. 마음에 들지 않는 논문이 제출되면 반박 논문을 쓰면 될 뿐이다.

5) 윤리상의 문제

오리지널 연구에 관한 논문의 집필, 제출, 심사, 채택/불채택의 결정, 그리고 출판에 이르기까지의 윤리상, 도덕상의 문제가 일어나는 경우가 있다. 이 미묘한 윤리적인 문제에 대해서 각 저널은 독자적인 정책을 발표하고 있지만, 어느 곳이라도 비슷한 점을 말하고 있다. 예를 들면 이중투고 금지이다. 여기에는 격조 높은 문장으로 게다가 구체적인 문제에 대해서도 언급하고 있는 *Solar Physics*의 경우를 참조해 보자. *Solar Physics*는 일본 국립천문대의 사쿠라이(櫻井隆) 교수가 main editor(*Solar Physics* 독특한 편집인으로 호칭) 중의 하나를 맡고 있다.

먼저 논문 출판 윤리의 자세를 기술한 서문이 훌륭하기 때문에 다음과 같이 영문 그대로 인용하고자 한다.

An effective, ethical publication process in peer-reviewed journals, such as *Solar Physics*, requires professional behaviour from the authors, referees, and editors and good collaboration among all. Although lapses of ethical conduct are rare in the solar physics community, breaches do arise, and we wish to share our thinking on these issues, which is very much in line with that of other journals in the field.

*Solar Physics*와 같은 동료심사에 의해 논문심사를 수행하는 저널에 있어서 효율적이고 윤리적인 출판 과정은 저자, 레퍼리, 에디터 각각이 전문가로서의 행동뿐만 아니라 관여하는 모든 사람의 협력이 필요하다. 태양물리학계에서는 도덕적 행위에 대한 실수는 매우 드물지만, 위반행위도 가끔 발생한다. 이 문제와 대처방법에 대해 해당 분야의 다른 저널과 사고방식을 공유하고 싶다고 생각한다.

즉, 윤리상의 문제를 격에 맞게 대처하고, 초기 단계에서 해결하는 데는 저자, 레퍼리, 에디터 사이의 전문가적인 협력이 필요하다. 그러면 전문가적인 협력은 구체적으로 무엇을 가리키는 것인가?

먼저 기본으로 돌아가서 저널이 저자에게 요구하는 것이 무엇인가를 생각해 보자. 그것은 Publication Agreement에 기술된 것과 같이 저자가 제출하는 원고는 "저자에 의해 실시된 연구결과이며, 중요하고, 새롭고 그래서 미발표된 것으로 한정된다."라는 것이다. 윤리에 저촉되는 사태는 논문 제출의 어느 단계에서도 발생할 가능성이 있고, 그리고 심각한 상태로 발전하기도 한다. 예를 들어 보자.

- 이제까지 출판된 관련 논문을 인용하지 않았다.
- 저작권이 있는 문장을 무단으로 인용했다.
- 모든 공동저자의 동의를 얻지 않았다.
- 동일한 논문을 이미 다른 저널에 투고했는데 그 정보를 제출하지 않았다.
- 자신의 과거 논문에서 많은 부분을 발췌해서 사용했다.
- 타인의 논문에서 허가 없이 발췌했다.

이상이 위반에 해당된다. *Solar Physics*의 경우 논문을 투고할 때 아래의 투고 양식의 질문에 답해야 한다.

> Did you submit (part of) this work for publication to other journals
> in the past? If yes, please list below to which journal. Please submit
> previous referee's reports and other correspondence related to this as
> "attachment to manuscript".

다른 저널에서 게재거부된 논문은 정직하게 그 내용을 신고하고, 그 저널의 심사보고서를 제출하도록 요청한다. 다른 저널에서 거부되었다고 해서 반드시 나쁜 논문은 아니지만, 레퍼리의 코멘트가 적절한 것임에도 불구하고 아무것도 변경하지 않고 *Solar Physics*에 투고한 경우 접수되지 않을 수도 있다. 또한 레퍼리 리포트 내용으로부터 어떤 그룹의 사람들이 레퍼리였는지를 추정할 수 있으면, *Solar Physics*에서 의뢰한 레퍼리가 동일 인물일 가능성을 미연에 방지할 수 있다.

구체적으로 다음의 철칙을 지키는 것이 중요하다.

1. 저자는 이번 논문과 관련해서 과거의 논문을 참고문헌으로 인용할 것.
2. 저작권이 걸려 있는 오리지널 연구논문을 사용하는 경우 그 허가를 받는 것은 저자의 책임이다.
3. 모든 공동저자가 이 연구에 중요한 공헌을 했고, 그래서 논문의 결론에 동의할 것.
4. 이 논문을 다른 저널에 제출하지 않았을 것, 제출한 경우 다른 저널

의 에디터와의 교신한 문서를 제출할 것.

5. 자기 표절이 없을 것. 자기 표절이라는 것은 자신의 과거 논문에서 상당 부분을 도용한 경우를 말한다.

6. 표절도 없을 것. 표절이라는 것은 이전의 논문에서 완전히 동일하게 인용한 경우에 한정되지 않고 사용된 논리, 방정식, 표, 그림도 포함된다.

저자는 윤리적인 문제에 저촉되는지가 의심되는 경우, 에디터 및 임원회(편집위원회)와 경우에 따라서는 해당하는 다른 저널의 에디터에게 협의하는 것이 필요하다.

6) 부편집인의 일

저널에는 에디터 이외에 **부편집인**이라는 직책이 있다. 이 사람들은 한마디로 말하면 에디터를 돕는 역할을 한다. 하지만 무엇을 어떻게, 어느 단계에서 도울 것인가는 저널에 따라 크게 다르다. 에디터와 동일하게 매우 책임 있는 일을 하고 있는 저널이 있는가 하면, 연중 거의 아무것도 하는 일 없이 단지 저널의 표지 뒷면에 부편집인의 이름만이 인쇄되어 있는 저널도 있다.

필자는 부편집인이 에디터와 동일한 권한을 갖는 것을 반대한다. 논문의 채택 여부를 결정하는 것은 에디터 한 명이어야 한다고 생각한다. 어려운 판단이 요구될 때 어느 부편집인이 참여하느냐에 따라 판단이 달라질 수 있기 때문이다. 부편집인의 일은 거의 없지만 굳이 기술하자면 다음과 같이 쓸 수 있다.

1. 에디터가 레퍼리를 결정할 때 후보자(potential referees)를 나열해 주는 데 도움을 준다.
2. 어떤 논문이 '판단이 어려운' 상황에 직면하는 경우 등 모든 문장을 읽고 세 번째 레퍼리 역할을 맡는다.

7) 에디터는 손해 보는 역할인가

저널의 에디터가 되면서 대학교수로서의 필자의 인생이 완전히 변했다고 해도 과언이 아니다. 미국 지구물리학연합은 필자의 편집실에 편집조수를 고용해 주었다. 그래서 필자가 다른 대학으로 근무지를 변경할 때와 조수들이 귀국하는 경우를 포함해, 모두 네 명의 영어 원어민 조수와 함께 일하면서 매우 귀중한 경험을 할 수 있었다.

주 3일의 파트타임이었지만 모두가 다 훌륭했다. 예를 들면 하버드대학교 졸업 후 스탠퍼드대학교에서 '미국과 일본의 관계'란 연구로 박사학위를 취득한 후, 풀브라이트 장학금으로 일본에 유학 온 여성(현재는 간사이외국어대학에 재직 중), 캘리포니아대학교 버클리 및 로스앤젤레스 분교를 졸업한 남성 등이었다. 채용조건은 정확한 영어 문장을 쓸 수 있는 것이었다. 캘리포니아에서 온 남성은 현역 변호사였는데, 부인이 일본인이었기 때문에 3년간의 휴가를 얻어 일본에 체재하고 있던 참에 필자가 영어신문에 낸 구인광고를 보고 응모했던 것이다.

에디터 재임 11년간 필자는 매일 오전을 이 일에 할당했다. 그만큼 연구/교육에 시간이 부족했던 것이었지만, 다른 곳에서 얻지 못할 귀중한 경험을 했다는 점에서 감사하게 생각한다. 뭐니뭐니 해도 세계에서 가장 먼저 해당 분야의 중요한 발견을 접할 수 있는 것은 에디터의 특권이다. 개개 그룹의 연구주제뿐만 아니라 세계적인 동향도 알 수 있었다.

생각해 보면 에디터라는 것은 언뜻 보면 손해 보는 역할이다. 어떤 사람의 논문 출판이 결정되면 "그것은 자신의 논문이 우수했기 때문"이라고 말하고, 역으로 출판이 거부되면 "그것은 에디터가 나쁜 심사위원을 선택했기 때문"이라고 생각한다. 어쨌든 잘난 것은 자신, 즉 저자이고 에디터는 적이 되기도 하고 아군이 되기도 하는 것이다.

미국 지구물리학연합은 전 세계에 회원 7만 명을 보유한 학회로 필자가 에디터 역할을 한 *Journal of Geophysical Research* 이외에 21종의 저널을 출판하고 있다. 그 숫자만큼 에디터가 있기 때문에 매년 2회 전원이 모여 정보를 교환한다. 자신들이 경험한 불유쾌한 사례를 소개하고, 다른 에디터의 의견을 청취하는 것이 주요 목적이지만 '푸념을 쏟아 낸다'는 생각도 든다.

필자가 게재를 거부했던 저자로부터 "이와 같이 우수한 논문을 거부하는 것은 국적에 의한 차별이다. 재판으로 결정내자."라고 고소당할 뻔 했던 일도 있었고 단순한 위협도 두 번이나 있었다. 그와 같은 에디터 회의야말로 그 세세한 점을 폭로하고 다른 사람의 의견을 들을 수 있는 좋은 기회였다.

4. 레퍼리의 역할

1) 논문심사의 기준

저널에 투고된 논문을 레퍼리가 심사할 때 어떠한 기준으로 심사하는가? 저널에 따라 다소 차이가 있지만 대체로 공통된 점은 다음과 같다.

1. 이 논문은 이 저널에 적합한 특별히 좋은 논문인가, 새로운 데이터

나 아이디어를 포함하고 있는가?

2. 이 논문은 국제적인 수준에 도달하는가? 즉, 해결하고자 하는 것이 단순히 저자의 국내 문제가 아니고 세계 공통의 문제인가?

3. 해석, 결론은 논문에 나타낸 증거에 적합한가? 즉, 가정은 적절한 가, 연구방법은 정확한가, 결론은 논리적으로 도출되었는가?

4. 해당 분야의 발달을 정확하게 고려했는가? 특히 서론과 논의에서 다른 논문이 적절히 인용되었는가?

5. 논문은 명료하고 간결하게 쓰여졌는가? 논문의 길이는 적당한가?

6. 본문, 참고문헌, 그래프, 표 모두가 새로운 결과 및 주요 부분의 이해를 위해 필요한가?

7. 초록이 명료하고 논문 전체를 제대로 요약하고 있는가?

8. 그래프, 표는 명료하고, 설명은 그 자체로 자명한가? 즉, 본문 및 그 외의 참고문헌을 읽지 않고도 이해가 되는가?

9. 제목은 논문의 내용을 정확히 표현하는가?

네이처는 1869년에 창간된 전통 있는 저널이다. 덧붙여서 네이처의 투고 공고에는 "심사는 여러 단계로 나누어지고, 다음 항목이 평가된다."라고 쓰여 있다.

1. 독창성이 있는 연구일 것. 연구는 독창적이어야 한다. 물론 동일한 논문으로 다른 저널에 제출된 것은 절대로 투고할 수 없다.

2. 학문적으로 두드러지고 중요한 것.

3. 학제적인 것. 그 연구가 저자의 좁은 학문분야에 국한되지 않고 많은 독자들이 읽을 것으로 기대된다.

위와 같이 다른 저널에서도 공통으로 요구되는 기준에 덧붙여, 학문적인 공헌에서는 다소 벗어나지만 다음의 사항도 평가 대상이 된다.

4. 매우 큰 데이터 세트를 사용하고, 방대하면서 완벽한 검증, 모든 데이터를 포괄한 보고서 또는 의미 있는 기술적, 과학적 발전을 약속하는 논문.
5. 해당 학계에 비상한 충격을 가져올 기술인가?
6. 위독한 병에 명백히 효과가 인정되는 치료에 대해서 논의한 논문인가?

매주 약 200편의 논문이 네이처에 투고된다고 한다. 지면이 제한되어 있기 때문에 그 모두를 접수, 채택하는 것은 도저히 불가능한 일이다. 따라서 엄격한 전형기준을 바탕으로 투고된 많은 원고는 레퍼리에 의한 심사를 받기도 전에 기각된다. 표 3.1은 최근의 통계(오리지널 연구논문만)이다.

사이언스는 과학, 기술 모든 분야의 논문을 게재하는 네이처와 같은 주간 학술지이다. American Association for the Advancement of Science (AAAS)가 출판하고 있다. 네이처와 마찬가지로 게재에 있어서 경쟁이 치열하고 채택률은 7% 이하이다. 사이언스의 경우 투고된 논문은 우선 전 세계에 걸쳐 150명으로 구성된 리뷰팀에게 회람시키는 단계에서 80%가 게재가 거부된다. 리뷰팀은 투고된 원고를 받은 후 48시간 이내에 제1단계의 리뷰를 마치게 되어 있다.

그런데 사이언스의 창시자가 그 유명한 발명가 토머스 에디슨인 것은 의외로 알려져 있지 않은 사실이다. 여러분은 알고 있었는가?

표 3.1 네이처의 논문 채택률(1997~2011년). (출처 : 네이처 홈페이지)

연도	투고논문수	게재논문수	채택률(%)
1997	7,680	825	10.74
1998	7,820	945	12.08
1999	8,058	854	10.60
2000	8,643	951	11.00
2001	8,837	937	10.60
2002	9,356	889	9.50
2003	9,581	859	8.97
2004	9,943	869	8.73
2005	8,943	915	9.77
2006	9,843	842	9.77
2007	10,332	808	7.82
2008	10,339	822	7.95
2009	11,769	803	6.82
2010	10,287	809	7.86
2011	10,047	813	8.09

2) 논문이 채택되지 않는 네 가지 이유

논문 게재가 거부된다는 것은 저자에게 중대하고 심각한 문제이다. 가슴 아픈 경험(painful experience)이라고 표현하는 저널도 있을 정도이다. 그러나 침착하게 생각해 보면, 그 논문은 다음의 네 가지 항목 중 하나 이상에 해당되었기 때문이라고 생각한다. 이것은 필자가 에디터로 자신의 경험에서 정리한 점을 *EOS*라는 미국 지구물리학연합의 뉴스레터에 인터뷰 기사로 게재한 바 있다(그림 3.1).

Kamide Reflects on *JGR* and the Role of Editor

After serving the space physics community for more than 11 years, Y. Kamide of the Solar-Terrestrial Environment Laboratory at Nagoya University in Toyokawa, Japan, retired as editor of the *Journal of Geophysical Research-Space Physics* for the Asian/Pacific region. He had been a *JGR* editor since AGU first opened two editorial offices in Europe and the Asian/Pacific region in 1989. Even as the initial *JGR* editor in Asia, Kamide was not new to AGU editorial business. Before accepting the *JGR* position, Kamide served 3 years as the editor in Japan for *Geophysical Research Letters*.

According to Kamide, over the last 5 years, the number of high-quality submissions to *JGR* in the Asian/Pacific region has increased dramatically, by a factor of 2.5. This increase came mostly from the younger generation of scientists, which bodes well for the future of *JGR* and space physics in general. Together with the substantial contributions to *JGR* from the European community, this achievement has been recognized by AGU as proof that *JGR* is truly an international journal of the highest editorial standards.

Kamide feels that being an editor is somewhat like being in a court of law, where the editor, as "judge," must listen without bias to the "lawyers" representing the opposing interests of the author and the referees, objectively evaluating the merits of each party's arguments and occasionally intervening when the conflict reaches an impasse. In his experience, it is quite rare in fact for a paper to be recommended for publication without the referees first requiring substantial changes. And it is not uncommon for papers to be rejected categorically by the referees.

"Some, if not many, scientists, particularly those of the younger generation (and even some senior scientists), do not seem to understand fully the implications of peer review," says Kamide. For example, a rather large number believe incorrectly that it is the referee who decides whether a paper will ultimately be accepted or rejected. This misconception ignores two fundamental rules of peer review, i.e., that the referees' primary function is to assist the editor and that the editor has complete authority to accept or reject a submission and to confer with the reviewers in making his/her decision. To the scientists who ignore or fail to appreciate these principles, the rejection of a paper is merely the arbitrary result of an unfortunate choice of referees.

Kamide notes that papers tend to be rejected for one of four reasons:

• The paper contains one or more major errors. (Such errors can include, for example, unrealistic assumptions used as the basis for a paper that details extensive computer simulations.)

• The scientific level of the paper is below the established standards of *JGR*, even though no mistakes or errors in the science are presented.

• The author fails to respond meaningfully to the referees' comments. (If a referee insists that a portion of a paper is incorrect, the author is duty-bound to rebut the allegation in writing and demonstrate clearly and persuasively where the referee is mistaken.)

• The author fails to observe the ethical standards required for submissions to *JGR*. For example, an author might simultaneously submit the paper to another journal for consideration.

One would think that, having retired from being a *JGR* editor, Kamide might be ready for a vacation. That would be a mistake. Already juggling a number of new responsibilities and duties, he has agreed to take on the additional job of Associate Editor of *Reviews of Geophysics*. He was also elected recently to be a member of the Editorial Board of *Space Science Reviews.—Peter Woods, Solar-Terrestrial Environment Laboratory, Nagoya University, Toyokawa, Japan*

그림 3.1 미국 지구물리학연합 뉴스레터에 게재된 논문 집필에 대한 인터뷰 기사(출처 : Woods, 1998)

(1) 해당 논문에 오류가 있을 때

그것은 당연하다고 생각하지만 '오류' 속에는 비현실적인 가정도 포함되어 있으므로 그렇게 명확한 것은 아니다. 예를 들면 아무리 훌륭하고 정확한 컴퓨터 시뮬레이션을 했더라도, 사용한 가정이 비현실적이라면 결과는 무의미한 것이 되어 버린다. 물론 계산의 오류라든지, 단위의 실수 등은 이 카테고리에서는 제외되는 판정을 받을 것이다. 또한 데이터가 결론을 지지하지 않을 경우 당연히 오류가 되겠지만, 이것은 종종 해석의 차이로 까다로운 문제를 일으킨다.

(2) 수준이 낮은 경우

아무리 논문 자체에 오류가 없고 계산이 정확한 경우에도, 그 연구가 그 저널이 이미 이룩한 명성에 미달하는 경우 게재가 거부된다. 학생의 연습문제 같은 창조성이 결여된 문제를 설정하고 해결해 보아도 "이것은 좀……."이라는 평가를 받게 된다.

(3) 심사위원과 대등하게 논의할 수준이 못 되는 경우

필자가 에디터로서 제일 힘들었던 것이 바로 이 점이었다. 레퍼리로부터의 코멘트에 논리적으로 대답하지 못하는 경우 논의는 평행선을 달리고 만다. 일본인은 논의가 서툴다고 잘 알려져 있지만 그 결과는 이런 곳에서 명확하게 나타난다. 영어로 대등하게 논의한다는 점에서 처음부터 지고 들어가는 경우도 볼 수 있다. 때로는 레퍼리가 잘못할 수도 있는데, 이와 같은 경우 단단히 그리고 강력하게 지적하지 않으면 누구도 도와줄 수가 없다.

(4) 윤리적인 문제가 있는 경우

이중투고 및 데이터, 도표를 다시 사용하는 것처럼 저자가 윤리적 규범을 위반하는 경우이다. 물론 조작도 안 된다. 최근 문제가 되고 있는 것은 회사에서 대학으로 파견된 연구원이 공동 실험을 행하고, 공저자로서 이름을 올리는 경우이다. 실험에는 그 회사의 시약을 사용해서 실험하므로 이것은 중립적인 입장에서의 연구가 되지 않는다. 이것은 심사가 진행 중이든 아니든 판명이 나는 대로 게재가 거부된다.

에디터는 반드시 레퍼리의 조언을 그대로 받아들일 필요는 없다. 복수의 레퍼리가 기각을 권고한 경우에도, 에디터는 저자의 의견과 반응을 잘 읽고, 그 논문의 장래성을 느꼈을 때는 에디터의 권한으로 채택할 수 있다. 이러한 실제의 예는 드물지만 필자가 재임 중에도 이러한 경우가 2회 있었다. 또한 필자가 저자였던 경우에도, 복수의 레퍼리의 의견에 강하게 반박함으로써 그 반론의 정당성이 인정되어 무사히 출판된 일도 있었다. 이 경우 레퍼리로부터 3회에 걸친 코멘트, 필자의 회신을 합해서 총 쪽수가 논문 자체보다 더 많아 문자 그대로 심신이 지친 적이 있었다.

레퍼리가 구체적이지 않은 이유로 게재를 반대하는 경우, 그 논문에 오류가 없는 한 에디터는 채택해야 한다고 생각한다. 만약 레퍼리가 끝까지 반대하는 경우, 에디터는 그 레퍼리에게 그 논문이 출판되자마자 일종의 질문과 같은 코멘트 논문을 낼 것을 추천한다.

3) 심사 없이도 채택

논문은 통상 복수의 레퍼리의 충고, 코멘트를 거쳐 에디터가 채택 여부를

앨버트 아인뉴타인　　　제임스 왓슨　　　프란니스 H. C. 크릭

결정한다. 이것이 보통의 방식이지만 때때로 예외적으로 적용되지 않는 경우도 있다. 즉, 레퍼리의 심사 없이 에디터의 직감으로 그 논문의 역사적인 의의를 감지하는 경우 등 독단적으로 채택해 버릴 수도 있다.

　유명한 것은 1905년 아인슈타인의 특수상대성이론, 광전효과의 논문이다. 막스 플랑크가 에디터였던 저널 *Annalen der Physik*가 이 두 편의 탁월한 아이디어가 담긴 논문을 투고하자마자 채택했다는 일화가 있다.

　왓슨과 크릭이 네이처에 투고한 DNA 구조의 논문도 심사가 없었던 것으로 유명하다. 레퍼리에게 보내서 수개월의 시간을 소비하는 것이 아깝다고 생각될 만큼 우수한 논문이라고 판단했던 것이다.

　필자가 에디터로 재직할 때 레퍼리에게 보내지 않고 채택된 경우가 한 번 있었다. 필자가 저자 중의 한 명으로 지구자기폭풍에 대해서 해당 분야의 전문가 12명이 캐나다의 빅토리아시에 모여 3일간 논의를 하고 의견이 일치된 부분을 논문으로 정리하여 *Journal of Geophysical Research-Space Physics*에 투고했는데 이 논문도 프리패스 되었다. 에디터가 굳이 서문까지 써 주었고 즉시 출판되었다.

4) 복수의 레퍼리의 평가가 다른 경우

많은 최상위 저널의 경우 한 편의 논문에 레퍼리가 복수로 배당된다. 예컨대 두 명의 레퍼리 A와 B가 있을 때, 평가는 다음의 네 가지 경우가 있을 수 있다.

1. 두 사람이 모두 출판을 추천
2. A는 출판, B는 거부를 추진
3. A는 거부, B는 출판을 추진
4. 두 사람이 모두 출판을 거부

필자의 경험으로는 2와 3의 경우가 많았고, 70% 이상이 이 범주에 속했다. 즉, 대부분의 논문에서 두 레퍼리의 평가가 다른 경우이다. 예를 한번 들어 보자.

A 이 논문은 획기적인 방법에 의해 ○○가 존재하는 것을 명확히 보여주었다. 가능한 한 빨리 출판하는 것을 권고한다.

B 이 논문에서 사용된 방법을 현재 이 분야에 적용하는 것은 허용되지 않는다. 만약 적용한다면 조건이 적용 범위 내에 있다는 것을 먼저 입증하고 수행해야 한다.

게다가 이것은 결론에 직접적으로 관련된 심각한 문제이다.
두 레퍼리의 전문분야가 똑같을 수는 없는 일이고, 학회에서의 입장도 아마 연령도 다를 것이다. 또한 레퍼리로서의 경험도 꽤 다를 것이다. 에디터는 먼저 두 평가를 그대로 저자에게 보낸다. 저자는 자신의 의견을 제대로 밝히면서 이른바 논쟁이 시작된다. 위의 예에서 조금 걱정이 되는 것은 A가 B의 코멘트를 읽고, "과연 B의 말대로다."라고 마음이 변하는 경우이다.

5) 레퍼리를 채점한다

조금 무대 뒷면에 숨겨진 이야기를 소개한다. 먼저 레퍼리를 분류해 보면 연령, 경험에서 다음과 같다.

(1) 활동적인 현역 연구자

이 사람들은 최신 정보를 가지고 엄격한 코멘트를 보내온다. 연구에 바쁜 사람들이기는 하나 여러 저널로부터 항상 10편 정도의 심사해야 할 논문을 가지고 있어, 출장 중에도 논문을 가지고 다니면서 시간을 내어 읽는다.

(2) 퇴직하고 일선에서 물러난 연구자

최근 은퇴한 지 얼마 안 된 사람이라면 위의 활동적인 현역과 거의 차이가 없이 엄격한 심사를 하겠지만, 퇴직하고 10년이 경과한 사람이라면 상당히 즐기면서 논문을 읽는다. 영문 및 구성에 대하여 상세한 코멘트를 써 주는 부류도 있다.

(3) 우수한 학생, 박사후 연수생

숫자는 적지만 에디터는 이 범주의 젊은 연구자에게도 심사를 의뢰한다. 단 레퍼리 후보자의 데이터베이스에 이름이 게재되기 위해서는 한 번이라도 그 저널에 논문을 출판한 실적이 필요하다. 이러한 사람들은 참으로 열심히 역할을 수행해 준다.

레퍼리는 반드시 '훌륭한' 선생만이 되는 것은 아니다. 그중에는 이미 심사를 의뢰하는 메일을 받은 학생이나 박사후 연수생도 있지 않는가? 실제 심사를 하는 것은 금후 연구자 생활을 위해 큰 플러스 경험이 될 것이다. 출판 전에 연구성과를 알 수 있을 뿐만 아니라 레퍼리 측에서 심사 과정을 들여다볼 수 있기 때문에 자신이 논문을 투고할 때 참고가 될 것이다.

이 세 가지 분류는 연령, 경험을 이용해서 '짐작한' 분류이지만 각각의 카테고리에는 개개인의 평가기준이 있다. 또한 위와 같이 객관적으로 분류를 한다 해도 (1)과 (2) 그리고 (1)과 (3)의 경계에 있는 레퍼리도 있다. 또는 연령적으로 (1)에서 동일한 ○○대학교 교수라도 국제적인 연구수준에서 볼 때 동등하지 않는 경우도 많이 있다.

어쨌든 간에, 레퍼리를 기쁘게(Keep the referees happy) 하는 것이 중요하다.

6) 레퍼리 제도의 문제점

현재 채용하고 있는 레퍼리 제도는 몇 가지 문제로 인하여 논의의 대상이 되고 있다. 그것은 분야 및 저널에 따라 다르지만 저자는 누가 자신의 논문을 심사하고 있는지 알지 못함에도 불구하고 레퍼리는 저자의 이름을 알고 있다. 즉, 레퍼리 쪽으로 논문을 보내면 거기에는 저자의 이름이 쓰여 있다. 이것은 일방통행적인 것이고, 불공평한 것이 아닌가 하는 문제점이 있다.

그렇다면 레퍼리에게 논문을 보낼 때 저자의 이름을 숨기면 어떨까 하는 생각을 하게 된다. 즉, 저자는 누가 레퍼리인지 모를 뿐만 아니라 레퍼리도 논문의 저자가 누구인지 모르는 상태에서 심사를 진행하는 것으로,

소위 '더블 블라인드(double blind)'라는 방법이다. 저자가 누구인지 알 수 있을 경우 레퍼리의 개인적인 편견이 심사에 영향을 미치는 것을 방지할 수 있다.

단 현재로서는 이 방법은 실제로 효력이 없고 거의 이루어지고 있지 않다. 고생한 것에 비해서 얻는 것이 적기 때문이다. 또한 저자의 이름을 종이로 가린다 해도 레퍼리는 저자가 누구인지는 쉽게 상상할 수 있다.

그리고 필자도 오해를 불러일으키기 때문에 좋아하는 단어는 아니지만 레퍼리의 책무를 일본어로 사독(査読)이라고 말하는 사람도 있다. '심사용 읽기'를 짧게 한 것이 사독이다. 중립이어야 할 레퍼리, 혹은 사독자도 인간이다. 자신의 의견에 가까운 논문은 우호적이 되고, 자신의 생각과 다를 경우 심사가 엄격해지는 것은 어느 정도는 어쩔 수 없는 일이다. 레퍼리가 지금까지 생각했던 것과 다른 결론을 얻었을 경우 레퍼리는 어디서 어떻게 사고방식이 달라졌는지를 검토하면서, 제출된 논문을 더 비판적으로 읽게 된다. 그리고 그 차이의 토대가 되는 것(가정, 데이터, 오차 해석 등)을 찾는 것이다. 그 가정의 타당성에 대해서도 엄격하게 따지는 것이다.

7) 레퍼리에 대한 반론

레퍼리의 역할은 그 논문의 결점을 보완하고, 오류를 정정하고, 결과적으로 그 논문의 질을 높이는 데 있다. 결코 단점을 들추거나 끝없이 흠을 잡는 것이 아니다. 대부분의 경우 레퍼리의 코멘트는 투고된 논문의 부족한 점을 지적하고, 그 결과 논문투고 때보다 논문의 질을 향상시키는 것이다. 그러나 여기서 문제가 발생한다. 레퍼리가 주장하는 것이 항상 옳은 것은 아니라는 점이다. 레퍼리, 즉 심사위원이라고 하면 그야말로 자신보다 몇 단계 위에 있는 훌륭한 사람처럼 들리겠지만, 그것은 틀린 생각으로 말하자면 동업자인 셈이다.

만약 레퍼리가 내용 부족을 근거로 논문의 게재를 거부한다고 주장하면 사태가 심각하다. 이와 같은 경우 저자는 당연히 리버털(rebuttal)이라고 하는 반론을 제기하지 않으면 안 된다. 그대로 물러서서는 안 된다. 대부분의 경우 부족한, 즉 '충분하지 않아' 야기되는 문제이지만 결론을 바꾸어야 할 만한 심각한 경우가 아니라면 수정이 가능할 것이다. 수정도 논문의 구성이나 문장을 개정하는 것으로 해결하는 경우가 대부분이다.

여기에서 레퍼리에게 하고 싶은 말이 있다. 레퍼리는 논문이 잘 되도록 조언하는 역할을 할 뿐이다. 결코 저자는 아니다. 저자가 100% 레퍼리의 충고를 따르지 않아도 그 사유가 적절하다고 판단되면, 하나의 문제점을 집요하게 고집함으로써 출판이 늦어지는 일이 없도록 주의할 필요가 있다. 학생 및 젊은 연구자로부터 "레퍼리가 오해하고 있다고 생각하지만, 그것을 지적하는 것은 실례가 되는가?"라는 질문을 받는다. 그와 같은 질문을 받는 경우 "오해를 살 만한 문장을 구사하지 않았는가?"라고 되묻는다. 그리고 "논문 문장이 완벽하지 않았기 때문에 오해가 생겼을 가능성도 부정할 수 없다고 생각한다."라고 회신한 경우가 많았던 것 같다. 레퍼리에게 오해를 불러일으킨다면 일반 독자들도 오해할 확률이 높은 것이다.

8) 밀어붙일 것인가, 철회할 것인가

투고한 후 저널의 에디터로부터 메일이 왔다. 보낸 사람을 보고 메일을 여는 순간 가슴이 두근두근하지 않을까? 좋은 소식일까? 아무렴……? 눈에 들어온 레퍼리 리포트의 첫 줄이 "I do not quite understand the purpose of this study."라고 한다면, 그 경우 완전히 망연자실해진다.

저자가 말하는 것과 레퍼리가 주장하는 것이 정면으로 대립하는 경우는 '반론(反論)', '반정(反証)'으로 승부를 가르는 것이지만, 얻은 결과의 해석을 둘러싸고 '약간의' 의견의 차이가 있는 경우도 적지 않다. 어쨌든 간에 저자는 심리적 전쟁의 경지에 처하게 된다.

'레퍼리를 기쁘게'가 좌우명이라면, "이 코멘트는 완전히 동의할 수 없지만 여기에 반박을 하면 사태가 복잡해지지나 않을까?"라는 생각이 들어 레퍼리가 원하는 대로 수정하는 경우도 있을 수 있다. "이 점만은 양보할 수 없다."라는 것이 없으면, "타협하면 좋지 않을까?"라는 생각이 드는 것도 처세술이 아닐까? 밀어붙여도 소용이 없으면 물러날 수밖에라는 심정이겠지.

비슷한 심정은 역으로 레퍼리 측일 수도 있다. 레퍼리로서 제출된 원고를 대충 읽어보면 자신의 논문을 무려 5편이나 인용하고 있지 않는가! 게다가 자신의 논문이 그 연구의 중요한 동기도 부여하고 있다. 즐거워서 "아무쪼록 이번 논문을 채택되게끔 도와줘야지!"라는 기분이 작용할까 혹은 하지 않을까?

9) 레퍼리도 사람이다

레퍼리도 감정이 있는 인간이다. 당연하다. 신도 아니다. 칭찬하면 기뻐하고, 나쁜 말을 들으면 노여워한다. 저자로부터 모욕적인 말을 들으면 쉽게 잊혀지지 않는다.

레퍼리의 첫인상을 나쁘게 하지 않도록 하는 것이 중요하다. 세상에는 레퍼리에게 아부하는 저자도 볼 수 있지만 특별히 그럴 필요는 없다. 그러나 뭐라고 해도 레퍼리에게 감사의 뜻을 표하는 것을 잊으면 안 된다.

바쁜데 무료로 원고를 읽고, 느낌이나 개선해야 할 점을 정리해 주는 정말로 고마운 존재이다. 비록 레퍼리의 코멘트가 난폭하고 최악이어도, 그(혹은 그녀)의 의견은 해당 분야 지식인의 의견을 대표한다고 보아야 한다.

첫인상을 나쁘게 하지 않기 위해서는 논문 제출 전에 세심한 주의를 기울여야 한다. 즉, 원고에 부주의에 의한 오류를 없애도록 노력해야 한다. 이것이 매우 중요하다. 철자 확인을 게을리한다든가, 오타가 많이 있거나 동일한 변수를 다른 문자로 쓴다면 레퍼리는 "이 저자는 주의가 깊지 않은 사람이다."라는 인상을 주어 추후에 불리해진다. 원고에 부주의에 의한 실수가 많다는 것은 연구의 각 단계에서도 마무리가 깔끔하지 않은 느슨한 사람이라고 레퍼리는 판단해 버린다. 그리고 그런 선입견은 좀처럼 사라지지 않을 것이다.

레퍼리와의 상호교신은 모두 에디터를 통해서 이루어진다. 제일 처음은 에디터로부터 레퍼리의 코멘트와 에디터 자신의 느낌을 정리한 메일이 도착했을 때이다. 에디터로부터의 예를 보자.

A   This paper is basically acceptable for publication in *the Journal of* ··· after modifying the presentation at a number of places, but all of which seem to be minor.

B   The present manuscript the authors intend to publish in *the Journal of* ··· has basic pitfalls, thus requesting to reevaluate the errors of the author's experiment.

여러분의 논문을 2명의 레퍼리, A와 B에게 보냈다. A는 단어 및 문구의 사용법이나 불충분한 방법론의 설명에 대해서 사소한 수정을 요구하고 있지만, B는 매우 심각하다. 한마디로 말하면 실험오차의 평가가 엄격하지 않다는 것이다. 그래서 결론에 영향을 미칠 가능성도 있다는 것이다. 예를 나열하였기 때문에 세심하게 주의를 기울여야 한다.

이런 식이다. 에디터는 저자에게 우선 이러한 코멘트를 숙지하고, 개정판을 제출하는 경우는 레퍼리의 코멘트에 따라 원고를 개정하고, 각 코멘트에 어떻게 대응했는가를 정중하게 설명하는 회신을 준비하라고 통보한다.

5. 논문의 변형

1) 출판된 논문이 옳다고만 할 수 없다

그런데 성가신 문제가 제기된다. 엄격한 레퍼리의 심사를 거쳐 채택된 논문은 모두 옳은 것일까? 확률은 낮지만 잘못된 논문이 출판되는 경우도 있다.

저널에 출판된 논문은 어떤 점에서든지(예 : 데이터, 방법) 새로운 것이 아니면 안 된다. 몇 년 전에 이미 누군가에 의해 출판된 논문과 동일한 것을 보고한 논문은 채택되지 않는다. 아이디어가 새로운 것이 가장 환영받지만, 이전의 결론을 새로운 실험과 데이터로 재확인한 경우에도 '새로운 논문'으로 간주한다.

그러나 고찰과 해석에서 잘못이 있는 논문이 채택되고 출판되는 경우가 있다. 물론 논문의 저자는 그것이 옳다고 믿지만, 그것을 읽은 전문가가 오류를 눈치챈 경우 어떻게 해야 할까? 전 세계에는 잘못을 모르는 독자가 많이 있을 것이다. 이렇게 많은 사람에게 올바른 것을 서둘러 알리지 않으면 안 된다. 다음 국제회의에서 지적하면 될 것인가?

이러한 경우 그 전문가에게는 동일한 저널에 코멘트라 불리는 공공의 장을 통해서 저자에게 질문을 할 수가 있다. 또한 저자는 그 질문에 대해서 답변하는 것이 가능하며, 보통 코멘트(Comment), 회신(Reply)으로 양자가 나란히 함께 저널에 게재된다. 우선 코멘트가 게재할 가치가 있는 것인가 혹은 코멘트 자체가 잘못되지는 않았는가를 확인해야 한다. 이 단계는 대부분의 경우, 에디터(혹은 부편집인)가 실시한다. 만약 이 논의가 전 세계 독자에게 의미 있다고 판단되는 경우, 에디터는 원래 논문의 저자에게 연락하여, 회신을 제출하도록 촉구한다. 이러한 답변은 대부분의 경우 매우 긴박한 논의가 되기 일쑤고, 일반 독자는 양자를 읽고 비교하는 것으로 참고가 많이 된다는 생각이 든다.

또한 다른 사람의 코멘트를 통해서 지적받지 않고, 구두나 메일을 통해서 지적받기도 하고, 새로운 논문이 출판되면서 오류가 지적되는 경우도 있다. 어쨌든 논문에 오류가 있다고 저자 자신이 인정하면 이야기는 간단하다. 최대한 빨리 개정본(Correction)을 내는 것이다. 이런 것들 중에서 아무것도 하지 않으면서, 단지 시간이 지나면 소란이 수습되는 것을 살며시 기다리는 '괘씸한' 저자가 있다는 것은 한심한 일이다. 특히 일반인들도 흥미를 느끼는 논문의 경우 신문 등에서 다루어짐에도 불구하고 어떠한 정정도 하지 않는 것은 곤란한 일이다. 이러한 경우는 기자회견을 주선한 연구소나 대학에도 책임이 있을 뿐만 아니라 그 연구기관의 신용을 현저하게 추락시킨다.

2) 공동논문이란

공동논문은 공저논문이라고도 하며 공동으로 집필한 하나의 논문이다. 공동논문은 물론 공동연구의 결과이다. 그에 대해서 1인 저자의 논문을 단독이라 할 수 있다. 그러면 공동논문과 단독논문은 어느 쪽이 어느 정도로 많은가?

필자가 에디터로 근무한 *Journal of Geophysical Research-Space Physics*에는 한 사람이 쓴 논문(단독논문)은 전체의 10%에 지나지 않는 것으로 알려져 있다. 바꾸어 말하면 90% 이상의 논문은 어쨌든 간에 공동연구에 의한 성과라는 것이다. 이 숫자 자체는 분야에 따라 상당히 차이가 있지만 실험과 관찰을 통상의 수단으로 하는 이공계에서는 공동연구가 훨씬 많은 경향을 보이는 것이 일반적이다.

학문은 본래 독창적인 것이다. '연구의 자유', '발상의 자유'라는 말이 있듯이 연구의 진수는 개인적인 것이다. 예술가의 창작활동에 비유하여 고독한 전쟁이라고 평가하는 경우조차 있다. 연구는 자문자답을 포함한 두뇌의 개인 플레이이며, 강한 개성과 공격 정신을 필요로 한다.

그럼에도 불구하고 왜 '공동연구'인가? 필자 자신이 발표한 논문의 80% 이상이 공동논문이다. 공동연구라는 것은 한마디로 다른 사람의 힘을 빌려 행하는 연구활동이다. 다만 누군가가 가지고 있는 것을 무조건 빌려서, 자신이 유용하게 사용하는 것은 아니다. 빌린 쪽도 그에 걸맞은 것을 빌려주어, 무언가 창조해 내는 것이 공동연구의 이상적인 모습이다. 말하자면 'Give and Take'를 통해서 창조라는 연구의 본질에 이르게 되는 것이다.

공동연구는 국가 및 기관이 대규모로 할 수도 있고, 완전히 개인 대 개인으로 시작할 수도 있다. 전문화가 극단적으로 진행하여 각각의 전문분야에서는 고도의 수준에 도달했지만, 전체의 그림을 파악하지 못하는 경우에는 공동연구가 위력을 발휘한다. 예를 들면 '인간'이라는 복잡한 대상을 하나의 조화된 시스템으로 연구하는 '인간과학' 등이 좋은 예이다. 또한 환경과학, 경영공학, 에너지학 등의 새로운 학문분야, 또는 경계영역, 학제적 연구 등의 새로운 용어는 공동연구의 과정에서 나온 것이다.

더 작은 규모의 공동연구도 곳곳에 존재한다. 즉, 개인이 모여 연구 그룹을 형성하는 일은 언제 어디서든지 존재한다. 필자의 경험에 의하면 잠시 동안 만나지 않았던 고등학교 동급생과 차를 마시며 담소하다가 풀리지 않아 고민하던 방정식 이야기에 이르자 그가 다루고 있는 대기물리학의 식과 유사하다는 것을 발견하고, 그것으로 공동연구를 시작한 적도 있다. 하물며 같은 분야의 연구자라면 공동연구의 계기는 도처에 널려 있다.

데이터를 빌릴 때도 있다. 특히 데이터 소유자가 의도하지 않는 목적으로 사용되는 경우 유용하다. 실험이나 관측은 특별한 연구목적을 갖고 국가기관 등에서 제안되어, 어떤 기준에 따라 엄격한 심사를 거쳐 채택되는 것이 보통이다. 그러나 다른 연구 그룹이 다른 목적으로 데이터를 사용하고 싶은 경우, 새로운 아이디어를 정중하게 설명하고, 처리되지 않은 데이터를 빌릴 수도 있다. 대답은 항상 '예'라고 할 수는 없지만, 어떻게 해서 데이터를 얻었는가, 그리고 처리되었는가를 빌리는 쪽은 이해해야 하며, 빌려주는 쪽은 그 데이터를 사용해서 새로운 연구 테마의 내용과 예상되는 결과 등을 알 필요가 있다. 이렇게 해서 새로운 연구 그룹의 규모가 커지게 된다.

3) 공동논문의 체제가 변하고 있다

논문 공저의 형태가 지난 20년간 상당히 바뀌었다. 그림 3.2는 일본에서의 공동논문의 저자의 분포를 다음 세 가지로 나누어 그 비율이 어떻게 변화해 왔는지를 보여준다. 전반적으로 증가하는 경향이 있는 것이 확실하다. 아직 국내에서의 공동연구가 가장 많지만, 국경을 초월한 공동논문이 더 많아지는 시대가 임박했다. 국내에서의 공동연구는 대형설비가 있는 전국 공동이용시설이라든가, 또 한층 작은 대학 부설인 전국 공동이용연구소가 예상대로 상당히 효과가 있는 것으로 생각된다.

그림 3.3에서 언급한 것처럼 이와 같이 급등하는 경향은 국제사회에서도 공통된 추세이다. 일본 이외의 국가에서도 같은 변화를 보여주고 있지만, 유럽 여러 나라와 일본은 공동연구의 증가 속도에서 다소 차이가 있다. 지난 10년간 특히 프랑스, 영국, 독일, 캐나다에서 현저하고 반면 아

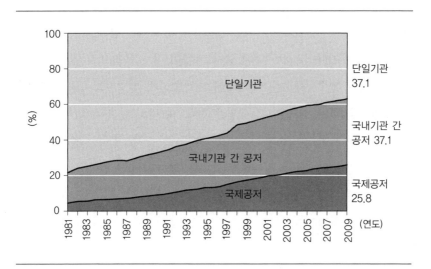

그림 3.2 일본에서의 공동논문의 세 가지 형태의 비율 변화(출처 : 문부과학성, 2010)

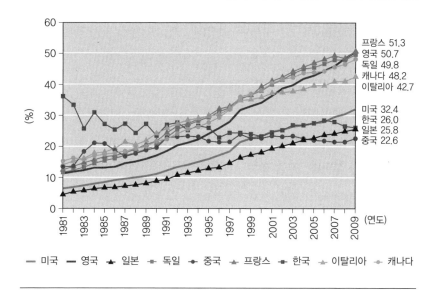

그림 3.3 각국에서의 국제공동논문의 전 논문수에 대한 분포의 변화(출처 : 문부과학성, 2010)

시아 국가들은 상당히 늦다. 중국은 논문수가 다른 나라를 압도하는 추세인 반면, 공동논문의 수는 오히려 감소하는 경향은 설명이 필요하다고 생각된다. 덧붙여 이들 통계는 Web of Science의 데이터베이스를 기반으로 과학기술정책연구소(현재의 과학기술·학술정책연구소)가 행한 것임을 밝혀둔다.

4) 공동논문의 급증이 의미하는 것

여기에 재미있는 통계가 있다. 미국물리학협회지 *Physics Today*[일부가 일본에서 번역되어 'パリティ'(丸善出版)라는 잡지에 게재되고 있다.]의 2012년 4월호에 게재된 P. J. Wyatt 씨에 의한 '저자 수는 너무 많고, 창

작자는 너무 적다'라는 기사는 매우 자극적인 제목을 달고 있다. 지난 수십 년간 공동논문(게다가 다수의 저자에 의한)의 수가 증가하고 있다는 것이 기사의 요지이다. 만약 이것이 사실이라면 앞서 언급한 '연구는 두 뇌의 개인적인 플레이'와는 모순된다.

우선 실제 데이터를 살펴보자. 표 3.2는 사이언스, 네이처를 포함해서 몇몇 대표적인 저널에 1965년과 2011년에 출판된 논문을 저자 수로 분류하여 나타낸 것이다. 예를 들면 사이언스에는 1965년에는 단독저자의 논문이 78%나 되었고, 저자 수와 그 비율은 반비례 관계였지만 최근에는 그 비율 관계가 완전히 역전되었다. 즉, 지금은 저자 수가 많은 논문일수록 그 숫자도 많은 경향을 보이며, 이것은 다른 저널에도 비슷한 경향을 나타내고 있다. 시대와 함께 공동논문의 숫자가 점점 증가해 왔다는 것이다.

저자(Wyatt)에 따르면 시카고대학교의 엔리코 페르미 교수는 자기 학생들에게 "연구과제는 스스로 선택하고, 스스로 해결하고, 논문은 자신이 쓰고, 적절한 저널에 스스로 투고하라."고 지도했다고 한다. 다수의 저자에 의한 논문은 만약 저자 중에 유명한 사람이 있다면, 레퍼리는 별로 진지하게 읽지 않고, 간단히 채택해 버리기 때문에 장래에 높은 수준의 연구자를 목표로 하는 학생에게는 그다지 교육적이지 않다. 표 3.2에서 일목요연하게 나타난 경향은 다음 중 어느 것 혹은 둘 모두를 반영한 결과일까?

1. 아인슈타인, 페르미, 파인만을 비롯한 위대한 연구자들은 자기 혼자서 풀 수 있는 간단한 문제를 찾을 수 있어서 행운이었다.
2. 현재에는 창조력이라는 것의 질이 변화해서 많은 과학자가 팀을

표 3.2 저자 수의 시대에 따른 변화(출처 : Wyatt, 2012)

학술지	연도	공동저자 수			
		1인	2인	3인	4인 이상
Phys. Rev.	1965	35	40	18	7%
	2011	6	27	29	38%
J. Amer. Chemical Society	1965	14	43	25	18
	2011	0	14	25	61
Proc. National Acad. Science	1965	32	34	20	14
	2011	0	11	15	74
Applied Optics	1965	58	26	11	5
	2011	0	17	11	72
J. Theoretical Biology	1965	47	53	0	0
	2011	20	33	27	20
Proc. IEEE	1965	57	35	6	2
	2011	12	19	19	50
Science	1965	78	11	7	4
	2011	41	15	5	39
Nature	1965	45	34	18	3
	2011	28	14	9	49

조직해서 연구를 하는 것이 필요해졌다. 관계자가 많은 거대 프로젝트의 내용도 천재의 창의력에 의한 것보다 공동연구의 자연적인 연장이라 보는 경향이 강하다.

학문분야에 따라 다르지만 약학 및 생명과학 등에서는 대규모 실험을 실시하는 등 연구수행에 있어서 그룹을 형성하는 것이 필수적인 경우가 있다. 이러한 그룹에서 나오는 논문에는 많은 저자가 나열되지만, 예전에는 이 사람들 대부분은 사사(Acknowledgement)에 기록되었을 뿐이었는데 지금은 저자가 되는 것이다. 그 때문에 연구에서 다루고 있는 문제를 고안했던 사람도, 실험조수를 했던 사람도, 연구비를 수주한 사람도, 실제 그 논문을 쓴 사람도, 많은 사람이 저자가 되기 때문에 자연히 저자수가 많은 논문이 증가하게 된다.

필자가 아는 한 저자 수가 세계 기록이 아닌가 생각되는 논문이 있다. Elsevier에서 출판되고 있는 *Physics Letter B*라는 저널의 688호(2010)에 출판된 G. Aad 등에 의한 고에너지 물리학의 실험논문이다. 저자 수가 무려 3,221인으로 알파벳순으로 나열되어 있다. 저자를 기술하는 데만 20쪽이 넘었고, 모든 저자가 한자리에 모이면, 분명 큰 회사의 주주총회 같을 것이다.

5) 공동논문의 문제점

공동연구에는 문제점도 있다. 예를 들면 공동연구의 결과인 공동논문에 저자를 어떤 순서로 배열하는가는 당장 매우 현실적인 문제가 된다. 저자의 순서는 명예 및 특허 등과 관련되어 있기 때문에 심각한 것으로 종종 말썽의 원인이 된다. 만약 저자가 수십 인이 되는 논문을 필자가 썼을 경우, 다른 사람이 이 논문을 인용할 때, Kamide et al.(2013), 즉 카미데 외(2013)가 되어 다른 사람들은 '기타 등'에 묻혀 버리게 된다.

그 연구 테마에 대한 공헌도가 제일 높은 사람이 선두저자(제1 저자)가 되는 것이 당연하다. 그 다음에 공헌도가 높은 사람이 제2저자, 그 이하는 같은 방법으로 결정하는 것이 타당하다. 그러나 저자 수가 많은 경우에는 이와 같은 기본법칙을 적용하기 어려워 무난하게 "알파벳순으로 할까요?"로 귀결될 수도 있다.

필자는 다음을 고려해서 제1저자를 결정하면 좋다고 생각한다.

1. 연구목적, 아이디어는 누구 것인가?
2. 연구에서의 실질적인 업무량이나 소요 시간
3. 공헌의 중요도(단순히 '투자한' 시간이 아닌)
4. 논문 집필단계에서의 공헌도(특히 서론 및 논의 섹션의 작성)

순위를 부여할 때 마주치는 가장 어려운 문제는 비교하기 어려운 점을 비교하지 않으면 안 된다는 점이다. 예를 들면 그 논문의 중심 테마를 생각하고, 제안서를 써서 연구비를 조달한 사람과 그 문제에 찬동하고, 많은 시간을 할애해서 초기의 계산을 담당했던 사람 중에서 어느 쪽이 최종논문에서 중요할까? 이것은 제1저자의 판단에 맡길 수밖에 없지 않을까?

이것은 제1저자가 명백하게 결정할 수 있는 경우이다. 그러나 그렇게 명백하지 않는 경우도 종종 있는 것 같다. 좌우간 제1저자는 연구 전체의 흐름을 파악할 수 있고, 따라서 논문의 서론과 논의 섹션을 술술 쓸 수 있어야 한다.

그런데 공동논문에는 공저자의 순서를 둘러싸고 상당히 심각한 문제가 발생할 수 있다. 특히 인사 및 승진과 포상에 즈음하여 '그 사람'의 공헌도를 평가하는 데 문제가 된다. 공저자가 많으면 많을수록 공헌도가 엷어지는 것은 어쩔 수 없는 일이지만, 그 공헌도가 공동저자의 순서에 제대로 반영되어 있는지 여부도 문제이다. 연구의 아이디어를 낸 사람 (예 : 지도교수)보다 실제 실험에 시간을 투자한 학생이 주저자가 된 경우가 있는가 하면, 역시 아이디어를 내어 논문(특히 서론, 논의와 고찰)을 쓴 사람이 주저자가 되는 경우도 있지만 평가는 각각의 경우 달라진다.

그러나 이러한 규칙은 연구분야에 따라 상당히 차이가 있다. 선두저자를 포함해서 모두 알파벳순으로 하는 경우가 수학이나 실험물리학 분야이다. 필자가 걱정하는 것은 다른 분야에서 다른 '문화'를 가지고 있는 것은 어쩔 수 없는 것으로, 다른 분야에 걸친 이른바 학제 간의 연구의 경우 큰 혼란이 발생되는 것은 피할 수 없는 상황이 아닐까?

6) 제1저자는 누구?

일본에서는 대형 공동연구의 경우 연구비를 획득한 소위 프로젝트 리더(project leader)는 논문 저자의 맨 마지막에 이름을 올리는 경향도 있다. 또한 논문을 투고하고 레퍼리에 의한 '동료심사'가 진행될 때, 저자 중에서 교신저자(corresponding author)를 에디터에게 알려줄 필요가 있다. 논문의 평가에 관해서 에디터와의 교신에 '모든 책임을 진 저자'로, 그 논문을 가장 깊이 이해하고 최종적인 결정을 내린 사람의 역할로, 필연적으로 대표저자는 맨 마지막에 이름을 올린 저자가 교신저자가 되는 것이다. 어느 정도 공동연구가 진행되는 시점에서 프로젝트의 리더가 단독으로 리뷰논문을 쓰는 것이 바람직하다.

다른 종류의 문제이지만 학생과 지도교수의 공동논문의 경우, 곳곳에서 문제가 발생하고 있다고 한다. 예를 들어 석사학위 논문인 경우, 대표저자는 필연적으로 학생이어야 한다고 그 논문을 쓴 학생이 처음부터 그렇게 생각하고 있다. 그러나 그 학생이 써 온 논문 초고는 '익혀도 구워도 먹을 수 없는' 논문으로, 거의 전체를 교수가 처음부터 다시 작성하는 것이 좋고, 또한 능률도 오른다고 하자. 그러면 대표저자는 어느 쪽으로 해야 하는가? 이 학생의 경우 그 테마의 연구를 잘 이해하지 못했든지 혹은 영어 실력이 부족했든지 둘 중의 하나이다. 여기서 문제가 되는 것은 학생이 그것을 자신의 실력에 관한 문제로 이해하지 못하는 경우이다.

어쨌든 학생 본인이 제1저자가 되는가 교수가 되는가는 양자가 잘 상의해서 결정해야 할 필요가 있다. 이렇게 이야기하는 것은 학생들은 자신이 쓴 논문의 내용과 영어가 충분한 수준이라고 생각하고 있기 때문에, "○○ 교수가 자신의 연구성과를 훔쳤다."고 생각해서 주위 사람에게 퍼뜨리는 수가 있다. 필자는 이와 같은 학생으로부터의 요구를 듣고 서로가 주장하는 사항을 정리해 본 적이 몇 번이나 있었는데, 거의 모든 경우에서 교수가 주장하는 것이 옳았다고 생각한다. 이러한 말썽이 싫으면 가능한 한 단일저자의 논문을 쓸 수 있는 실력을 키워야 한다.

7) 저자로서의 경험으로부터

필자는 연구자로서 지금까지 약 400편의 논문(제1저자가 아닌 공동논문을 포함해서)을 집필했다. 대부분은 큰 문제 없이 원활하게 진행되었지만, 그중 몇 편은 레퍼리와 타협이 되지 않아 크게 다투어 게재가 거부된 경우도 있다. 이들은 수년 후 리뷰논문으로 무사히 발표되었으므로 완전히 채택이 되지 않았던 것은 아니었다고 할 수 있다. 이것이 바로 연륜이 쌓인 덕분이라고 생각한다.

몇 개월 혹은 몇 년에 걸쳐 실시해 온 연구논문이 저널로부터 게재가 거부된다는 것은 저자에게는 불행한 일이다. 특히 젊을 때는 정신적으로 상처를 받는다. 일종의 모욕감을 느끼고 사람에 따라서는 '회복하는 데' 몇 달이 걸릴 수도 있다. 문제에 직면한 실례를 보자.

예 1

지상의 지자기변화를 입력으로 하여 지구주변 우주공간의 전위분포를 위도 1°, 경도 15°의 정밀도로 계산한 연구논문이었다. 이 계산에는 전리층의 전기전도도의 전구적인 분포를 가정할 필요가 있지만, 누구도 위도 1°, 경도 15°의 정밀도의 전기전도도 값을 알지 못했다. 그래서 다른 연구 그룹이 위성 데이터를 이용해서 추정한 분포를 사용했다.

이 전위계산법 자체는 우리들이 1년 정도 전에 개발한 알고리즘으로 아직 전 세계적으로 인정받은 모델이 아니었다. 그리고 계산에서 얻은 전위분포는 이제까지 알려진 분포에 비해 전체로써 왜곡되어 있고, 국소적으로 변형이 되어 있었다.

레퍼리의 코멘트는 "등전위선 분포가 현실적이지 않고, 왜곡되고, 찌부러진 곳이 있다."는 것이다. 게다가 표현의 차이는 있지만, 2명의 레퍼리는 동일한 이유로 게재를 거부했다. 에디터는 코멘트를 인용하면서 자신만만하게 아래와 같이 썼다.

Under such a circumstance, there are no other choices for me but to reject publication of this paper in *the Journal of Geophysical Research·Space Physics*.

전위의 왜곡을 보여주는 것이 논문의 포인트였기 때문에 저자로서는 결론이 부정된 것과 같이 느꼈다. 전위분포가 옛날 교과서에 있는 것처럼 아침과 저녁에 대칭이 될 것으로 믿고 있는 레퍼리 쪽이 현실적이 아니라고 생각되었다. 그러나 이 논문 한 편에 인생이 걸려 있는 것은 아니기 때문에 거기에서 한 걸음 물러나 포기하기로 했다.

예 2

14명의 공저자로 구성된 자기폭풍을 연구하는 그룹의 논문인데, 필자가
대표저자이고 다른 저자는 알파벳순으로 나열한 50쪽 이상 되는 대형
논문이었다. 이것은 자기폭풍 전문가 10인이 모여 자기폭풍과 서브스톰
(substorm, 자기폭풍의 구성요소로 고려됨)의 관계를 논의한 워크숍의
성과이다. 이것은 50년이나 지속된 정의의 변경을 추구하는 논문으로 자
기폭풍 발생 시 대규모의 서브스톰이 빈번히 일어나는 것은 '우연'이고,
이들 두 현상 사이에 인과관계가 없다는 새로운 사고방식을 제안한 것이
다. 자기폭풍도 서브스톰도 태양풍에 내재한 자기장이 남쪽을 향해야 한
다는 공통적인 필요조건을 가지고 있기 때문에, 두 현상은 관측 데이터를
보면 물리적으로 관련이 있는 것처럼 보이지만, 실은 전혀 직접적인 관계
는 없다는 새로운 사고방식을 주장한 논문이었다.

두 명의 레퍼리(이 분야의 권위자라고 함)는 "이 사고방식은 틀렸다."
라고 주장하며 양보하지 않았다. 게다가 그 논리는 "자기폭풍 발생 시 대
규모의 서브스톰이 빈번히 발생하지 않는가?"라는 점밖에 없다. 그에 대
해서 우리의 논문에서는 태양풍, 자기폭풍, 서브스톰의 관계를 통계적,
정량적으로 조사해서 자기폭풍이 진행 중일 때 서브스톰이 없는 경우조
차 제시했다.

에디터는 우리 레퍼리의 회신을 읽고, 두 번째 라운드에서 출판의 결
단을 내렸다. 이처럼 레퍼리의 그냥 감정적이고 일방적인 난폭한 코멘트
로는 에디터를 결코 납득시킬 수 없다.

이 논문이 출판되고 나서도 잇따라 반대 의견의 코멘트 논문이 제출되
었다. 그러나 미국의 저명한 분으로부터의 코멘트는 매우 감정적으로 우
리 논문 어디가 잘못되었는지를 구체적으로 지적하는 데 실패했다. 이와

같은 '반대를 위한 반대' 주장을 계속한다면, 최종원고에 어떠한 건설적인 개선도 이룰 수가 없다. 에디터는 그 코멘트의 게재를 거부했다.

논문을 쓰는 기본에서 실제까지

Chapter 4

1. 준비를 확실하게
2. 각 섹션의 주의사항

드디어 집필단계로 진입한다. 논문의 시나리오를 작성하고, 사용할 자료의 준비부터 실제 쓰기 시작하는 데 있어서의 중요한 마음 가짐에 대해서 설명한다. 수많은 논문을 작성함에 있어서, 준비단계부터 원고의 초안을 쓰기까지 관례가 된 일상적인 작업을 하듯 가벼운 기분으로 진행할 수 있다고 생각한다. 다시 고쳐 쓰는 횟수도 점차 줄어든다.

진짜 '맛있는' 논문은 '논의' 섹션으로 어떻게 논리적인 논의를 전개할 수 있느냐에 달려 있다. 이 연구에서 얻은 새로운 지식을 설득력 있는 터치로 기술하는 것은 큰 기쁨이기도 하다. 원고를 다듬는 일은 몇 번을 실시해도 좋은 작업이다.

1. 준비를 확실하게

1) 결단의 시점

이제 마침내 여러분은 연구논문을 쓰기로 결정했다고 하자. 대학원생으로 인생에서 처음으로 쓰는 논문인가? 아니면 현재 여러분은 박사후 연수생으로 이미 5편이나 논문을 발표하고 있는지도 모른다. 어느 쪽이든 지금은 긴장의 나날이다.

'논문 작성법', '리포트 작성법'에 대해서 실로 많은 책이 나와 있고, 아주 비슷한 것들이 기술되어 있다는 생각이 든다. 그러나 미묘한 사항에 관해서라면 저자에 따라서 서로 다른 다양한 지침, 조언이 기술되어 있는 것으로 생각한다. 지금 여기에서는 그와 같은 책들의 내용과 다소 중복되는 부분이 있다는 것을 각오하면서, 필자 자신의 에디터로서의 경험을 바탕으로 '이면에서 본' 좋은 논문 작성법에 중점을 두고 조언을 하고 싶다는 생각이다.

연구는 끝없는 여행과 같다. 즉, 산 하나를 넘으면 다음 산이 눈앞을 가로막고 있다. 혹은 멀리 있는 지평선 너머가 보이지 않는 것 같은 경험을 한 것은 아닌지, 깜깜한 터널 속에서 우왕좌왕하고 있는 듯한 느낌과 비슷해서 출구가 어느 방향에 있는지조차 보이지 않는다. 이러한 상태로는 얼마를 경과해도 자신이 설정한 연구목표에 도달할 수 없다. 즉, 영원히 논문을 쓸 수 없는 것이다. 실제 이러한 이유로 논문을 좀처럼 쓰지 못하는 결벽증이 있는 사람을 알고 있다.

필자가 권하는 것은 "산 하나를 넘으면 논문을 쓰세요."라는 것이다. 어느 정도 높은 산이냐 하면 그 논문을 읽은 독자가 결과를 보고 깜짝 놀라는 것이 최소 조건이다. 독자가 놀라는 것은 자신들에게 그 연구결과가

난 하나를 넘으면 다음 산이 기다리고 있다!

새로운 것이기 때문이다. 때로는 너무나 새로운 나머지 레퍼리마저 출판을 거부할지도 모르겠다. 넘기에 완만한 높이의 언덕이라면 아무래도 논문으로는 만족스럽지 못하다는 것이다.

논문을 쓰고자 결단하는 시점에는 그 산, 즉 뚜렷한 결론을 설정하는 것이 중요하다. 자신의 연구결과를 논문으로 세상에 내놓는 것은 그럴 가치가 있기 때문이므로, 결과를 논문을 통해서 확실하게 전달하지 않으면 안 된다. 지금까지 유사한 연구에 비해 훨씬 새로울 것, 학계에 적지 않은 영향을 줄 것, 이 두 가지가 논문을 출판하기 위한 최소 조건이다. 여기에서 '새로운'이란 "지금까지 아무도 눈치채지 못했던 새로운 것을 발견했다."라는 결론만이 아니다. 새로운 방법을 이용했거나 혹은 새로운 데이터를 사용하여 이전부터 지적되었던 것을 재확인했다는 결론도 훌륭한 논문이 된다.

어쨌든 연구소 내의 미팅에서 혹은 연구 그룹의 세미나에서, 그 연구 경과와 결과를 발표해 보라. 몇몇 전문가들이 질문해 오면 그것은 그들이 그것을 몰랐다는 것이기 때문에 논문으로서 세상에 발표할 가치가 충분하다는 것을 의미한다.

2) 줄거리와 초고

논문을 쓰기 시작한다는 것은 연구의 좋은 결과, 즉 출판할 가치가 충분히 있다는 것이 전제 조건이다. 필자의 경우 논문 구성은 신칸센 열차나 비행기 탑승 중에 이루어진다. 평소와 달라진 환경에서 논문을 구성하는 것이다. 창 밖에 변해 가는 산과 해안 혹은 순백의 구름을 바라보면서 "이러한 풍경을 내 것으로 한다는 것은 어쩌면 사치가 아닌가!"라고 느끼면서 논문의 개요(outline)를 쓴다. 메모라고 하는 쪽이 적절할지 모르겠다. 초고와 같은 것이기 때문이다.

들려오는 것은 단조로운 소리뿐! 비행기의 경우는 헤드폰을 통하여 클래식 음악을 듣는 것도 최고이다. 전화 한 통 걸려 오지 않고, 누구에게도 방해받지 않고 느긋하게 흘러가는 몇 시간이 필자에게는 논문 구상을 가다듬는 최적의 시간이다. 미국에서 오는 항공편은 특히 최고이다. 창 밖은 계속 낮이다. 때로는 다양한 형태의 구름 위를 어떤 때는 눈으로 덮인 높은 산맥 위를 지난다. 분위기가 너무 좋아서 몇 편의 논문 구상을 가다듬을 수 있었다. 신칸센의 경우 대체로 도쿄 출발 열차는 밤이기 때문에 바깥 경치가 없는 조용한 2시간이다. 그러나 논문에 집중하다가 목적지를 놓치지 않도록 주의해야 한다.

왜 이러한 구상과 스토리 전체의 줄거리가 필요할까? 그것은 연구가 끝나고 논문을 쓰기 시작할 무렵에는 머릿속에서 깨닫고 있는 것일지라도 연구의 개별 결과들이 서로 얽혀 있어 순서대로 연결되어 있지 않기 때문이다. 자신의 발견과 논의를 독자에게 잘 이해시키기 위한 작전 타임이라 해도 좋을 것이다. 어디에서 어떤 설명을 하고, 결과의 그림을 어디에 삽입하는가에 대한 면밀한 계획이 승부를 결정한다.

신칸센이나 비행기 안에서 생각나는 대로 이야기를 쓴다는 것은 필자의 스타일일 뿐 여러분도 그렇게 해야 한다고 조언하는 것은 아니다. 길을 걷고 있을 때나 밤에 잠을 자는 침대까지, 각각 가장 좋아하는 장소가 있을 것이다. 덧붙여서 필자는 침대 옆에 메모지를 준비해 둔다.

일주일 정도가 지나고 개요가 적힌 그 메모에 눈이 간다. 줄거리에는 장(chapter)이 설정되고, 주요 내용들이 항목별로 적혀 있다. 대체로 만족할 만한 수준이라면 정식으로 PC에 타자를 쳐서 입력한다. 다음은 그 개요에 살을 붙여 나간다. 전체적으로 무엇이 소중한가, 어떻게 논리적으로 결론에 도달하며, 어디에 어떤 논문을 인용하고, 누구의 결과와 비교하는가이다. 생각이 날 때마다 조금씩 더해 간다.

3) 우선 도표를 준비한다

이것도 필자의 독자적인 방식인지는 모르지만, 필자의 친구들도 이 방식을 택하는 사람이 많다. 먼저 개요를 기초로 도표를 고려해 본다. 또는 줄거리(논문의 시나리오, 개요)와 도표를 동시에 나열한다. 독자들은 "그렇게 빨리 이 단계에서 사용할 그래프를 준비하는가?"라는 말을 하겠지만 완벽한 도표일 필요는 없다. 이 도표 세트와 줄거리를 바탕으로 논문의 집필이 시작되기 때문이다. 대부분의 경우 논문을 쓰기 전에 세미나나 학회에서 구두발표를 했기 때문에, 그때 사용한 슬라이드가 있다고 생각한다. 이것을 사용하면 도움이 될 것이다.

도표를 보면서 이 그림의 특징, 이 그림에서 말할 수 있는 것 등을 그림 가운데 써 넣어 보자. 학회에서 발표할 때 나온 질문을 생각해 보자. 그때 시원스럽게 답변할 수 없었지만, 그 후에 잘 조사해 보니까, 그 질문은 근거가 없는 것으로 판명되었으나 질문자가 오해할 정도이니, 슬라이드의 프레젠테이션 방법을 바꿀 필요가 있다는 등의 생각나는 것들을 메모해 두자. 추후에 논문의 본문을 작성할 때 반드시 도움이 될 것이다.

가장 중요한 것은 이들 도표와 관련된 각각의 부분에서 주장하고 싶은 것들이다. 줄거리에다 상세한 포인트를 더해 간다. 모두 메모이기 때문에 깔끔하게 적을 필요는 없다. 나중에 스스로 읽을 수만 있으면 그것으로 충분하다.

4) 누가 공동저자가 될 수 있는가

각설하고 이 책을 읽고 있는 여러분은 그 논문의 주저자(혹은 제1저자, 선두저자)라고 생각한다. 그러나 공동저자로 다른 누가 있는가? 혹은 아무도 없는 단독논문인가?

어떤 논문의 공동저자로 이름을 올리는 것은 다음의 조건을 모두 충족시키지 않으면 안 된다.

1. 이 연구의 아이디어를 내놓았거나 혹은 논의해야 할 점을 지적했다.
2. 실험, 데이터 해석 등 연구의 실제 작업에 참가했다.
3. 논문을 쓰고, 혹은 개정에 참가했다.

평소 신세를 지고 있었기 때문이라든지, 연구비를 마련해 주었기 때문 등의 이유로 공동저자로서의 이름을 올리는 것은 허용되지 않는다.

그렇다고는 하지만 실제로 공동저자를 결정하는 것, 그리고 그들의 순서를 결정하는 데는 미묘한 문제가 포함되어 있다. 예를 들어 의학분야에서 어떤 특수한 실험을 시행했다고 하자. 게다가 그 실험은 지금까지 이미 5년 이상이나 경과되었고, 많은 선배 공동연구원에 의해 실현되어 왔다고 하자. 이미 졸업해 버린 사람들 중에서 어디까지를 공동저자로 해야 할까? 또한 실험에는 막대한 비용이 소요된다. 팀의 리더는 항상 자금을 조달하는 데 바쁘다.

사실은 실제로 실험을 수행한 팀의 멤버 외에, 이들 모든 멤버가 공동저자의 후보가 되지만, 어디까지나 위의 세 가지 조건을 만족하는 사람이 공동저자가 되어야 한다고 생각한다. 극단의 경우 본인이 전혀 모르는 사이에 공동저자가 되었다는 이상한 이야기도 들린다. 미국 지구물리학연합의 저널에는 논문이 제출되었을 때, 에디터는 그 논문의 공동저자 모두에게 일일이 다음과 같은 메일을 보내, 공동저자가 될 의사를 표명했는지를 확인한다.

Dear Dr. Kamide:

We would like to inform you that you have been listed as a coauthor on manuscript ⋯ Which has recently been submitted for possible publication in *Journal of Geophysical Research-Space Physics*.

The corresponding author, Dr. Liu, has indicated that the submission has been made with the consent of all co-authors. Please note that manuscript communications are sent to the corresponding author. However, you may check the status of the manuscript at any time using this link:<http://jgr-spacephysics-submit.agu.org/......>.

We appreciate your contribution to *Journal of Geophysical Research-Space Physics*, and we will make every effort to efficiently and fairly handle your submission.

Sincerely,
Editors' Assistants

실제 공동저자로 이름을 올린다는 것은 그 논문에 쓰여 있는 내용에 상응하는 책임을 진다는 뜻이다.

연관해서 또 하나의 미묘한 문제는 공동저자의 순서이다. 원래 순서는 그 논문에 대한 기여도순이어야 한다. 여기에 재미있는 조사보고서가 있다. 10명이 공동저자로 되어 있는 논문에 대해서 각각 공동저자에게 자신이 그 논문에 대한 기여한 정도를 물었더니 그 총계가 300%가 되었다고 한다. 자신의 공헌도를 과도하게 판단하는 경향이 있는 것을 말해 주고 있다. 또한 예를 들어 매우 많은 연구자들이 모여 대규모 실험을 하는 등 공동저자의 순서가 좀처럼 결정되지 않거나, 처음부터 순서를 결정하는 것이 불가능할 경우, 이름의 알파벳 순서로 정하는 방법도 시행되고 있다.

2. 각 섹션의 주의사항

1) 기본은 4부로 구성

과학논문의 주요 부분은 대략 '서론, 방법, 결과, 논의'의 4부로 구성되어 있는 것이 보통이다. 논문이나 전문분야에 따라 다소의 차이가 있어도 이공계열의 논문은 이 기본형식이 타당하다. 학부 및 대학원의 리포트도 이와 같은 양식을 취하는 것이 많다고 생각된다. 그러나 섹션들은 반듯이 이들 이름을 붙일 필요는 없다.

서론 전에 논문 제목, 초록이 있고, 둘 다 매우 중요하다. 또한 논의 뒤에 결론 섹션을 붙이는 경우도 있다.

제목(title)은 연구의 목적과 내용을 정확하게 나타내고 있어서 당장이라도 읽고 싶어지는 키워드가 적절하게 들어가야 한다. 때로는 의문문 형

식의 제목도 매력적이다. 그 질문에 대한 저자의 대답이 그 논문의 내용 자체이기 때문이다. 그러나 독자에게 '금세기 최고의 논문'이라는 인상을 줄 것 같은 과장된 것은 안 된다.

초록(abstract)이 매력적이라면 독자는 쏙쏙 빨려 들어 당장이라도 읽고 싶어질 것이다. 초록은 보통 논문의 첫머리에 있으며 100~200자(저널에 따라 다름)의 길이로 그 논문의 이른바 요약이다. 초록은 이 연구에서는 "○○을 이용해서 ○○을 실시하여, ○○을 찾아냈다. 이것은 ○○을 의미한다."라는 느낌이 든다고 생각되지만, "○○을 찾아냈다는 대목을 세계에서 처음으로 발견했다."라고 하면 설득력이 더 있을 것이다.

여기서 "아니, 세계에서 처음이라고 하는 것은 너무 터무니없다."라고 사양하는 것이 평균적인 일본인이다. 같은 경우에 그런 것을 전혀 스스로 느끼지 않는 것은 어느 나라 사람들인가? 오히려 여러 가지 조건을 부가해서, 예를 들어 "○○을 사용해서 ○○의 ○○를 많은 예에 대해서, 오차 ○○의 정밀도에서 측정한 것은 세계에서 처음"이라고 하는 것이 초록을 쓰는 좋은 방법이다.

논문을 모두 쓴 후에 초록을 쓰는 사람도 있지만 필자는 초록을 가장 먼저 쓴다. 그리고 항상 초록을 옆에 두고, 논문에서 주장하고자 하는 것을 이해하면서 논문에 살을 붙여 나간다. 가끔 초록과 서론을 혼동하는 논문도 눈에 뜨인다. 즉, 역사적인 경위를 기술하고, "본 논문에서는 ○○을 사용하여 ○○을 조사한다."라고만 쓰여 있다. 어쨌든 초록은 독자가 '이 논문을 상세히 읽을 것인가의 여부'를 결정하는 힌트를 주는 것이다. 참고문헌은 초록에 포함되지 않는다. 특별히 필요가 없는 한 초록에서 인용하지 않는다. 참고를 위해 *Japanese Journal of Applied Physics*에 쓰여져 있는 초록 작성지침을 인용해 본다.

1. The abstract should state briefly the general aspects of the research subject and the main conclusions.

2. It is not part of the text and should be complete in itself.

1. 초록은 그 논문에서 다루고 있는 연구과제의 일반적인 양상과 여기서 얻은 주요한 결론을 기술한다.

2. 초록은 논문 본문의 일부가 아니고 그 자체로서 완결된 것이 아니면 안 된다.

2번이 특히 중요한 점인데 젊은 연구자들이 잘 이해하지 못하는 것 같다. 초록은 그 자체로서 완결된 것이어야 한다는 점이 중요하며, 초록만을 읽는 사람도 많다는 점을 잊어서는 안 된다. 이하 예문으로 열거한 영문은 필자 자신의 논문에서 발췌한 것이다. 유럽의 저널 "*Atmos. Chem. Phys.*에 투고했던 'The size of the polar cap as an indicator of substorm energy'(Kamide et al., 1999)라는 논문이다. 극관(Polar cap)이란 것은 대규모의 오로라 벨트(aurora belt)로 둘러싸인 영역(즉, 오로라가 없는 영역)이다. 덧붙여 말하거니와 여기서는 논문 중의 도표는 생략했다.

초록(Abstract)

The area of the polar cap, i.e., the region of open magnetic field lines, can be a good indicator of the amount of energy in the magnetotail available for magnetospheric substorms. It is shown in this paper that the polar cap observed by the Dynamics Explorer satellite is not a simple-looking circle during the episodic development of substorms but expands and contracts non-uniformly, depending strongly upon magnetic local time. Variations of the polar cap area under such circumstances represent merely the average around the oval of different time changes in the polar cap boundary location at different local time, in response to solar wind conditions and the substorm phases. It is demonstrated that this non-uniform expansion/contraction of the polar cap can be accounted for in terms of the relative strength of the two constituents of solar wind-magnetosphere coupling: the directly-driven and unloading processes.

그럼 드디어 논문의 주요 부분이다. 이하 4개의 기본요소의 각각에 대해서 간단히 설명한다.

서론(Introduction)

말하자면 도입부이다. 논문의 목적과 배경이 있고, 왜 그 연구가 중요한가를 기술한다. 다음 그 테마로서 이제까지 어떠한 역사적인 발전이 있었는가, 그 가운데 무엇이 미해결의 문제인가에 대해서 참고문헌을 열거하면서 자기 자신의 의견을 기술한다. 이 논문에서 다루고 있는 문제에 대한 저자의 동기 부여의 깊이를 서론을 통해서 알 수 있다. 또한 저자의 문제의식의 정도도 알 수 있다. 자신의 논문에서 여기가 새롭다는 점도 강조하자.

연구의 배경에는 우선 이 분야의 연구자라면 누구라도 인정하는 사항을 언급한다. 말하자면 교과서적인 기술(textbook sentence)이라 불리는 스타일인 것이다. 이 부분은 독자 자신도 알고 있는 것이기 때문에, 건너뛰지 않고 술술 읽고 넘어간다. 서론에서는 이제까지의 연구에서 어디가 빠져 있는가, 어떠한 한계가 있는가, 어디에서 의견이 엇갈리는가, 본 논문은 어떠한 점에서 독특한가에 대해서 기술한다.

눈에 잘 띄는 것은 서론에서 갑자기, "지금까지의 연구에서는 ○○접근이 결여되었기 때문에 본 연구에서는 그 ○○를 실행하고, 그 결과를 이 논문에 보고했다."라는 투의 글 쓰는 방식이다. 여기서 빠져 있는 것은 왜 ○○가 중요한가에 대한 이유이다. 이것이 없으면, "도쿄역 앞에 동물원이 없기 때문에 건설한다."라고 제안하는 것과 동일하다. 도쿄역 앞에 동물원이 필요하다는 것이 모두에게 인정이 되어야만, "필요하지만, 지금은 없기 때문에……"라는 논법이 성립되는 것이다.

예를 들어 자기폭풍 연구의 경우를 보자.

In the view of the increasingly wide recognition of the importance of "space weather" research in the scientific community, studies of geomagnetic storms have recently been revived. The main objective of the "space weather" program is to understand the causes of magnetic storms in the Sun and the interplanetary medium and to trace energy flow associated with storms from the Sun to the Earth's upper atmosphere.

우선 위와 같이 우주기상 연구에서 자기폭풍의 연구가 얼마나 소중한가를 말한다.

In going through the recent literature, however, we find that intense magnetic storms often develop in two steps during the main phase [e.g., Tsurutani et al., 1988]. Thus, it is of great interest to examine statistically how often the ring current develops in such a two-step fashion during magnetic storms and to look for the corresponding signatures in the solar wind and to discuss possible magnetospheric processes.

그리고 본 논문에서 취급할 문제에 대한 이유로 유도한다. 이들 연구에서는 많은 경우 자기폭풍이 2단계에 걸쳐 발달하는 것을 발견했다.

서론의 마지막에는 이들 연구에서 얻은 주요한 결과를 간단히 소개하는 것도 좋을지 모르겠다. 그 경우 '이중으로 애매하게' 서술해서는 안 된다. 아무도 멋지다고 칭찬해 주지 않을 것이다.

좋지 않은 예

It can be concluded that solar energy might be carried probably in three modes.

Our new data suggest that A may be B.

방법, 데이터(Procedure, Method, Data)

여기는 재료, 자료, 시료(material)라고 하는 편이 적절한 경우도 있다.

어쨌든 간에 서론에서 언급한 문제를 이 연구에서 어떻게 풀어갈지에 대해서 설명한다. 새로운 데이터를 어떻게 사용하는지에 대해서는 특히 친절하게 설명하자. 실험연구에도 새로운 점(예 : 장치, 약품)과 그로 인해 우려되는 점을 어필한다. 이때 독자가 저자와 동일한 수준의 전문적인 지식을 가지고 있다고 가정해서는 안 된다.

또한 어떤 과학에서도 결과의 재현성이라는 개념은 중요하다. 즉, 저자 이외의 누구라도 이 논문에서 기술한 실험과 결과를 재현할 수 있지 않으면 안 된다. 따라서 그 방법을 누구라도 다시 할 수 있도록 친절하게 쓸 필요가 있다. 예를 들면 우리 그룹에 의한 '자기폭풍의 2단계 발달의 발견'이라는 논문은 다음과 같이 누구라도 동일한 데이터를 사용해 재조사할 수 있도록 친절하고 정중하게 기술한다. 여기서는 전 세계에 데이터가 공개되어 있는 Dst 지수라는 자기폭풍의 강도를 나타내는 데이터를 사용했다.

A total of 1252 geomagnetic storms were identified for the period from 1957 to 1991, covering nearly three solar cycles. The entire data set were grouped into three classes: weak, moderate, and intense, according to the magnitude of the storms, which was defined by the peak Dst index values. Visual inspection of Dst was first employed to identify periods of magnetic storms.

We further classified each of the three classes of geomagnetic storms into two types: Type 1 and Type 2, according to how

Dst reaches the peak through the main phase. Figure 1 shows schematically these two types of geomagnetic storms. Type 2 magnetic storms are those which have a two-step growth in the ring current, that is, a two-step decrease in *Dst*. To differentiate properly Type 2 from Type 1, several parameters are introduced, as represented in Figure 1. Most importantly, the following two conditions are required:

1. The first decrease in *Dst* should partly subside before the second decrease follows some time later.
2. The two peaks in *Dst* must be separated by more than 3 hours.

결과(Results)

말할 것도 없이 여기가 논문의 주요 부분이다. 밝혀진 계산결과, 실험결과, 시뮬레이션결과를 그래프나 표 등으로 알기 쉽게 보여주는 곳이다. 이때 서론에서 언급한 기대에 비추어 얻은 결과의 자체 평가를 될 수 있는 한 구체적으로, 정량적으로 기술하는 것이 중요하다. 서론에서의 기대에 어긋나거나 오차 문제로 간단 명료한 결론에 도달하지 못하는 경우, 그 차이에 대한 해석을 정직하게 기술한다. 결과를 명확하게 전달하기 위해서 수동태보다는 능동태가 좋다.

예 : Figure 9 shows surprisingly that two peaks in geomagnetic activity do exist within one cycle of solar activity.

예 : We found that even the total magnetic energy in the magnetotail at a distance between 10 and 20 R_E (R_E: the Earth's radius) cannot supply the energy for the expansion phase of an auroral substorm.

Kamide et al. (1999)의 경우 결과를 Table 1로 표시했다. 이하는 그 예문이다.

Table 1 summarizes our statistics. Two points of interest are noted: First, more than 50% of all magnetic storms are found to go through two steps during the main phase. Second, the percentage of Type 2 occurrence increases statistically as the peak intensity increases. About 67% of intense storms have a two-step growth, whereas a relatively simple growth is found in less than 30% of the magnetic storms.

논의, 전망(Discussion, Perspective)

말하자면 결과의 고찰이다. 논문이 좋은가 나쁜가는 이 고찰 수준의 높이에 의해 결정된다고 해도 과언이 아니다. 논의해야 할 것은 다음과 같다.

- 과거 연구와의 비교
- 본 논문에서 기술된 새로운 발견에 대한 평가
- 다른 연구결과를 고려한 논의
- 금후의 전망

어떠한 연구도 한계가 있다. 완벽한 것이란 있을 수 없다. 자신의 연구방법의 한계도 정직하게 기술하지 않으면 안 된다. 항상 논리적이어야 함을 잊지 말아야 한다. 논의 섹션은 논문 중에서 가장 개성이 발휘되는 부분이다. 필자의 경험으로도 가장 시간을 할애해서 쓰는 곳이고, 그만큼 자부심을 느끼면서 쓴다는 생각이 든다.

연구라는 특수한 일에 종사하게 될 대학원생 및 연구자 초년생은 방법 및 결과는 독자적으로 쓸 수 있지만 엔간해서는 논의까지는 쉽게 쓸 수 없다. 자신이 시행한 것이 보다 큰 틀 내에서 어떠한 입장에 놓여 있는지에 대해서 확인할 자신이 없기 때문이다. 이 점은 지도교수나 경험자에게 조언을 받는 것이 좋을지 모르겠다.

자기폭풍에 관한 우리들의 논문에서 '논의'는 다음과 같이 조금은 극적으로 시작해 보았다. 왜 자기폭풍의 오랜 역사에서 이런 간단한 문제를 아무도 눈치채지 못했는가 하는 점이다.

In this paper we have statistically studied more than 1200 geomagnetic storms. It has been determined that the increase in the ring current during the main phase of an intense geomagnetic storm often goes through two stages. This may be surprising because the study of geomagnetic storms has a long history, establishing their average features in which there is only a smooth, single main phase followed by a slow and relatively smooth recovery phase.

4개의 기본 섹션 이외에 '결론(conclusions)', '요약(summary)'이라고 하는 섹션을 쓰는 경우도 있다. 이것은 필수적인 것은 아니다. 이 경우 길이는 1~2문단 정도이지만, 이미 초록과 서론에 쓴 것을 반복해서는 안 된다. 결론으로 이 연구에서 발견한 중요한 점, 해석과 그 한계, 금후 과제 등을 짧게 정리해서 쓴다. 말하자면, '최후로 말하고 싶은 것'을 쓴다.

2) 제목, 사사, 참고문헌

논문의 제목을 최종적으로는 원고를 전부 쓴 다음 다시 검토해서 결정하자. 제목은 연구 및 연구결과를 단적으로 나타낼 수 있는 것이 좋다. 그래서 한마디 한마디가 중요하다. 연구의 방법과 내용의 키워드가 정확하게 반영되는 것이 중요하다. 또한 초록도 제목만큼이나 중요하다. 하루에도 몇 편이나 새로운 논문을 접하는 오늘날의 과학자들은 제목 및 초록을 보고, 내용을 차분히 읽을지 여부를 결정하는 것으로 알려져 있다. 흥미가 당기면 독자는 서문을 읽기 시작한다. 예를 들어 여러분은 서점에서 첫눈에 독자를 흥분시킬 만한 충격을 주는 제목의 책을 본 경험이 없는가?

사사에서는 연구를 수행하는 데 있어서 혹은 논문을 완성하는 데 있어서 신세를 진 기관이나 사람들에게 감사의 뜻을 기술한다. 여기서는 구체적이고 간결하게 작성하자. 누구에게 어떤 것을 감사해야 할지, 사용한 데이터의 출처는 명확하게 알 수 있도록 쓴다. 또한 그 연구를 수행할 때 재정적 지원을 받은 경우 여기에 기입하도록 한다.

참고문헌은 어떠한 이유로 그 문헌을 인용했는가를 명확하게 알 수 있도록 본문에서 인용해야 한다. 자신의 논문을 인용하는 것도 물론 허용되지만 기다렸다는 듯이 자신의 논문만을 광고하는 것은 공평하지 않으며, 레퍼리의 얼굴을 찡그리게 만들 수 있다. 자신의 논문을 필요 이상으로 인용하면 독자에게 "이 저자는 해당 분야에서 세계 정상의 지도자다." 또는 "이 저자는 다른 사람의 논문을 읽지 않는다." 등의 인상을 주게 되어 결국 저자는 손해를 보게 된다.

참고문헌의 형식은 모든 저널에서 동일하지 않다. 논문 제목이 필요한 저널, 필요 없는 저널, 본문에 나오는 순서대로 번호를 부여하는 저널, 인용의 순서에 관계없이 논문저자의 알파벳 순서로 나열하는 경우 등 다양하므로 주의해야 한다.

논문의 본문에 넣기에는 너무 자세한 것이나 어떤 식의 유도방법 등 독자에게 친절한 조치로 부록(Appendix)을 둘 수 있다. 모자라는 것을 덧붙이는(보족, Supplemental Information) 것으로서 보조적인 정보도, 필요하다면 이곳에 추가하도록 한다. 물론 부록이나 보족이 없어도 상관이 없다. 이들 두 가지는 명쾌한 구별이 있는 것도 아니다.

3) 논문의 질은 '논의'로 결정된다

다시 반복하지만 학술논문에서 가장 중요하고 따라서 실력을 발휘할 수 있는 것이 '논의' 섹션이다. '결과'보다도 중요하다고 말하는 사람도 있다. 대학원에 들어가 갓 논문을 쓸 때 가장 고생하는 것이 '논의'를 작성하는 방법이다. '실험을 하고, 그래프를 그리는 것' 만으로, 혹은 그 그래프의 설명을 더하는 것만으로는 논문이 되지 않는다.

학생들의 리포트와 동일한 것으로 점수 차이가 나는 것은 바로 이 논의 섹션이다. 그 논문의 테마가 확실히 자신의 것이 되어 있지 않으면, 자신의 연구결과가 학계에서 어느 정도로 중요한지에 대한 평가, 과거 연구결과와의 비교 검토, 새로운 발견의 한계, 금후의 방향성 등을 쓸 수 없다.

특히 레퍼리로부터 결과의 평가에 대해 의문이 재기되는 경우를 위해서 연구의 독특함, 발견의 중요성을 강조하는 것이 요구된다. 모든 각도에서 결과를 검토하고, 말할 수 있는 것/말할 수 없는 것에 대한 교통정리도 필요하다. '논의'에는 자신의 연구, 또한 자신이 발견한 것이 얼마나 중요한지를 세상에 알려야 하는 것이다. 그다지 중요하지 않으면 논문 따위를 쓸 일이 없다. 여기서 주의해야 할 필요가 있는 것은, 아무리 자신의 연구나 발견이 훌륭하다 해도 결코 과대망상에 걸리면 안 된다는 것이다. 방법에 한계가 있다면 그것을 정직하게 기재하는 것이 요구된다.

일본인이 '논의에 약하다'라는 것은 정작 일본인 자신이 잘 알고 있다. 필자는 이 사실의 원인이 일본 대학교육의 시스템에 있다고 생각한다. 일본 대부분의 대학에서는 교수가 일방적으로 강의를 하고, 학생은 노트를 따라 적을 뿐이다.(역자 주 : 우리나라도 마찬가지라 생각된다.) 그런 강의를 계속 받고 있는 가운데, 대학도 고등학교나 중학교와 같이 지식의 전달기관이라고 오해한 채 대학원으로 진학한다. 이것으로는 연구의 근간을 이루는 상상력도 창의력도 단련할 수 없다. 강의가 재미 없을뿐더러 스스로 적극적으로 참여하여 논의(토론)할 기회를 잃어버리는 것이다.

활발한 논의를 한다는 것은 자신의 생각을 주장하는 동시에 타인의 생각을 제대로 듣는 것도 포함된다. 또한 자신의 의견을 주장하기 위해서는 많은 문헌 및 논문을 읽지 않으면 안 된다. 일본 대학의 '일방통행'인 교육에서 논문도 읽지 않고 발언도 하지 않고, 어느새 졸업할 수 있는 특이한 시스템을 경험해 온 젊은이들에게 "자, 논의를 쓰세요."라는 것은 가혹한 것 같다. 그러나 논문에는 '논의'가 필요하다.

4) 교정보기

논문을 전문지의 에디터에게 제출하기 전에 자신이 납득할 수 있을 때까지 교정을 보자. 필자의 경험에 의하면, '잠시 재워 두는 것'이 중요하다. 그 논문을 완전히 잊어버릴 때까지 자신의 눈에 띄지 않는 곳에 보관해 둔다. 어제 쓴 논문을 오늘 수정하려 해도 자신의 머릿속에 아직 그 논문의 기억과 여운이 남아 있어, 수정해야 할 부분이 보이지 않는다. 좋은 논문을 생산하는 열쇠 중의 하나는 얼마나 빨리 잊을 수 있는지에 달려 있다고 해도 과언이 아니다.

　보통 논문을 제출하는 데는 마감일이 없다. 완성된 단계에 에디터에게 보내면 된다. 그런데 주제를 정해서 발간하는 특집호 등의 경우는 마감일을 엄격히 지켜야 한다. 갓 작성을 끝낸 논문을 제출하는 것은 턱없이 어리석은 일이다. 실제 불완전한 논문에 대한 레퍼리의 코멘트가 많은 것은 '영어가 좋지 않다', '의미가 모호하다'는 것이다. 레퍼리로부터 그러한 지적을 당해 채택이 거절되면, 원점으로 되돌아가고 만다. 다시 투고하지 않을 수 없고, 수정하는 데 수개월이 걸릴 수도 있다. 결국 그 논문이 채택된다고 해도 몇 개월 지연될 수 있다.

　원고의 오류 중에는 간단하게 처리할 수 있는 맞춤법 검사(spelling check)를 게을리했기 때문에 간과한 실수도 있다. 철자 오류가 많은 논문을 레퍼리에게 보면 "이 저자는 주의력이 없고, 부주의(careless)에 의한 실수가 너무 많다.", "이 논문은 검토가 이루어지지 않았다."라는 낙인이 찍혀, 영어만의 문제가 아니라 연구 자체에 대해서도 그런 선입견을 주게 된다. 결국 저자는 손해를 보는 것이다.

　원고의 검토, 너무 심하다는 법이 없다. 환경이 바뀌어 심지어는 전철 안에서, 커피숍에서, 욕실에서, 화장실에서, 여러 번 검토해도 좋다. 단 항상 초심으로 돌아가서 다시 읽는 것이 중요하다.

5) 철저한 검토

이전 절에서의 교정이 자기 자신에 의한 수정이라고 한다면, 이번에는 누군가에게 읽힌 후에 코멘트를 받는 것이다. 어떠한 심리가 작용하는지는 모르지만, 자신의 논문을 검토하는 것보다 다른 사람의 논문에 대해 객관적으로 코멘트하는 편이 더 쉽다. 즉, 다른 사람의 원고에서 오류를 발견하는 것은 비교적 용이하지만, 자신의 논문에서는 좀처럼 실수를 찾을 수 없다. 아마도 자기 자신의 논문원고는 이미 여러 번 읽고 익숙해져 있기 때문에 무의식적으로 원고를 건성으로 지나쳐서 뇌가 제대로 작동하지 못한다고 생각된다.

시시한 것, 혹은 본질적이 아닌 것이라고 말할지 모르지만 용어의 통일도 중요하다. 예를 들어 결과 섹션에서는 'Figure 4'라고 했음에도 불구하고, 논의 섹션에서는 'fig. 4'라고 되어 있다면, 레퍼리는 일관성이 없다고 판단한다. 이것 자체는 정말 사소한 일이지만, 이와 같이 일관성이결여된 원고는 중요한 부분에서도 실수가 많을 것이라고 그릇된 추측을 낳게 된다. 신사적인 레퍼리는 다음과 같이 회신한다.

This paper may be worthwhile of publication, but the presentation is, frankly, unprofessional. There are a number of sloppy mistakes. Not only spelling mistakes, but also inconsistencies between figure captions and the corresponding text exist. I advise that the authors need to pay careful attention to those points.

일관성이 없잖아?!

6) 에디터의 논문은 누가 심사하는가

그런데 편집인 자신도 현역 연구자인 경우가 많기 때문에 자신도 논문을 생산한다. 이런 논문을 에디터인 자신에게 제출하고, 레퍼리를 자신이 선택하고, 스스로 채택하는 것인가? 만약 그렇다고 한다면 그것은 너무 불공평하지 않겠는가?

아니, 터무니없는 일이다. 그와 같은 부정한 일은 결코 일어나지 않는다. 원고는 다른 에디터에게 제출되고, 이후 평가와 관련된 업무는 모두 그 에디터의 사무실에서 이루어진다. 만약 그 저널에 에디터가 한 명밖에 없는 경우, 부편집인이 그 일을 행한다. 물론 편집장의 논문이라 해서 후하게 채점하거나, 너그럽게 보아 주는 일은 절대 없다.

다음과 같은 사례를 들은 적이 있다. 저널의 특집호의 편집에 있어서 그 특집호를 위한 초빙 에디터(guest editor)가 선출되었다. 그리고 그 초빙 에디터의 그룹에서 3편의 논문이 제출되고, 그 3편이 어렵지 않게 채택이 되었다. 결과적으로 특별호 총 9편의 논문 가운데 6편은 초빙 에디터가 저자로 되어 있는 기이한 일이 일어났다. 그 특집호는 조사위원회의 평가 대상이 되어, 에디터 이름으로 "이들 3편의 논문은 무효다."라는 취지의 공고가 실렸다. 저널의 명성이 일시적으로 추락했을 뿐만 아니라, 이 불행한 사태로 인해 초빙 에디터의 연구자로서의 명예도 손상되고 말았다.

7) 각 섹션의 구체적인 예

논문의 주요 부분은 일반적으로 서론, 방법, 결과, 논의의 4부로 되어 있다고 기술했다. 여기에다 논문 제목, 초록, 사사, 때로는 결론이 추가된다. 여기에서 국제학술전문지에 제출하는 논문의 경우 각 부분에 주의해야 할 점에 대해서 구체적인 예를 들어 가면서 기술해 본다.

논문 제목

말할 것도 없이 논문 제목은 그 저널의 목차에 기재되는 것이고, 그 논문을 대표하게 되므로 가장 중요하다고 하겠다. 논문의 내용과 결과를 한눈에 알아볼 수 있는 제목이 이상적이다. 그러나 무(zero)로부터 생각해 내는 것은 아니고, 사용된 키워드는 이미 있는 것이기 때문에 그렇게 긴장할 필요는 없다. *English for Writing Research Papers*를 집필한 A. Wallwork 씨에 의하면, 좋은 논문의 제목은 다음 조건을 만족하는 것이라고 규정하고 있다.

- In correct English in terms of syntax, vocabulary, and spelling
  문법, 어휘, 철자에 오류가 없을 것
- Understandable
  이해하기 쉬울 것
- Eye-catching and dynamic
  눈길을 끌고 생동감이 넘칠 것
- Sufficiently and appropriately specific
  충분하고 적절한 독특함을 지닐 것
- Reflects the contents of your paper
  논문 내용을 반영할 것

논문의 제목은 논문 내용을 잘 나타내고, 동시에 간결한 것이 매력적이다. 그래서 관련 독자의 주의를 환기하는 것이다. 예를 들어 보자.

A study of the solar constant by using recent optical measurements

위의 문장보다는 먼저 평범하고 지루한 단어인 'A study of'를 삭제하는 것이 좋다.

The solar constant by using recent optical measurements

학위논문이라면 '○○에 관한 연구'라는 의미에서 'A study of'도 좋다고 생각하지만.

논문 제목이 4~5단어 이상으로 되어 있다면 그들을 연결하는 전치사가 필요하다. A. Wallwork 씨는 *English for Writing Research Papers*에서 흥미로운 표를 나열하였다. 일부를 인용해 본다. 각 행에 처음 언급한 것은 별로 추천할 만하지 않은 어색한 제목이다. '→' 행은 알기 쉬운 제목으로 수정한 것이다.

Depression measuring inventory
   → An inventory for measuring depression
Vertical flux of ocean particles
   → Vertical flux of particles in the ocean
Fast computing machines equations of state calculations
   → Equation of state calculations by fast computing machines
Cancer causes: cancer avoidable risks quantitative estimates
   → The causes of cancer: quantitative estimates of avoidable risks
     of cancer

매력적인 제목은 그 논문의 내용, 특징을 간결하게 나타내고, 그래서 논문 전체의 품위를 높인다. 때로는 의문문 형식의 타이틀도 좋다. 그 의문에 대한 저자의 답이 바로 논문이 된다.

초록

초록 혹은 요약은 문자 그대로 그 논문의 하이라이트이며, 총정리이다. 보통 제목 바로 다음에 온다. 독자는 초록을 재빨리 읽고 "이 논문은 무엇에 대해서 쓰고 있는가?", "자신의 관심을 끄는가?", "자리를 잡고 전체를 읽을 만한 가치가 있는가?"를 판단한다. 에디터는 초록을 읽고 논문의 개략을 파악하고, 이 논문이 이 저널에 적합한지 여부를 결정한다. 또한 레퍼리를 결정하는 데 참고한다. 이러한 중요한 역할을 담당하는 것이 초록이므로, 저자로서 여러분에게 요구하는 것은 초록은 짧은 문장으로 명확하게 작성되어야 한다는 것이다.

초록에 포함되어야 할 사항은 본 연구의 목적, 방법, 결과, 의미 등이다. 한마디로 본 논문의 하이라이트를 읽기 쉬운 문장으로 쓰는 것이다. 필자의 경험으로 개정하는 횟수가 가장 많은 것이 이 초록이다. 집필이 모두 끝난 단계에서 자신의 초록의 질을 자가 평가하는 방법으로, 다음과 같은 것을 검토해 보기를 추천한다.

Have I followed the journal's instructions to authors?
저널의 '저자에 대한 지시사항'을 준수했는가?

Have I covered the relevant points, such as
다음의 모든 사항을 포함시켰는가?

Background
배경

Research problems, Aim
연구의 문제, 목적

Methods

방법

Results

결과

Implications of the results

본 연구의 의미

또한 저널에 따라 논문의 형태가 정확히 정해져 있어, 4항목에 대해서 담담하게 기입해 가는 스타일도 있다. 최근의 논문(Usoskin et al., 2013)을 예제로 제시한다.

Abstract

Aims: Miyake et al. (2012, *Nature*, henceforth M12) recently reported based on ^{14}C data, an extreme cosmic event in about AD775. Using a simple method, M12 claimed that the event was too strong to be caused by a solar flare within the standard theory. This implied a new paradigm of either an impossibly strong solar flare or a very strong cosmic ray event of unknown origin that occurred around AD775. However, as we show, the strength of the event was significantly overestimated by M12. Several subsequent works have attempted to find a possible exotic source for such an event, including a giant cometary impact upon the sun or a gamma-ray burst, but they are all based on incorrect estimate by M12 ⋯

Methods: We verified the experimental result for the AD775 cosmic ray event using independent datasets including ^{10}Be series and newly measured ^{14}C annual dat ···

Results: We show that (1) The reality of the AD775 event is confirmed by new measurement of ^{14}C in German oak, (2) by using an inappropriate carbon cycle method, M12 strongly overestimated the event's strength, and (3) the revised magnitude of the event is consistent with different independent datasets ···

Conclusions: The results point to the likely solar origin of the event, which is now identified as the greatest solar event on a multimillennial time scale, placing a strong observational constraint on the theory of explosive energy release on the Sun and cool stars.

이와 같은 초록의 형식(format)이 정해져 있는 저널은 수는 적지만, 기본적으로 여기에 지정되어 있는 내용이 초록이 된다.

서론

서론은 한마디로 연구의 배경을 기술하는 섹션이다. 그 논문에서 다루는 문제를 어떠한 관점에서 추구했는지를 설득력 있게 서술할 필요가 있다.

서론의 첫 문장은 누구라도 인정하는 잘 알려져 있는 사항에 대한 설명이 적합하다. 독자의 귀에 거슬리지 않게 몰입할 수 있도록 하는 것이 목적이다. 교과서적인 기술이라 해도 좋을지 모른다. 계속해서 지금까지의 접근방식에는 어떤 문제가 있었는가, 어떠한 주요 문제가 해결되지 않았는가? 등의 해설로 나아간다. 서론의 마지막은 'In this paper, we···'로서 이 논문에서 취급할 새로운 방법, 그리고 결과의 간추린 큰 줄거리를 각각 한 문장 정도로 쓴다면, 다음 장과의 연결이 쉬워진다.

서론은 독자를 논문의 주요 부분으로 유도하는 중요한 부분이다. 즉, 본문에서 취급할 문제에 대해서 설명하고, 동일한 문제에 도전했던 과거 논문의 개략적인 예를 제시한다. 그리고 과거 논문의 어디가 잘못되었는지를 객관적으로 기술하고, 자신의 논문에서는 어디를 어떻게 개량했는가를 간단히 기술한다. 당연히 이 서론에는 일부 과거의 논문을 인용하게 된다. 그때 전 세계의 연구에서 공평하게 인용해야지 그렇지 않으면 레퍼리로부터 다음과 같은 코멘트가 날아올 것이다.

The authors do not seem to be aware of the state of the art. They have too many references from their own country. The literature review is not international enough.

현 저자는 이 연구의 테마의 최전선에 서 있는가? 달리 표현하면 자기 나라의 논문을 너무 많이 인용하고 있어, 문헌 인용이 국제적이지 못하다.

또한 과거의 연구에서 이룰 수 없었던 이러한 과제가 본 연구에서는 어떻게 해결되었는지에 대해서는, 뒤에 '논의' 섹션에서 엄격히 자기평가를 실시하게 된다. 책임이 막중하다.

그럼 서론의 구조에 관한 좋은 예를 구체적으로 들어보자. 서론에는 다음과 같은 항목이 포함되어야 한다.

Background and Definition of the problems
여기서 취급하는 문제의 배경, 문제의 정의

Existing problems along with existing literature

현존하는 문제점과 논문

The purpose of the present study

본 연구의 목적

Main results

주요 결과

간단히 이들의 관계를 설명하면 먼저 이 논문에서 다루는 미해결 문제에 대해서 설명하고, 가능하면 그 문제가 어디에서 나온 것인지를 포함해서, 저자가 그 문제를 파악하는 방법을 설명한다. 이 경우 문제는 하나라도 좋고 2개 이상이라도 괜찮다. 그들 문제가 현재 어떠한 상황에 처해 있는지를 해설하자. 그때 참고가 되는 문헌도 인용하자.

그런데 이러한 문제를 해결하기 위해 본 연구에서는 어떠한 방법을 채용하는가를 기술한다. 여기는 다음의 '방법'에서 쓰는 것과 비슷할지도 모르지만, 여기에서는 새로운 방법의 배경에 있는 사고방식에 중점을 두어야 한다. 이렇게 해서 이 문제에 새로운 생각을 갖고 임하여, 결과가 나온 것으로 극히 간단하게 정리해서 한두 문장으로 간략하게 기술한다.

방법

방법은 다른 섹션에 비해서 비교적 수월해서 간단한 것이 아닌가 하고 생각하기 쉽다. 자신이 행한 연구방법(실험 및 데이터 해석, 혹은 이론적인 전개)을 가능한 한 정확히, 다른 사람도 반복할 수 있도록 정중하게 기재하는 것이 포인트이다. 시제는 과거형으로 하는 것이 자연스럽다.

예 : A detailed description of the experiment we conducted to measure X is given below: First, we ⋯

실제 논문에 반드시 방법이라는 타이틀을 사용할 필요는 없다. 예를 들어, 실험 과정(Experimental procedure), 방법, 자료(Methods and Materials) 등 자신의 논문에 제일 적합한 것을 택하면 된다. 섹션 이름으로 어떤 것을 택하든 여기에서는 독자가 나중에 동일한 연구를 행할 때, 결과를 재현할 수 있을 정도로 상세히 쓸 필요가 있다. 레퍼리로부터 다음과 같은 주의를 받지 않으면 된다.

The procedure used in this paper is by no means obvious. The methods are incomplete.

실험 및 데이터 해석의 방법과 순서, 조건을 흐름도를 이용해서 설명하면 알기 쉽다.

결과

결과 섹션에서는 밝혀낸 결과를 도표를 이용해서 나타낸다. 이는 논문 작성 과정 중에서 최대의 고비이다. 밝혀진 결과의 논의와 고찰적 기술은 다음 섹션으로 돌린다. 그러나 전문지에 따라서는 결과라는 별도의 섹션 없이, 결과 및 논의[Results and Discussion, Discussion은 복수(Discussions)로 쓰면 안 됨]라는 섹션을 권장하는 경우도 있다. 여기서는 결과를 논의, 고찰과는 별개의 섹션으로 한다는 가정하에 이야기를 진행한다.
　결과에 100% 자신이 없어도, 결코 다음처럼 에둘러 애매하게 써서는 안 된다.

It can be considered that X might relate to Y.

간결하게 다음처럼 써도 된다.

Our data show that X relates to Y.

일본인 특유의 고상하면서 완만한 표현을 쓰고 싶다면, 아래와 같이 쓸 수 있다.

It is highly probable that X relates to Y.

일각을 다투는 과학논문에서 일본인 특유의 겸손은 결코 미덕이 아니며, 독자로부터 "저자는 도대체 무엇을 말하고 싶은가?"라는 인상을 주게 된다.

이 결과와 다음 논의는 논문의 가장 중요한 섹션이다. 결과로는 일반적으로 연구에서 얻은 결과를, 대표적인 그림 및 표를 보여주면서 설명한다. 서론 및 방법 섹션에서 이미 본 연구의 특징과 문제점을 기술했으므로 결과에서는 상세한 설명은 필요 없다. 특히 이번에 처음 밝혀졌다면, 특별히 기술해야 할 사항들을 목록화하는 것이 중요하다. 보여줄그림의 순서에도 주의를 기울이고, 발견된 사항이 가장 효율적으로 독자에게 전달되도록 해야 한다.

새로 발견된 것을 항목별로 써 두는 것도 좋다. 그때 문장은 '사실을 기술하는 것'을 모토(motto)로, 사람의 감정이나 해석이 들어가지 않도록 유의해야 한다.

Figure 3 shows the mass spectra obtained from the two experiments. It is clear that …

A total of 108 samples shown in Table 1 were averaged to see a general trend of …: see Figures 5-8. It is seen that …

서론에서 기술했던 예상과 다른 결과가 일부에서 나타나는 경우도 정직하게 기술하는 것이 중요하다. 예를 들면 가정이 틀렸다든지, 실험 계획이 이상했다든지 따위는 이 논문이 끝나고 나서 새로운 연구 테마가 거기에서 시작될지도 모르기 때문이다.

논의

논의는 레퍼리도 독자도 가장 힘을 쏟고 읽는 섹션이다. 여기서 본 연구의 의의, 발견 결과의 중요성, 오차, 이전의 유사한 연구와의 비교, 그리고 응용, 금후의 발전성이 논의되는 것이다. 저자는 기다렸다는 듯 전 신경을 집중시켜 완벽한 논의를 전개할 필요가 있다.

다음에 열거하는 것은 최소한 논의에 포함되어야 할 사항이다.

- 서론 및 방법에서 열거한 문제, 의문을 어떻게 실행했는가?
- 본 연구에서 나온 결과와 이전 연구와의 비교
- 자신이 발견한 것에 대한 이론적인 해석
- 본 연구의 문제점과 한계
- 다음 연구단계로 고려해야 할 사항 및 응용

각각에 소제목(subtitle)을 붙이면 읽기 쉬워진다.

문제를 파악하는 방법에 대해서 기술한 서론과 이 논의의 장은, 가장 확실하게 연구자로서 여러분의 개성을 발휘할 수 있는 항목이다. 서론에서 기술한 문제에 대해서 자신이 행한 연구가 어느 정도 해결되었는가에 대한 자기평가를 논의하는 것이다. 다른 사람에 의한 이제까지의 연구결과와 비교해서 어떻게 개선되었는지에 추가해서, 새로운 적용조건 등 금후로 남겨진 사항이 있으면 설명을 하고 금후의 과제로써의 시사점도 여기에 기술할 수 있다.

어쨌든 간에 과학논문을 쓸 때 가장 어려운, 따라서 가장 신경을 쓰는 논의 섹션에는 다음의 모든 질문에 대답할 필요가 있다.

1. 사용한 데이터는 서론에서 기술한 문제점을 확실하게 뒷받침하고 있는가? 타협을 했던 곳은 어딘가?
2. 본 연구에서 발견된 것과 다른 사람이 찾아낸 것을 효율적으로 비교하면서 논의를 진행하고 있는가?
3. 발견한 것에 대한 해석을 기술하고 있는가, 그리고 모순은 없는가?
4. 다른 해석의 가능성에 대해서도 언급하고 있는가?
5. 본 연구의 한계는 무엇인가? 다른 요소가 본 연구의 발견에 영향을 미칠 가능성은 없는가? 여기에서 발견한 것을 무효로 할 수 있는 요소 전부를 나열했는가?
6. 본 연구에서 자신의 해석은 이 연구에서 취급한 문제의 새로운 이해에 어느 정도 공헌하고 있는가? 자신의 발견은 어떻게 하면 다른 분야에 응용되며 또한 일반화되겠는가?
7. 문제점을 해결하는 데 가까운 장래에 어떠한 연구가 필요한가?

논의는 이 논문이 얼마나 뛰어난지를 '자랑'하면서, 장래의 발전 전망과 함께 고려되는 한계를 정리해 준다. 독자에게 흥미가 있는 것은 응용 및 발전성이다.

결론

결론이란 짧은 섹션은 반드시 없으면 안 된다는 것은 아니다. 저자로서 마지막으로 연구자 및 학계에 말하고 싶은 것을 1~2문단으로 마무리해서 쓰는 것이다. 초록 및 서론과는 유사하지만 다르다는 점에 주의해야 한다. 그러나 초록과 결론에는 약간의 중복이 있는 것은 피할 수 없는 일이다.

뭐라고 하더라도 본 연구에서 얻은 결과의 정리(단 매우 짧게)로 시작해서 그 중요성, 학계에 미치는 영향 그리고 금후의 문제점을 지적하면서 마무리한다.

사사

여기에서는 연구 및 논문 준비단계에서 신세를 졌던 다음과 같은 사람들에게 감사의 뜻을 표한다.

- 연구보조
  계산 프로그램의 작성 및 실험의 설계
- 논의, 해석
  중요한 참고문헌을 가르쳐 주거나 데이터를 달리 해석하는 방법을 알려준 사람이나 중요한 실수를 지적해 준 레퍼리(역자 주 : 저자는 레퍼리의 이름을 모르기 때문에 다음과 같이 감사를 표하기도 한다. "The

comments from the two referees are gratefully acknowledged.")

또한 연구수행에 있어서

- 연구비의 제공
- 데이터의 제공

사사에는 개인 및 그룹, 조직에 대해서 무엇에 대해서 감사하고 싶은지를 확실히 알 수 있게 쓴다. 가장 일반적인 예문을 몇 개 열거한다. A~E는 인명, 기관 이름이 X~Z에 대해 감사하는 예이다.

We would like to thank A for valuable discussions throughout the preparation of this research.

We acknowledge B for his useful advice on X.

Thanks are due to C for his preliminary experiments about Y.

The authors are indebted to E for Z.

The authors thank D for her continuous encouragement and useful comments on an early version of the manuscript.

This work was performed under the support of E.

'무언가에 대해서 감사하는가'(보통, for 뒤에 옴)에 대해서, 잘 쓰는 표현 은 다음과 같다.

critically reading an early version of the manuscript

useful discussions, valuable discussions

allowing us to use his data

her careful assistance in computations

논문을 구성하고 있는 제목, 섹션의 특징과 그 표준이 되는 작성법을 기술했지만 전체적으로 부드럽게 읽힐 것, 즉 영어의 톤(tone)이 매끄러운 것이 중요하다. 이것은 앞으로 여러 번 실시할 교정단계의 과제이기도 하다.

영어논문 작성법

1. 영어로 쓴다는 것
2. 일본인이 틀리기 쉬운 영어
3. 영어로 교신

과학논문은 일본학회지라도 대부분 영어로 쓰지 않으면 안 된다. 하물며 국제적으로 권위 있는 유명 학술지는 전부 영문지이다.

좋은 연구성과는 전 세계에 가능한 한 빨리 알려지기를 원하기 때문에 "나는 영어를 싫어하기 때문에……" 따위의 약한 마음을 먹으면, 결국 손해 보는 것은 자신이다. 논리가 명쾌하고, 간결한 그리고 정확한 영어를 쓰려면 어떠한 점에 유의해야 하는가? 본 장에서는 과학논문 영어의 특징, 일본인이 잘 틀리는 영어 표현뿐만 아니라 에디터, 레퍼리와의 교신방법에 대해서 공부해 보자.

1. 영어로 쓴다는 것

1) 영어로 논문을 쓰는 것은 손해인가

"과학에는 국경이 없다." 이것은 이 평화로운 세계에서 들으면 당연한 말이지만, 프랑스의 세균학자 루이 파스퇴르가 한 유명한 말이다. 인종의 벽을 초월해서 서로 협력하는 것이 진정한 과학자이다. 또한 국적의 벽을 초월해서 공정하게 경쟁하는 것도 과학의 세계이다. 사실은 파스퇴르의 이 말은 "그러나 과학자에게는 조국이 있다."라고 이어진다. 간결한 한 문장이지만 자신의 연구경험을 바탕으로 한 의미 깊은 메시지가 담겨 있는 의미심장한 말이다.

과학에는 국경이 없지만, 현실의 과학자에게는 국경이 있다. 협력에도 경쟁에도 공통의 언어가 필요하다. 이것이 영어이다. "일본인은 영어로 논문을 쓰지 않으면 '영어권의 사람'에게 이해시킬 수 없기 때문에, 영어 공부를 해야만 한다. 그만큼 시간적으로 손해를 보는 것이 된다."는 말을 자주 듣는다. 분명히 구두발표도 논문도 영어로 하지 않으면 안 된다. 그렇지만 실제로 그런 푸념을 한가롭게 말하고 있을 틈이 없다. 인생은 한정되어 있고, '손해를 보고 있는 것'은 일본인뿐만이 아니다. 오히려 영어라는 것은 논리적인 언어이기 때문에, 논문을 쓰는 데 적합하다라고 긍정적으로 해석하자. 역으로 일본어로 논문을 쓰면, "저자가 무엇을 주장하려고 하는지 그 의도가 명확히 전달되지 않을 수 있다." 즉, 저자의 의도가 100% 통하지 않을지도 모른다.

어쨌든 간에 논문을 영어로 쓴다는 것으로 인해 독특한 문제가 발생하는 것이 현실이다. 본 장에서는 연구논문을 영어로 발표하기 위해서, 특히 일본인으로서 알아두어야 하는 사항에 대해서 기술해 보자. 일본인 연구자가 틀리기 쉬운 영어에 대해서, 책 말미의 부록 A에 정리해 두었기 때문에 꼭 참조하기 바란다. "과연……" 이라는 예문이 몇 번인가 나온다고 생각한다.

물론 영어에도 직설적이지 않은 방식으로 기술하는 경우도 있지만, 영어로 그렇게 표현하는 경우가 흔하지 않다는 점을 쉽게 알 수 있다. 예를 보자.

It seems likely that it is not inconceivable to suggest that the result of our experiment may indicate a possible finding or tendency of a probably new substance.

짜증이 난 서양인은 "당신은 도대체 무엇을 말하고 싶은가?" 하며 거북한 얼굴을 하게 되는 것이다.

10년 정도 전에 필자는 청소년을 위한 책 **오로라의 비밀**(偕成社)을 출간했다. 내용은 필자가 오로라 연구를 위해 미국에 건너가서 인공위성, 레이더, 대형 컴퓨터라는 새로운 연구기기를 사용해서, 외국인과 경쟁하면서 또한 협력하면서 목표에 간신히 도달했던 이야기였지만, 그 '후기'에 외국어 공부에 대해서, 필자의 경험을 바탕으로 평소 느끼고 있었던 것을 조금 썼다. 그 문장이 모 사립중학교의 입학시험 및 국어 모의시험에 채택되어 필자 자신도 깜짝 놀랐다. 여기에 조금 인용한다.

여러분 중에서는 영어를 말할 수 있는 사람은 머리가 좋다고 착각하는 사람은 없는가? 말은 인간과 인간이 의사를 소통하기 위한 도구에 지나지 않는다. 우리들은 우연히 일본에서 태어나 자랐기 때문에 일본어를 사용하고 있는 것이다.

외국어는 훈련에 의해서 숙달된다. 필자의 고등학교 동기생 중한 명은 50개국 언어를 말하고 쓸 수 있다. 게다가 그 사람의 전문분야는 어학이 아니다. 영어가 술술 되는 사람은 머리가 좋다고 생각하는 사회는 진정으로 국제화로부터 멀어진다고 생각한다.

필자가 여기에서 말하고 싶은 것 '영어가 술술'이라는 표현은 참으로경박한 표시 방법이라고 하는 것이다. 술술이라면 혀가 빨리 움직이는 것을 상상시킬 뿐, 그렇다면 영어 원어민(native)은 귀국자녀(외국서 생활하다 귀국한)의 상대가 되지 않을 것이다.

내용이 없으면 논문이 될 수 없다. 게다가 논문의 내용에는 창조성이없으면 안 된다. 가능하다면 지금까지의 패러다임에서 변화를 추구하고, 게다가 영어가 그 내용을 논리적으로 올바르게 전하는, 그러한 영어논문을 목표로 하고 있는 것이다.

최근에 영어논문을 1~3일에 걸쳐 고쳐주는 회사가 많이 생겼다. 1쪽에 수천 엔(비싸다)으로 인터넷을 통해서 영어다운 표현으로 교정해 준

(눌-눌)

좋은 논문은 좋은 과학과
좋은 영어로부터

다. 그러나 원래 원고의 논리가 모호한 경우라면, 고치는 쪽도 곤란해진다. '저자는 아마 이런 것을 말하고 싶었을 것'이라고 제멋대로 상상하고 고쳐 버린다. 제일 좋은 것은 영어 원어민인 유사한 분야의 연구자 혹은 동료가 가까이 있어서, 각 부분에 대해서 그 이유를 듣고 난 후 고쳐서 최종적으로 원고를 작성하는 것이 최선이다.

2) 논문원고의 3원칙 ACO

Accurate(정확성), Concise(간결성), Objective(객관성), 즉 ACO이다. 이것은 저널이 저자에게 요구하는 것으로, 제출하는 논문이 만족해야 할 조건의 3요소이다. 올바른 연구는 재현가능, 즉 객관적이지 않으면 안 된다. 그 연구결과를 정확하고, 간결하게 기술하는 것이 좋은 논문이다. 언뜻 보기에 이 원칙은 당연해서, "무엇을 이제 와서? 누가 부정확하게 쓰겠는가?"라고 느낄지 모르지만, 이 세 가지 원칙을 만족하는 것과 게다가 영어로 해야 한다는 것은 그리 간단한 일이 아니다. 실제로 채택되어 출판된 논문에도 이들 원칙이 만족되지 않은 것들도 다수 발견된다.

정확성

연구결과를 올바르게 쓰는 것은 틀림없이 '말하기는 쉬워도 행하기는 어려운 것'이다. 그 어려움은 어떤 언어이든 정확하게 쓰는 일반적인 어려움과 더불어 영어로 쓰기 때문에 생기는 어려움이 첨가된다. 전자는 일본어로 프레젠테이션하거나, 일본어로 논문을 쓸 때 공통으로 적용된다. 명사의 단어 하나하나는 그 단어가 나타내는 독특한 의미가 있고, 동사에 대해서도 한정적 의미가 있기 때문에 그 단어의 의미를 정확하게 이해할 필요가 있다. 명사, 동사뿐만 아니라 단어의 정확한 의미를 이해하지 않

논문의 3원칙

으면 정확한 문장을 쓸 수 없다.

간결성

하나 하나의 문장은 길면 길수록 오해를 불러일으키기 싶다. 간결한 문장이 환영받는 것은 이 때문이다. 불필요한 단어를 사용했기 때문에 문장 전체가 오해받기 쉽게 되는 경우가 자주 있다.

객관성

객관적의 반대말은 주관적이다. 논문 특히 과학분야의 영어논문은 주관적이 되어서는 안 된다. 결론을 스스로 너무 칭찬해서도 안 된다. 해석상에 조건이나 한계가 있다면 그것을 정확하게 기술할 필요가 있다.

3) 과학논문의 영어란

무엇에 사용하는 영어라도 영어는 영어에 불과하다라고 말하지만, 논문에 사용하는 영어는 일반 읽을거리 영어에 비해서 미묘한 특징이 있다. 오노(小野義正) 씨의 명저 포인트로 배운다. 과학영어의 효과적인 작성법(丸

善出版)'에 의하면, 과학기술 영어논문(Technical Writing in English)에는 문체상의 특징이 있다고 말한다. 예를 들면서, 그 특징을 차례로 열거해 본다.

(1) 논리가 명쾌하고 직접적인 표현을 사용한다

Set at a high temperature.

이 문장은 나쁜 예이다. 왜냐하면 단지 'high temperature'라 해도, 읽는 사람에 따라 파악하는 방법이 크게 다르기 때문이다. 예를 들어 유기 화학자는 200℃, 저온 물리학자는 −100℃를 가정하기 때문이다. 정확하게 표기하는 것이 좋다.

Set at 300℃.

또한 주어는 물건(사람이 아님)이 중심이 되는 문장으로 전개되는 것이 과학영어이다.

We need the socket for the delay.

위 문장보다는 아래 문장이 낫다.

The delay requires the socket.

동일한 예를 더 들어 보자.

The graph shows that ….

Equation (2.1) implies that ….

Results of measurements suggest that ….

가급적 사람이 개입되지 않도록 하는 것이 과학영어이다.

마찬가지로 최근 출판된 모리무라(森村久美子) 씨의 저서 '使える理系英語の教科書(東京大学出版會)'로부터 기술적 글쓰기(technical writing)의 특징을 고려해 보자. 우선 그 특징을 문학적 표현과 비교하는 좋은 예를 인용하였다. 지진의 강도를 표현하는 문학적 표현은,

The ground shook so hard that I could barely move in the house.

여기에 대해서

The earthquake was 7.0 on the Richter scale, class 5, and the epicenter was 50 km off the coast at a depth of 30 km.

위 문장은 기술적 글쓰기로 기술한 것이다. 양자 모두 그 지진이 얼마나 강력했는가를 나타내는 방법으로는 타당하지만 표현방법, 강조점이 다르다.

모리무라 씨는 기술적 글쓰기의 특징으로 다음 사항을 열거하였다.

1. 표현이 평이하고 명쾌할 것
    예 : Increasing the temperature by 10 degrees doubled the reaction rate in the experiment.
2. 간단 명료할 것
    예 : From the data we can tell that ….

→ The data show that ….

3. 표현은 구체적으로 할 것

예 : The nuclear reactor became very hot.

→ The temperature of the nuclear reactor reached 300℃.

책 말미의 부록 A에 일본인이 틀리기 쉬운 영어를 여러 가지 패턴으로 분류해서 나열해 두었으니 참조하기 바란다.

(2) 오만한 투로 작성하면 안 된다

표현은 간단 명료하고, 구체적이라고 하는 것은, 예컨대 연구결과의 해석을 단정적으로 말해 버리면, 나중에 손해를 보는 경우도 있다. 또 다른 가능성을 완전히 부정해 버리면 나중에 곤란한 경우가 발생할 수 있다는 것이다. 게다가 그 '글 쓰는 태도'로 인하여 저자가 매우 오만하게 말한다는 인상을 주어 버리면, 더욱더 손해를 보는 곤란을 당한다. 영어 표현에서 이 문제를 피할 수도 있으며, 또한 자신의 해석상의 문제점을 열거하는 것으로 품위 있는 인상을 논문 전체에 주는 경우도 있다. 이와 같은 작성법은 헤징(hedging, 애매한 발언)이라 하고 단순히 겸손함과는 다르다. 여러분이 다른 의견도 받아들이는 넓은 마음을 갖고 있다는 것은 보여줌으로써 오히려 높은 신뢰를 받을 수 있다.

어려운 점은 헤징이 지나쳐서 "이 저자는 도대체 무엇을 말하고 싶은가를 전혀 모르겠다."라는 말이 나오지 않도록 주의해야 한다. 구체적인 예를 보자. 예는 A. Wallwork 저 "ENGLISH for Writing Research Papers"에서 인용했다. 실험이나 관측으로 중요한 발견을 했을 경우 논문의 논의 섹션에는,

Our results prove that dogs are more intelligent than cats.

보다

At least in terms of our sample, dogs appeared to be more intelligent than cats.

라는 문장이 멋질 뿐만 아니라 연구결과로서 보다 정확하다. 결정적으로 강력한 표현을 쓰고 싶을 때는 장래에 자신의 목을 졸라 버리는 일이 없도록 세심한 주의를 기울여야 한다. 강한 동사 'prove, demonstrate, give, support' 앞에는 'would appear to'를 부치거나, 동사 자체를 'suggest, imply, indicate' 등 약한 톤(tone)으로 교환하라.

또한 이와 같은 일종의 '톤 다운(tone down)'은 적절한 부사를 사용해도 가능하다. 예를 들어 보자.

Our data fit perfectly with those of Kamide[2010].

보다

Our data fit quite well with those of Kamide[2010].

문장이 좋게 들린다. 마찬가지로 'reasonably, sufficiently, adequately, satisfactorily, suitably, appropriately' 등이 같은 역할을 한다. 또한 'To be best of our knowledge'라든가 'As far as we know'라고 한마디를 첨부하는 것이다. 말이 나온 김에 'quite'를 '전혀'라고 번역하지만, 'quite well'은 '꽤 좋은', 즉 좋은 것 이상으로 좋다고 생각하는 사람은 없는

가? 이때 'quite'는 오히려 부정적인 부사로 이해해야 한다.

He is quite right.

이 문장은 "그는 정확히 맞다."가 아니고 "그는 그저 그런대로 맞다." 정도이다. 또한 단호한 필적도 주의가 필요하다.

No data exist in the earlier publication.
This is the first time in the world that such a result has been established.

등은 아래와 같은 문구를 추가하는 것이 좋다.

To be best of our knowledge, …
As far as we know, …

(3) 코멘트논문 작성법

출판된 논문이 전부 잘못되었거나 혹은 부분적이지만 중대한 오류가 포함되어 있다고 생각될 때, 코멘트논문(Comment 혹은 Commentary)을 발표할 수 있다. 해석에는 다양성이 있음에 불구하고, 그 저자는 하나의 해석에만 집착하고 있는 것 같을 때, 다른 해석도 가능하다는 것을 지적하는 것도 중요하다. 혹은 출판된 논문에 사용된 방법이 그 데이터에는 적용될 수 없다고 생각될 때, 그 모순점을 저자에게 문의해 보는 것도 중요하다. 어쨌든 출판된 논문에 질문이 있고, 그 질문은 당사자 간의 것이 아니고, 동일한 학문을 하는 다른 사람들도 아는 것이 좋은 '일반성'이 있을 때, 코멘트를 출판하는 것이 가장 적절한 수단이다.

이와 같은 코멘트를 출판할 권리는 누구에게나 주어져 있다. 보통 코멘트논문은 저자의 응답에 대응해서 출판되지만, 저자가 이를 무시하는 결정을 내리는 경우, 단독으로 출판된다. 다음에 필자 자신이 쓴 코멘트논문의 시작 부분 2개(예 1과 예 2)와 생물학에서의 예(예 3)를 제시한다. 전체의 톤은 논문의 논의 부분과 비슷하지만, '논의' 상대는 한 사람(혹은 한 그룹)뿐이므로 작성하는 측으로서는 비교적 편하다. 문제점에 집중해서 쓸 수가 있기 때문이다.

예 1 : Nishida and Kamide (1996)

Using data from the vector electric field instrument on the DE 2 satellite, Shue and Weimer (1994) conducted a detailed statistical study, obtained global maps of ionospheric convection. According to them, the most new and exciting results are the distinct differences in the potential distribution between DP1 and DP2 conditions. This paper has been increasingly been cited by many researchers in the field. Although nearly 1.5 years have been passed after their publication, we felt it necessary to point out that their DP1 differs from what the original definition indicated, which is potentially misleading.

지구자기장 변동의 전구적인 분포에는 패턴이 다른 두 종류가 있고, DP1, DP2로 명명되어 왔다. 그런데 Shue and Weimer(1994)에 따르면 이번 통계적인 연구에는 DP1과 DP2를 정의하는 방법이 오리지널 논문의 정의와 달라 오해를 초래하였다. 따라서 위성관측 전기장 분포에 관한 결론이 어느 정도 신뢰할 수 있는지 불명확하다. 다른 연구자들이 이 논문의 결과를 사용해서 다른 물리량의 분류 등을 실시해서, 새로운 결과를 얻고 있기 때문에 출판 후 이미 1년 반이나 지났지만, 이 논문의 결과로 촉발된 제3차적인 연구가 증가하고 있는 것을 고려하여, 여기에서 다시 한번 이들 전류계의 정의로 되돌아가 DP1, DP2 전류계를 정리해 둘 필요가 있다.

예 2 : Akasofu and Kamide (2005)

Tsurutani et al. (2003) use empirical results of the interplanetary magnetic field strength of magnetic clouds versus velocities for the solar flare that Carrington (1859) observed on 1 September 1859. It was concluded that a magnetic cloud associated with the flare must have caused the most intense storms in history, with a *Dst* decrease of about -1750 nT, which they claim is consistent with the Colaba, India, magnetic decrease of -1600 nT. The purpose of this commentary is to point out that there are several reasons to believe that this value of *Dst* is unrealistic.

Tsurutani 외(2003)는 행성간공간 내의 자기구름의 자기장 세기와 태양풍 속도에 관한 경험식을, 1859년의 이른바 캐링턴 태양 플레어에 응용했다. 이 플레어는 역사적으로 가장 강력한 자기폭풍을 만들어, 인도의 코라바 관측소에서 기록된 1600nT의 자기장 감소를 설명하고 있다. 그러나 본 코멘트는 이와 같은 대규모의 자기장 감소는 비현실적이며, 무언가 에러가 포함된 것이라는 점을 논의했다.

예 3 : Pérez-Claros and Aledo (2006)

A recent paper in *PLoS Biology* (Millien, 2006) deals with the contention of whether the rates of morphological evolution are accelerated on island relative to the mainland. Because of the scarcity of empirical data, the long-held supposition that insular mammals can evolve faster remains debatable …. The main conclusion of Millien (2006) may not be fully supported by the data when they are critically analysed.

진화론의 실험실이라고 불리는 갈라파고스 제도와 같은 폐쇄된 섬에서 포유동물의 진화속도가 빠르다고 알려져 왔다. 그 경향을 데이터를 이용해서 뒷받침하는 Millien의 연구에 대한 코멘트이다. 저자가 사용한 데이터는 결론을 통계적으로 지지하지 않는다는 점을 지적한다.

이상 3편의 코멘트에 대해서 3편의 회신을 첨부하여 출판되었다. 여기에서 그 회신은 굳이 소개하지 않지만, 어느 쪽도 "예, 틀렸다."라는 단순한 답은 없다. 제3자가 읽고 유의한 논의가 전개되었다. 논문 전체에 대한 것이 아니라 초점을 맞춘 논의이므로, 제3자가 읽어도 매우 흥미를 느낀다. 많은 경우 건설적인 논의가 이루어지지만, 때로는 '평행선'으로 시종일관하는 Comment-Reply 경우도 있다. 속 시원히 "졌다.", "주의력이 부족했다."라고 인정하면 저자는 원래 논문을 정정하는 공고(Errata)를 다음 호에 게재해야 한다. 한편 코멘트가 제출되었다는 것을 에디터로부터 통고받았음에도 불구하고, 전혀 회신을 하지 않는 논의가 서툰 한심한 저자도 있다.

2. 일본인이 틀리기 쉬운 영어

1) 올바르게 쓰는 것은 오직 26%뿐

미국인 Mark Petersen이 쓴 베스트 셀러 '日本人の英語'(岩波書店)에 따르면 "일본의 과학 수준은 세계 일류이지만, 그 성과를 세계에 발표할 의무를 지닌 일본인 과학자들의 영어는 지난 수십 년간, 진보의 흔적이 전혀 보이지 않는다."라고 혹평하였다.

She boarded the subway in Shibuya.

위의 올바른 영어를

　　그녀는 지하철을 시부야에서 탔다.(彼女は地下鉄を渋谷に乗りました。)

라고 일본어로 번역하고 있는 정도라고 한다. 일본인은 이 일본어를 보고 즉시 이상하다고 느낄 것이지만(역자 주 : 표준 일본어로는 "彼女は、渋谷で地下鉄に乗りました。"이다. 우리말의 경우도 "그녀는 시부야에서 지하철을 탔다."라고 하는 편이 "그녀는 지하철을 시부야에서 탔다."보다는 더 자연스럽다.) 우리들이 쓰고 있는 영어가 미국인에게 이 수준이라는 것이다. 영문 학술전문지에 출판된 최근 일본인 논문의 시작 부분의 문장(시작 부분의 한 문장만!)의 영어가 정확했다는 것은 불과 26%밖에 없었다고 한다.

　　이러한 영어를 읽는 미국인의 심경은 매우 복잡해서,

I did not know whether to laugh or to cry.

인 심정일 것이다. "물론, 아니야."라고 포기할 것인가, "도와주세요."라고 외치는 것을 의미하는지 필자는 잘 모르겠다.

The Nobel Prize, which I received this year, was a great honor.
노벨상을 금년에 수상한 것은 매우 명예로운 것이다.

위 문장과 쉼표 없이

The Nobel Prize which I received this year was a great honor.
노벨상을 이전에도 받았지만, 이전 것은 차치하고, 올해는 매우 기쁘다.

위 문장의 의미 차이 등에 관한 올바른 이해는, 일본인에게는 꽤 큰 노력을 필요로 한다. 그러나 노력하지 않으면 안 된다. 연구의 성과를 제대로 전해야 하기 때문이다.

2) 영어 원어민에게 고쳐 달라고 하면 좋은 논문이 될까

여러분 중에는 논문의 초고를 미국인이나 영국인에게 검토 받았기 때문에 괜찮다고 생각하는 사람은 없는가? 미국인은 모두 정확하고 좋은 문장을 쓴다고 생각한다면 그것은 크나큰 실수이다. 논문의 전문적인 내용을 제대로 이해하고 있지 않으면, 아무리 영어를 모국어로 하는 사람이라도 관사 및 관계대명사를 잘못 사용하며, 이상한 동사를 사용하기도 한다. 단순히 일시적인 아르바이트 때문에 일본의 영어회화학원에서 어설픈 영어를 가르치고 있는 외국인이 있다는 것을 알고 있는가?

필자가 미국 저널의 에디터로 근무하던 기간에 합계 5명의 외국인 보조원을 고용했다. 영자신문에 편집인 조수의 모집광고를 내고, 응모한 사람 중에서 3명을 면접을 위해 선발하고, 최종적으로 한 명을 채용했다.

저널이 바뀌거나 필자 자신의 근무처의 이동 등으로 인해 합계 5명의 도움을 받게 되었다.

서류전형 단계에서 발견한 것은 올바른 영어를 쓸 수 있는 영어 원어민(英語人, English native speaker)이 매우 적다는 것이었다. 모집할 때 전원에게 응모 동기와 과학논문에 대해서 각 1쪽씩 영어로 써 달라고 했는데, 고작 그것조차 정확하게 쓰지 못하는 원어민이 매우 많았다는 것을 알았다.

에디터로서 레퍼리와 저자 사이에서 복수의 레퍼리가 주장하는 점을 정리하고, 결단을 정확한 영어로 기술하는 것이 요구되는 바이다. 특히 게재를 거부하는 경우 저자의 마음을 헤아리면서 거절의 회신을 쓸 때 세심한 주의가 필요하다. "레퍼리가 이렇게 지적했기 때문에 이 논문은 게재할 수 없다."로는 게재거부의 이유가 되지 않는다. 에디터의 조수로서 응모해 온 사람들이 이 정도이기 때문에 정확한 영어를 쓰는 사람에게 영문 검토를 의뢰해야 한다.

3) 기계번역은 아직 아니다

그 정도로 일본인의 영어가 안 되기 때문에 충실하게 번역을 하면 좋은데…… 라고 생각하는 사람이 있는지 모르겠다. 그러나 필자의 경험으로 일본어에서 영어로의 충실한 번역은 처음부터 영어로 쓰는 것보다 어렵다. 개개 단어를 영어로 바꾸는 것은 그런대로 괜찮지만, 단어 하나하나를 사전에서 찾아 전체 문장을 번역할 정도라면 처음부터 영어로 쓰는 것이 훨씬 편하다. 주된 이유는 일본어와 영어는 어순, 구조 등이 전체적으로 다르기 때문이다.

독자 중에는 기계번역으로 출력한 영어 번역문 및 일본어 번역문을 '읽을 수 있는 문장', '의미가 통하는 문장'으로 바꾸는 데 매우 고생한 경험이 있는 사람이 많다고 생각한다. 시험 삼아 기계가 번역한 이 책의 문장을 살펴보자.

예 : 에디터로서 레퍼리와 저자 사이에서 복수의 레퍼리가 주장하는 점을 정리하고, 결단을 정확한 영어로 기술하는 것이 요구되는 바이다.

It summarizes the point as an editor, standing between the author and the referee, claiming the referees more than one, are discussed in correct English is a decision in not be required.

예 : 개개 단어를 영어로 바꾸는 것은 그런대로 괜찮지만, 단어 하나하나를 사전에서 찾아 전체 문장을 번역할 정도라면 처음부터 영어로 쓰는 것이 훨씬 편하다. 주된 이유는 일본어와 영어는 어순, 구조 등이 전체적으로 다르기 때문이다.

I still say if English translation of individual words, but if enough to pull the one word for word dictionary, to translate the whole sentence, those who write in English from the beginning is much easier. The main reason, Japanese and English, word order, and structures to totally different.

예 : 논문의 전문적인 내용을 제대로 이해하고 있지 않으면, 아무리 영어를 모국어로 하는 사람이라도 관사의 사용법이 틀리게 된다. 이상한 동사를 사용하기도 한다.

If you do not understand properly the contents of the paper, even in people whose native language is English how much, you mistake the use of the article. I will also use the verb or strange.

그러나 다음과 같이 매우 간단한 일본어라면 영어 번역도 올바른 것 같다.

예 : 나는 사과를 좋아한다(私はリンゴが好きです。)

I like apples.

그럼 실제 과학논문의 초록(DeMendonça et al., 2013)에 나오는 영어는 어떨까?

예 : 본 논문에서는 우주선(宇宙線)에 대한 대기압과 온도효과를 조사한다. 측정은 2006년 이래 아르헨티나의 산후안에서, 2차 우주선의 강도를 모니터하고 있다.

In this paper, the atmospheric pressure to a cosmic ray and the effect of temperature are investigated. Since 2006, measurement has been Argentina and is monitoring the intensity of a secondary cosmic ray.

다음은 출판된 실제 논문의 초록에서 뽑아낸 영문이다.

In this paper, we analyze atmospheric pressure and temperature effects on the records of the cosmic ray detector CARPET. This detector has monitored secondary cosmic ray intensity since 2006 at San Juan, Argentina.

기계가 번역한 것과 사람이 작성한 문장은 매우 비슷하며, 나중에 조금 더 실용화될 수 있는 단계까지 갈 수 있다고 할 수 있다. 아무래도 기계에 있어서 어려운 점은 부사와 동사의 미묘한 표현이다.

그렇다면 이 장의 첫 문장은 어떻게 되겠는가?

과학에는 국경이 없지만 현실의 과학자에게는 국경이 있다.
Although the border is not in science, a scientist has the border actually.

그저 그런대로 괜찮은 것 같아 보인다. 마지막으로 간단한 일본어를 하나 보자.

예 : 태양의 북극, 남극이 동시에 반전(反轉)하지 않는 것은 50년 이상 이전부터 잘 알려져 있다.

이 문장을 잘 번역할 수 있을까?

Not reversing the solar North Pole and the South Pole simultaneously is known well 50 years or more before.

조금 어색한 느낌이 있지만 의미가 통하고 있다. 이 영어 문장을 동일한 번역기를 사용하여 일본어로 고쳐 보자.

태양의 북극 및 남극을 동시에 반전하지 않는 것은 잘 50년 이상 이전에 알려져 있다.

이와 같이 번역되고, 대략적인 의미는 통하지만 역시 어색한 일본어인 것을 일본인은 눈치챘다. 이상을 정리하면 기계번역은 매우 간단한 문장

(예 : This is a pen.)을 제외하고는 아직 만족할 만한 수준에 도달하지 못했기 때문에 사용하지 않는 편이 좋다고 생각한다.

4) 일본인의 영어

일본인 영어의 특징에 대해서 연구하는 전문가에 의하면 일본인 영어의 특징은 다음과 같고, 이들 때문에 일본인 영어는 잘 통하지 않는다는 것이다. 필자가 '공감'하며 느끼는 주된 것으로, 특히 논문 작성에 중요한 것을 뽑아 본다. 각각에 필자 자신의 해석도 덧붙였다. 예를 들면 과학논문에 잘 나오는 information(정보) 및 evidence(증거)는 무심코, informations, evidences라고 해버린다. 필자가 이상하게 느낀 것은 mail(우편)이다. 결코 mails이 되지 않는다. 일본어에서는 "오늘 나는 5통의 우편물을 받았다."라고 말하지만 영어의 mail은 셀 수 있는 것이 아니기 때문이다. 그러나 더욱 이상한 것은 전자메일은 mails가 된다는 것이다.

　부록 A에는 '일본인이 걸핏하면 틀리는 그러면서 논문에 곧잘 사용되는 영어', '일본인이 빠지기 쉬운 함정'에 대해서 각각을 요약해 두었다.

● 보다 멋진 단어를 쓰고 싶어 한다.

동일한 의미라면 짧고 간결한 그러나 젠체하지 않는 단어를 사용해야 한다. commence보다는 start, endeavor보다는 try, sufficient보다는 enough, employ보다는 use, prior to보다는 before 단어를 쓴다. 덧붙여서 '젠체하는 말'이란 영어로 'pretentious words'이다.

● 수동태를 많이 사용한다.

일본인 영어에 잘 나타난다.

In this paper the problem of finding a sufficient condition for stability of a class of non-linear systems is considered.

보다

This paper considers the problem of finding a sufficient condition for stability of a class of non-linear systems.

위 문장이 분명해서 좋다. 그러나 영어에서 수동태를 절대로 사용해서는 안 된다는 것은 아니다. 실험 방법을 설명할 때와 같이 필요할 때는 수동태로 표현하기도 한다.

In our experiment a special temperature control system was employed to keep the temperature of the instrument constant.

- 문장이 길다.

한 문장이 30단어를 초과한다면 주의할 필요가 있다. 또한 40단어를 초과했다면 독자가 의미를 제대로 파악했는지 의심스럽다.

- 의미 없고 의례적인 표현이 많고 애매한 말이 많다.

일본인 집에 초대받은 외국인에게 "어서 오세요. 오늘은 아무것도 차린 것이 없지만 저녁을 많이 드세요."를 직역해서 영어로 말했을 경우, 그 외국인은 곤란해할 것이다. 먹을 것이 아무것도 없는데 도대체 무엇을 먹으란 말인가!

● 헤아려 줄 것을 기대하고 있다.

일본어로는 "짐작을 잘 못한다."라든가 "분위기를 읽을 수 있다."라는 말이 있다. 일본어에는 종종 주어가 생략되기도 하지만 이것을 그대로 영어로 번역하면 의미가 통하지 않는다.

책 말미의 부록 A에는 일본인이 틀리기 쉬운 영어의 예를 몇 가지 범주로 분류해서 나열해 두었으니 아무쪼록 참조하기 바란다.

5) 유익한 영어 표현

의미 있는 섹션의 제목이지만 사실은 역으로 '가급적 사용하지 않는 편이 좋은 표현'을 소개한다. 이와 같은 문서가 나돌고 있는 것을 필자가 알게 된 것은 지금으로부터 40년 전의 일이다. 당시 미국 정부의 연구기관에서 근무하고 있었는데 동료 연구자의 연구실 문에 테이프로 붙여 있던 한 쪽짜리 메모로 그것이 필자의 관심을 엄청 끌었기 때문에 동료가 그것을 복사해 주었다. 들리는 바에 의하면 원래 저자 미상으로 적어도 60년에 걸쳐 미국의 연구자들 사이에 복사본이 나돌고 있었다고 한다.

그 쪽지에는 'Useful Research Phrases'라는 제목이 붙여져 있었지만, 오해를 불러일으키는 과학자의 표현이므로 논문에 사용하지 않는 편이 좋다는 것이다. 위의 표현(역자 주 : 회색 글씨체)은 논문에서 자주 보는 글인데, 이들이 쓰여 있으면 그 진정한 의미는 아래와 같은 것이라는 것이다. 흡사 반 놀림의 농담이지만, 염려스러운 것은 이런 영어가 실제로 출판된 논문에 자주 눈에 띈다는 것이다.

이러한 문장이 있다면 그 진정한 의미는 바로 아래 언급한 내용이다.

It has long been known that ...

I haven't bothered to look up the reference.

(귀찮아서 그 논문을 읽지 않았다.)

It is generally thought that ...

A couple of other people think so, too.

(단 2, 3명이 그렇게 생각하고 있다.)

Of great theoretical importance ...

I find it interesting.

(나는 재미있다고 생각한다.)

Typical results are shown.

The best results are shown.

(최상의 결과를 보여준다.)

Three samples were chosen for further study.

The others didn't make sense, so we ignored them.

(3개 이외의 샘플은 좋지 않다.)

Correct within an order of magnitude.

Incorrect.

(정확하지 않다.)

Much additional work will be required.

This paper isn't very good, but neither is anyone else's.

(본 논문은 그다지 좋지 않지만 다른 논문도 비슷하다.)

A line of best fit was drawn using least-squares regression.

I drew it by hand.

(최적선을 손으로 그었다.)

A non-linear relationship was found.

I drew it by hand and I didn't use a ruler.

(선은 손으로 그었고, 자를 사용하지 않았다.)

The agreement with the predicted curve is excellent

Fair

(그저 그런 정도)

Good

Poor

(좋지 않다.)

Satisfactory

Doubtful

(의심스럽다.)

Fair

Imaginary

(가공의)

퇴고의 영어표현은
그레이 돈(gray zone)으로

These results will be reported at a later date.

I might possibly get around to this sometime.

(글쎄 언젠가는)

The most reliable values are those of Jones.

He was a student of mine.

(그는 나의 학생이었다.)

It is suggested that …

It is believed that …

It may be that …

I think

(나는 ~라고 생각한다.)

It is generally believed that …

A couple of other guys think so too.

(그리고 몇 사람도 그렇게 생각하고 있다.)

It is clear that much additional work will be required before a complete understanding …

I don't understand it

(적어도 나에게 이해가 되지 않는다.)

Correct within an order of magnitude

Wrong

(틀리다.)

3. 영어로 교신

1) 동료심사의 의미와 모범적인 프로세스

이전에도 기술했지만 'peer'는 동료라는 의미이다. 에디터에게 제출된 논문은 그대로 출판되지 않고 공식적으로 발표되기 전에 엄격한 심사를 받는다. 논문은 어떤 의미에서 '새로운 것'이기 때문에, 그것을 심사할 수 있는 사람은 제한된 전문가뿐이다. 이 과정을 **동료심사**(peer review)라고 한다.

동료심사를 하는 레퍼리는 연구 자체 및 논문원고를 평가하는 동시에 오류를 찾아내기도 하며, 논문 전체의 질을 향상시키는 것이 목적이다. 또한 모든 전문잡지에서 동료심사가 실시되고 있는가 하면 반드시 그렇지는 않다. 네이처 등의 최상급 저널은 동료심사에 회부하기 전에 편집위원회가 출판 가치가 낮다고 판단하면, 즉시 게재거부가 되어 심사에 회부되기 전에 원고는 기각되고 만다.

원고를 접수한 레퍼리는 저자와의 이해 관계 없이 완전히 독립적인 입장에서 심사를 행한다. 그리고 최종적으로 그 논문에 대해서 다음의 네 가지 중에서 선택해서 구체적인 평가를 내린다.

- Accept : 우수한 논문이므로 그대로 채택해도 좋다.
- Minor revision : 사소한 수정이 필요하지만, 제대로 수정된다면 채택해도 좋다.
- Major revision : 주요 부분에서 대폭적인 개정이 필요하고, 수정한 후 재심사를 위해 레퍼리에게 다시 보낸다. 수정 후에도 레퍼리가 만족하지 않으면 자동적으로 거부되는 경우도 있다.

- Reject : 채택되지 않고, 동일한 내용으로 재투고도 인정하지 않는다.

에디터는 복수의 레퍼리로부터의 의견을 참고하여, 원고를 채택할지 어떻지를 결정하게 된다. 에디터는 레퍼리의 의견을 전적으로 수용해야 할 의무는 없지만, 대부분의 경우 레퍼리의 평가가 모두 major revision이라 하면 게재거부로 귀결된다. 필자가 에디터 업무를 수행할 때는 레퍼리가 어떤 판정을 내리더라도, 제1라운드에서는 저자의 응답을 요구했다. 레퍼리 사이의 평가가 너무 차이가 나는 경우에는, 제3의 레퍼리를 선정하기도 하고, 또는 부편집인의 의견을 듣는 경우도 있다.

또한 논문내용은 우수하지만 저자가 선택한 학술지가 분야 측면에서 적합하지 않을 경우(구체적인 이름을 열거해서) 다른 저널에 투고하도록 권유할 수도 있다.

이제 저자에게 채택 여부에 대한 통지가 도착한다. 대부분의 경우 논문은 많으나 적으나 수정을 요청받게 되고, 저자는 제시된 코멘트 및 질문에 따라 원고를 개정해서 에디터에게 반송한다. 만약 수정이 충분하지 않은 경우, 그 논문은 재심사에 회부되어야 할 우려가 있기 때문에 제1차 개정을 신중히 해야만 한다.

논문이 채택되지 않는 경우 게재거부 결정을 통보한다. 채택되지 않는 경우, 이 시점에서 이 잡지로의 투고과정은 종료되고, 저자는 새로운 원고를 준비하여 채택 가능성이 있는 다른 잡지에 재투고하거나, 혹은 발표를 완전히 포기한다. 더욱이 재투고를 하는 경우 게재거부의 이유에 따라서는 도의적으로 허용되지 않는 경우가 있으니 충분히 주의를 기울여야 한다(p. 108, '논문이 채택되지 않는 네 가지 이유' 참조).

저자에 의해 수정이 충분히 되었다고 판단하면, 에디터는 저자에게 채택 혹은 수리(accept)되었음을 통고한다. 그 시점에서 해당 논문은 발표된 것과 동등한 가치를 지니며, 공식적인 업적에도 '인쇄 중(in press)'이라고 표기할 수 있다. 한편 수정이 불충분하다고 생각되면, 그 원고는 심사과정을 다시 밟게 된다.

심사의 엄격함은 전문지에 따라 크게 다르다. 사이언스 및 네이처 같은 최상급 저널은 매우 엄격한 기준을 마련하므로, 게재논문은 높은 품질을 유지하고 있다. 한편 *Astrophysical Journal* 등에서는 레퍼리는 명백한 오류나 불충분한 곳을 제외시키는 역할만 하는 것 같다. 이와 같은 심사기준의 차이점은 원고 채택률에 반영된다. 네이처는 접수된 논문의 5~10%만이 게재되는 반면 *Astrophysical Journal*은 70%를 출판한다.

여기에서 주의해야 할 것은 심사의 엄격함과 저널의 질은 대체로 관계가 있지만, 적어도 일대일이 되지는 않는다는 점이다. 상기 *Astrophysical Journal*은 심사는 비교적 '느슨'하지만, 천문학 분야의 최상급 저널로 평가받는다.

2) 에디터, 레퍼리와의 교신

레퍼리의 역할은 그 논문의 출판 가치에 대해서 에디터에게 의견을 제시하는 것이다. 결코 레퍼리가 채택 여부를 결정하는 것은 아니다. 레퍼리는 전문적 관점 및 결과 발표의 방법(논문 작성법)을 심사하여 에디터에게 진언하는 것이다. 그 진언을 받아들일 것인가 말 것인가는 에디터가 결정한다.

에디터로부터 레퍼리에게 '의뢰'하는 문서에는 대략 다음과 같은 문구가 적혀 있다.

Re. : "Importance of measuring local anomalies in electric fields ··· " by A and B

Please find herewith attached the above cited manuscript which has been submitted for publication in *Journal of* ···. I would appreciate if you could give me your opinion as to its suitability for our journal within four weeks upon receipt of this letter. A form for your review is available on Web pages.

I invite you to make comments for the author on a separate sheet and/or on the manuscript. Your name will not be communicated to the author without your specific consent. In case you wish to consult colleagues of your laboratory about this paper, I trust that the author's interest will be respected. If for any reason you are unable to review this paper within four weeks, please return it immediately to me with possibly a suggestion for another referee.

Thank you very much in advance for your candid advice, which is an essential ingredient in producing a journal of high standard.

Sincerely yours,
Editorial Executive

더 직설적으로 작성하기도 한다.

Dear Dr. Kamide:

Would you be willing and available to review "Importance of

measuring …" by A and B, submitted for possible publication in *Journal of* ….

The manuscript's abstract is:

〈초록〉

If you agree to review this manuscript, I would ask for your comments within 14 days from your acceptance.

To ACCEPT, click on the link below: …

If you are unable to review this manuscript at this time, I would appreciate any suggestions of other potential reviewers who would be qualified to examine this manuscript. (Via reply e-mail.)

To DECLINE, click on the link below: …

If you have any questions or need more information feel free to reply to this e-mail. Thank you for your consideration and support of *Journal of* ….

Sincerely,

Margaret Chao
Editor
Journal of ….

논문의 과학적인 내용과 논문 작성법에 대해서 레퍼리의 의견을 구해야 한다. 레퍼리는 각각 다음의 1~4, A~C 가운데 가장 부합하는 평가를 선택한다. 이 예는 미국 지구물리학연합의 저널 *Geophysical Research Letters* 에서 따온 것이다.

과학적 내용에 대해서

Which categories of the following most accurately describe the present manuscript?

다음 중 이 논문을 가장 잘 기술하는 카테고리는 어느 것인가?

1. The manuscript meets one or more of the following criteria.
   원고는 다음 조건을 하나 이상 만족하고 있다.

   Important as well as new scientific findings at the forefront of the discipline.
   해당 분야의 최전선에 위치하며, 중요하고 동시에 새로운 발견이다.

   Innovative research which has broad application.
   광범위한 응용이 고려되는 혁신적인 연구이다.

   Proposing a method that introduces new techniques with useful applications.
   유용한 응용이 예상되는 새로운 테크닉의 도입을 제안하고 있다.

2. The manuscript is potentially 1 above, but significant revision are required.
   원고는 상기 1과 동등한 가능성이 있지만, 그러기 위해서는 제법 대폭적 인 개정이 필요하다.

Some unclear or incomplete explanation.

불명료 혹은 불완전한 설명이 있다.

Possibly inadequate presentation of data.

데이터가 부적절하게 제시되어 있다.

A method where any applications are not obvious.

확실하게 응용하는 법을 명확하게 제시했다고는 할 수 없다.

3. The paper may eventually be publishable in the refereed literature but is unlikely to become a paper at present.

   심사가 있는 저널에서 최종적으로 채택될 가능성이 있지만, 현재의 원고로는 좀 어렵다.

A scientifically correct paper but not a significant advance in field.

학문적으로는 틀린 곳이 없지만 해당 분야에서 의미 있는 진전을 초래하지 않는다.

A solid paper with little immediate impact on the research: e.g., a routine application of astandard research technique or laboratory method with limited applications.

해당 연구분야에 즉각적인 영향을 거의 미치지 못할 거라고 확실하게 생각되는 논문, 즉 표준적인 방법의 통상적인 응용, 혹은 제한된 응용뿐인 실험 방법이다.

A good but basically incremental improvement to existing data sets or models.

훌륭하지만 그러나 기본적으로 현존하는 데이터나 모델에 극히 미미한 개선을 이룩한 데에 불과하다.

4. This paper is not publishable in this journal.

이 논문은 본 저널에 채택될 수 없다.

There are major scientific errors.

중대한 학문적인 오류가 있다.

Essentially the same material has been published elsewhere.

기본적으로 이것과 동일한 내용의 논문이 다른 곳에서 이미 출판되었다.

The technique is not useful.

언급된 테크닉은 유용하지 않다.

논문 작성법에 대해서

Category A. Manuscripts should meet ALL of the following

카테고리 A. 본 원고는 다음의 모두를 만족해야 한다.

Abstract is succinct (<150 words), accurate, and comprehensible even to a nonspecialist.

초록은 간결하고(150단어 이내), 기술은 정확해서, 그 분야의 전문가가 아닌 사람도 잘 이해할 수 있게 작성해야 한다.

Manuscript is generally well-written.

원고는 대체적으로 잘 쓰여져야 한다.

Figures and tables are understandable.

그림과 도표는 이해하기 쉬워야 한다.

English usage is adequate, with no typographical errors.

영어는 올바른 문장으로 써 있어야 하고, 오타도 전혀 없어야 한다.

Category B. Potentially a Category A manuscript with revision

카테고리 B. 적절히 개정되었다면 카테고리 A가 될 수 있다.

Manuscript is not well written, and not logically organized.

원고는 잘 쓰여 있지 않고, 논리적으로 구성되지 않은 부분이 있다.

Manuscript needs to be shortened.

원고를 더 짧게 줄일 필요가 있다.

English grammar, or spelling errors exist.

영어문법의 오류 혹은 철자의 오류가 있다.

Category C. The manuscript cannot readily be revised into Category A.

카테고리 C. 이 원고는 개정해도 바로 카테고리 A 수준에 도달할 수 없을 것이다.

The authors' ideas cannot be adequately presented.

저자의 아이디어가 적절하게 기술되지 않았다.

Organization of the manuscript makes it too difficult to review.

논문원고의 구성 방법이 읽기에 매우 어렵다.

English usage, and/or spelling errors require substantial copyediting before this manuscript can be reviewed adequately.

영어 작성법 및 철자 오류가 있어, 이 논문을 적절히 평가할 수 있으려면, 본격적인 원고 체크가 필요하다.

3) 심사기준

어떤 논문이 저널에 채택되려면 어떠한 점이 어떻게 평가되어야 하는 것일까? 국제저널은 어느 것이나 대체로 비슷한 심사기준으로 운영되고 있는 것 같다. 이하의 질문은 유럽의 어떤 저널에서 에디터가 레퍼리에게 요청하는 10가지 평가 항목이다.

1. 다루고 있는 주제는 이 저널에 적절한가?
2. 논문의 데이터와 아이디어가 새로운 것인가?
3. 국제적인 수준에 도달했는가?
4. 알기 쉽게 잘 쓰여져 있는가?
5. 본질적으로 중요한 결론에 도달했는가?
6. 논문의 길이는 적절한가?
7. 영어는 충분히 높은 수준에 있는가?
8. 논문의 제목과 초록은 이해되는가?
9. 과거 논문에 충분한 공적을 부여하고 있는가?
10. 그림의 크기와 데이터의 질은 적절한가?

뭐니뭐니 해도 가장 중요한 점은 2, 3, 5번 항목으로 이 연구는 새롭고, 본질적인 결론에 도달했고, 동시에 국제적인 수준에 도달했는지를 묻는 것이다. 그 외의 항목은 프레젠테이션의 방법, 논문의 길이, 영어의 정확성을 묻고 있다. 말하자면 주변적인 검사 항목인 것이다.

4) 저자, 편집장, 심사위원과 교신하는 예

최근에는 저자, 편집장(에디터), 심사위원(레퍼리) 사이의 모든 문서의 교환은 전자메일로 이루어진다. 그들 교신의 예를 들어 보자.

저자가 논문을 투고하는 경우

Dear Dr. Editor:

I am enclosing herewith a file containing the manuscript "Why do we measure cosmic rays?" by X.-Y. Lui and myself for possible publication in a coming issue of *the Journal of* ….

위의 예처럼 간단한 경우도 있지만 더 정중하게 써도 좋을 것이다. 이것을 첨부편지(cover letter)라고 한다. 앞으로 몇 달간 신세지게 될 에디터에게 투고논문의 개략을 알려주는 것이 목적이다. 논문의 내용에 대해서 조금 홍보해 둘 목적도 있다. 영어도 정중한 표현을 쓴다.

Dear Dr. Editor:

We are grateful if you would consider the enclosed manuscript entitled "Why do we measure cosmic rays?" by X.-Y. Lui and myself for possible publication in a coming issue of *the Journal of* ….

As you see, our findings result from new observations of cosmic rays on the top of Mt. Fuji, Japan, continuously for eleven years, reflecting the effects of the solar variability ….

편집장이 투고한 논문을 접수했을 때

Dear Dr. Sasaki:

This is to acknowledge the receipt of your paper entitled "Measurements of⋯." for possible publication in *the Journal of* ⋯.

I will let you know whether or not it is acceptable for publication in this journal, as soon as I hear from the referees.

Thank you for your interest in publishing your work in *the Journal of* ⋯.

Sincerely,

Editor

Chapter 6

레퍼리의 코멘트에 대한 구체적인 대처방법

1. 레퍼리는 건설적이이어야 한다
2. 레퍼리에 대한 응답

논문을 제출하고 가장 고생하는 것은 레퍼리 및 에디터와 영어로 교신하는 것이다. 특히 논문의 논의 및 결론을 기술한 '중요한' 곳에서 의견에 '미묘한' 차이가 있을 경우 망연자실하게 된다. 그러는 한편 자신이 언제 다른 논문에서 레퍼리의 입장이 될지도 모른다. 또한 논문 심사과정에는 여러 가지 측면에서 여러 가지 케이스가 기다리고 있어 여러분을 괴롭히게 될 것이다.

본 장에서는 자신이 레퍼리가 되면 어떠한 코멘트를 에디터 및 저자에게 보낼 것인가와 저자로서 레퍼리의 주문에 어떻게 대응할 것인지 양자의 입장에서 생각해 본다.

1. 레퍼리는 건설적이어야 한다

1) 여러 가지 경우

이 절에서는 레퍼리로부터의 코멘트나 에디터로부터의 주문에 어떻게 대응하는 것이 가장 좋은 방법인지에 대해서, 다양한 경우를 상정하면서 작전을 생각해 보자. 물론 여러 분야의 다양한 논문의 다양한 국면에서 레퍼리의 심사, 평가에 관한 모든 것을 여기에서 다룰 수는 없다. 그러나 국면이나 코멘트를 몇 가지로 분류하여 설명하기 때문에, 독자 여러분은 자신의 논문에 잘 적용시켜 보면 유용한 방책을 찾을 수 있을 것으로 기대한다. 여러 가지 경우라 말했지만 레퍼리가 에디터에게 평가문서를 보낼 때는 전문지에 따라 다소의 차이는 있겠지만, 대략적으로 다음과 같다.

1. 아주 작은 수정만으로 채택해도 좋다.
2. 어딘가에 작은 수정을 하면 채택해도 좋다. 개정본을 레퍼리에게 다시 회부할 필요가 없다.
3. 대규모의 수정이 필요하다.
4. 어떠한 수정을 해도 채택될 수 없다.

이 4개 가운데 하나를 추천한다.

0. 이대로 즉시 채택해도 좋다.

라는 최고 수준의 평가도 있지만, 실제 필자의 연구자로서의 일생을 통틀어 그와 같은 행운을 경험한 경우는 단 2회뿐이었다.

그러나 이러한 판정 (0)~(4)항목은 논문 전체에 대한 평가(overall evaluation)이고, 실제 논문의 세목 하나하나에 대한 코멘트는 다방면에 걸쳐 각각 다른 뉘앙스를 띠고 있기 때문에 여기서 통틀어 대책을 언급할 수 없다. 본 장에서는 몇 가지 실례를 들기 때문에 여러분은 자신의 논문이 처해 있는 입장을 이해해 가면서 독자적인 전술을 생각해 보기 바란다.

2) 자신이 레퍼리가 된다면

한편 논문을 쓴 적이 있는 연구자라면 누구나 레퍼리가 될 수 있다. 이것이 전문가끼리 상호 간에 심사하는 동료심사 정신 그 자체인 것이다.

저자로서 레퍼리로도 오랜 경험을 지닌 스웨덴 룬드대학교의 K. A. Nicholas 교수는 최근 레퍼리 초심자를 위해 미국 지구물리학연합의 뉴스레터 *EOS*에 '좋은 레퍼리 코멘트를 쓰는 간단한 가이드'(A Quick Guide to Writing a Solid Peer Review)를 썼다. 효율적으로 그래서 긍정적인 코멘트 작성 입문서라고도 할 수 있지만, 그중에서 몇 가지 중요한 포

파괴적인 레퍼리는 금지

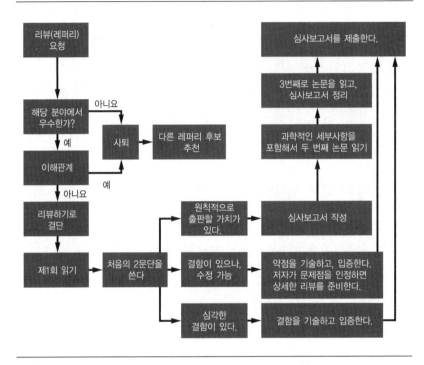

그림 6.1 에디터로부터의 의뢰를 시작으로 레퍼리가 코멘트를 발송하기까지의 전체 과정
(출처 : Nicholas, 2011)

인트를 뽑아 본다. '건설적인 비판', 이것이 레퍼리의 역할을 한마디로 표현하는 키워드이다. 먼저 에디터로부터의 의뢰를 시작으로 코멘트를 발송할 때까지의 전체 과정을 그림 6.1에 나타냈다.

(1) 자신은 레퍼리가 될 수 있는가

에디터로부터 심사 의뢰가 왔을 때, 자신은 이 논문을 편견 없이 공평하게 평가할 수 있는 실력이 있는지 마감일까지 코멘트를 작성할 수 있는지를 판단하자. 특히 여러분의 지식, 경험에 비추어 레퍼리를 할 자신이 없으면, 모처럼의 초대이지만 거절할 수밖에 없다. 또한 저자와 이해관계가 없는 것도 중요하다. 이해관계가 있는 때를 'conflict of interest'라고 한다.

(2) 원고를 읽고 코멘트를 작성한다

그 저널의 홈페이지를 방문하여 가이드라인을 읽어보자. 판단기준에 독특한 것이 있을지도 모른다.

- 첫 번째 읽기

먼저 원고를 대충 훑어보고, 기본적으로 출판할 만한 가치를 지녔는지를 판단한다. 특히 "이 논문은 어떤 문제를 해결하려고 하고 있는가?", "그 문제는 가치가 있는 중대한 문제인가?", "결론은 그 문제에 본질적인 해답을 제시했는가?"에 대한 대략적인 느낌을 얻을 수 있다. 다음에 모든 그림, 표를 주의 깊게 조사하고, 단위, 부호가 이해되는지, 도표가 결론을 지지하고 있는지를 판단한다. 영어가 정확하게 사용되고 있는지를 검토하지만 영문을 바르게 고치는 일은 레퍼리의 일이 아니다.

첫 번째 읽기에서 레퍼리 코멘트의 최초의 2문단을 작성한다. 거기에서는 이 연구의 요약 및 평가의 개요에 대한 것이다. 더 상세한 평가는 두 번째 읽은 후에 작성하자. 평가의 개요에는 저자가 설정한 문제가 충분히 흥미를 가질 수 있는 중요한 것인지를 언급한다. 데이터는 결론을 확실히 지지하고 있는지를 검토하고, 기본적으로 채택될 수 있는가 혹은 중대한 결함이 있는가를 판단한다. 후자의 경우 저자가 잘못된 가정에서 결론에 도달했거나, 잘 알려져 있는 과정을 무시하고 있는가 등을 고려한다. 어쨌든 간에 이 경우 저자의 결론에 문제가 있음을 명료하게 밝힐 필요가 있다. 특히 그 논문의 채택을 반대할 것을 권고하는 경우라면 그 이유를 명확하게 쓰지 않으면 안 된다.

- 두 번째 읽기
  이제 여러분의 심사보고서가 플러스 방향, 즉 출판을 진행시킬 의도이기 때문에 더 차분하게 읽을 필요가 있다. 처음부터 끝까지 주의 깊게 읽어야 한다. 특히 사용하고 있는 가정, 방법, 이론적 배경, 결론에 주의를 기울여야 한다. 읽으면서 논문의 좋은 점, 좋지 않은 점을 정리해 둔다. 코멘트하고 싶은 것을 명료하고 논리적으로 쓴다. 각각의 문제를 조목별로 작성하면 읽기 쉬워진다.

- 세 번째 빨리 읽기
  이것은 코멘트를 완성하기 위해서이다. 코멘트 초고의 전체 구성, 장(章)의 차례, 문장에 중점을 두면서 읽는다. 특히 논문의 논리적인 흐름을 중심으로 체크한다. 필요하다면 논문에서 문장을 인용해 가면서 알기 쉽게 설명한다. 마지막으로 여러분의 레퍼리 보고서가 간결하고 완벽한가를 확인하자.

(3) 심사 후

축하한다. 여러분의 역할은 일단 끝났다. 이제는 에디터의 결정을 기다릴 뿐이다. 여러분의 비판적인 코멘트에 저자가 강한 반론을 제기할지도 모른다. 타협은 허용되지 않는다. 그때 확실히 응답해야 한다. 또한 에디터는 여러분의 평가와 반대되는 결단을 내릴 수도 있지만, 그런 경우 분명히 그 이유를 들어야 한다.

(4) 연구자 데이터베이스

맨 처음에 여러분의 이름이 어떻게 레퍼리 후보자(potential referee)의 목록에 등재되었는가? 그것은 간단하다. 그것은 그 저널에 논문을 출판한 적이 있기 때문이다. 또는 그 저널에 논문을 내지 않아도 다른 경로를 경유해서, 이미 등재되어 있을지도 모른다. 물론 대학원생도 OK다. 이렇게 해서 여러분은 연구자로서의 책임의 일단을 담당하게 된다.

이제 아래에 표준적인 레퍼리 코멘트를 소개한다. 물론 레퍼리 코멘트는 레퍼리인 여러분 개인의 작품이므로 어떠한 형식이라도 문제가 없기 때문에 이하를 완전히 무시하고 개인적인 코멘트를 작성해도 아무런 문제가 없다.

일반적인 코멘트(general comments)와 섬세한 소위 기술적인 코멘트 (specific comments)로 나누어 쓰는 것이 보통이다. 단 이 예는 "이 논문이 채택되기 위해서는 미세한 점에서의 수정을 행하여야 한다."라는 것이 레퍼리로서의 결론이고, 출판 거부를 권고하는 경우는 중요한 코멘트만으로 충분하다.

예 :

Referee's comments on "Non-linear behavior of the P-P configuration… by A. Author and B. Writer

This paper examines…. The data are from…. The method the authors have used is novel, decreasing errors involved in such experiments considerably. I am ready to recommend publications of this paper in the… after they revise the manuscript taking into account the following comments.

우선 도입부로 이 논문은 무엇을 이용해서 무엇을 조사한 연구인가에 대해서 개요를 언급한다. 마지막으로 평가의 결론을 간단히 써보자.

General comments
본 연구, 본 논문 전체에 대한 감상, 평가

Specific comments
저자에게 세밀한 부분에 걸친 질문
의미를 잘 알 수 없는 점에 대한 질문
오타에 대한 지적

3) 레퍼리의 행동거지

수많은 국제저널에 방대한 수의 논문이 투고되고, 그 평가가 밤낮으로 이루어지고 있다. 평가의 기준 및 작성법에 대해서 각각의 저널에 특이한 점이 있지만, 공통점도 많을 것이다. 여기에서는 미국 생태학회 (Ecological Society of America, ESA)가 공개하고 있는 레퍼리 방법의 가이드라인을 좀 들여다보자.

가이드라인은 격조 높은 다음과 같은 훌륭한 문단으로 시작된다.

Quality peer reviews are essential for insuring the quality of scholarly journals. Your evaluation will play a major role in our decision as to whether to accept a manuscript for publication. We place a great deal of trust in you. We trust you to be prompt, fair, respectful of the rights of the authors, respectful of our obligations to the readership, and to evaluate the manuscript carefully and in depth. At the same time, on behalf of the ESA membership, we are very grateful for the time and effort you invest in the review process.

우선 논문원고의 기밀을 지키는 것에 대해서

본 원고는 다른 누구에게도 보여주어서는 안 된다. 만약 이 논문의 레퍼리로서 자신보다도 다른 누군가가 더 적당하다고 느끼는 경우라도, 편집부의 허락 없이 다른 쪽으로 원고를 넘겨 주어서는 안 된다.

그리고 아무리 자신이 알고 있는 사람으로, 이 논문의 레퍼리로서 적임자인 경우(그러므로 자신이 레퍼리를 사퇴하는 경우)에도, 에디터가 결정하는 것이 규칙이며, 개인적인 경로로 그 사람에게 연락을 취해서는 안 된다.

평가의 방침에 대해서

이 논문의 주된 장점, 약점, 본 저널에서의 출판 여부를 결정하고, 코멘트는 일반적인 코멘트와 기술적인 코멘트로 나누어서 기재하기 바란다. 일반적인 코멘트는 다음 항목에 대해서 의견을 피력하기 바란다.

Importance and interest to this journal's readers
본 저널의 독자에 대한 중요성과 관심의 정도

Scientific soundness
과학적인 타당성

Originality
독창성

Degree to which conclusions are supported
결론을 얼마나 뒷받침하는가

Organization and clarity
논문의 구성과 명료함

Cohesiveness of argument
논의가 바람직한 상태로 정리됨(일관성)

Length relative to information content
내용에 상응하는 논문의 길이

Conciseness and writing style
간결함과 집필 스타일

또한 기술적인 코멘트는 일반적인 코멘트를 세밀한 각도에서 보충하는 것으로, 다음과 같은 항목에 대해서 레퍼리에게 평가를 부탁한다.

1. **Presentation** : Does the paper tell a cohesive story? Is a tightly reasoned argument evident throughout the paper? Where does the paper wander from this argument? Do the title, abstract, keywords, introduction, and conclusions accurately and consistently reflect the major point(s) of the paper? Is the writing concise, easy to follow, interesting?
   논문 작성법에 대하여 : 이 논문은 모순 없이 논리에 근거하고 있는가? 논문 전체에 걸쳐서 확실한 이유에 근거한 논의인가? 논문은 어디쯤에서 이 논의로부터 옆길로 벗어났는가? 논문 제목, 초록, 키워드, 서론, 결론은 모두 본 논문의 주요한 포인트를 정확하고 모순 없이 반영하고 있는가? 이 논문은 간략하고, 알기 쉽고, 흥미 있게 작성되었는가?

2. **Length** : What portions of the paper should be expanded, condensed, combined and deleted? (Please don't advise an overall shortening by X%. Be specific!)

   논문의 길이 : 이 논문은 어느 부분을 더 확대, 축소, 결합 혹은 삭제해야 하는가? (전체를 몇 %로 축소하라는 식이 아니고, 각각의 부분에 대해서 보다 구체적일 것을 요구함)

3. **Methods** : Are they appropriate, current, and described clearly enough that the work could be repeated by someone else?

   방법 : 연구방법은 적절한가? 최신의 것인가? 충분하고 명료하게 서술 되었는가? 다른 누구라도 동일한 방법으로 재현이 가능한가?

4. **Data presentation** : When results are stated in the text of the paper, can you easily verify them by examining tables and figures? Are any of the results counterintuitive? Are all tables and figures necessary, clearly labeled, well planned, and readily interpretable?

   데이터 표시법 : 논문의 본문에서 결과를 기술할 때 여러분은 게재된 표 및 그림으로 그 결과를 간단하게 확인하는 것이 가능한가? 결과가 어느 경우에도 직관적이지 않는 것은 없는가? 도표는 모두 필요한가? 알기 쉬 운 설명이 붙어 있으며 잘 준비되고, 즉각 해석될 수 있는가?

5. **Statistical design and analyses** : Are they appropriate and

correct? Can the reader readily discern which measurements or observations are independent of which other measurements or observations? Are replicates correctly identified? Are significance statements justified? For further advice, consult our Guidelines for Statistical Analysis and Data Presentation.

통계적인 디자인과 해석 : 통계적 수법 및 결과는 적절하고 정확한가? 독자는 어느 측정 혹은 관측이 다른 측정 및 관측과 독립적이라는 사실을 간단하게 확인할 수 있는가? 재현성이 제대로 기술되어 있는가? 주요한 결론은 정확한가? 추가적인 조언이 필요하다면 '통계 해석과 데이터 표시에 대한 가이드라인'를 참조하라.

6. **Errors** : Point out any errors in technique, fact, calculation, interpretation, or style. (For style we follow the "CBE Style Manual, Fifth Edition," and the ASTM Standard E380-93, "Standard Practice for Use of the International System of Units." -An abbreviated version may be downloaded from the ASTM website.)

오류 : 기술적인 면, 사실관계, 계산, 해석, 표기법에 관한 오류를 모두 지적하라. 표기법에 관해서 본 저널은 'Council of Biology Editors' (CBE) 스타일 매뉴얼 제5판, ASTM(American Society for Testing and Materials) 표준 E380-93, SI 단위계를 준수하고 있다.

7. **Citations** : Are all (and only) pertinent references cited? Are they provided for all assertions of fact not supported by the data in this paper?

문헌의 인용 : 모든 관련 참고문헌이 본문에서 인용되고 있는가? 본 논

문 내의 데이터로 증명되지 않는 모든 사항에 관련된 주장들에 대한 문헌이 제시되었는가?

8. **Overlap** : Does this paper report data or conclusions already published or in press? If so, please provide details.

   중복 : 이 논문은 이미 다른 저널 등에서 출판된(혹은 채택되어 인쇄 중) 데이터나 결론을 보고하고 있는가? 그렇다면 그들을 상세히 기술하라.

마지막으로 공평성에 관한 주의와 중요한 메시지로 마무리한다.

만약 이 논문에 크고 작은 결함이 있다고 생각하는 경우 논문 속의 과학에 대한 결함의 이유를 기술하되 결코 저자를 비판해서는 안 된다. 레퍼리 코멘트에서 저자를 헐뜯는 등의 끔찍한 말을 사용했다면, 여러분은 레퍼리로서 객관성을 의심받고, 과학에 관한 비판도 받아들여지지 않게 된다. 여러분이 저자에게 보내는 코멘트는 다음과 같음을 알려준다.

(1) 논문 전체를 주의 깊게 읽었다.
(2) 비판은 객관적이고 정확하게, 단순한 해석의 차이에 의한 것이 아니라 저자가 논문을 개선하는 것을 도와주는 것이라 믿게 한다.
(3) 자신은 본 논문에 전문가로서의 공평한 의견을 기술할 자격이 있다.

만약 여러분이 저자로부터 존중과 감사를 받지 못한다면 필연적으로 여러분의 노력은 헛된 것이 되어 버리고 말 것이다.

4) 연구제안서의 심사방법

논문과 비슷하면서도 다른 것이 연구제안서, 일반적으로 연구제안서 (Proposal)라고 하는 것이다.

연구에는 돈이 필요하다. 특히 대형 공동연구에는 막대한 예산이 필요하기 때문에 연구제안서를 미리 합당한 기관에 제출하고 평가를 받는다. 공동연구의 경우 복수 연구기관이 관여하기 때문에 그 체크는 더욱 힘들 수 있다. 일본에서는 문부과학성과 일본학술진흥회의 과학연구비 보조금, 각 부처에서의 연구비가 여기에 해당된다.

연구제안서의 주요 목적은 예산을 확보하는 것이지만, 각자가 소속된 연구기관에서 체재를 구축하기 위한 중요한 단계이다. 예를 들면, 새로운 연구 제안은 젊은 연구자를 고용하거나, 역으로 해고하는 경우 직접적 영향을 줄 수 있으므로 이 연구 시작 전에 경쟁이 극심해진다.

연구제안서에는 모든 공동연구자의 학력, 직업경력을 비롯하여 연구의 방법, 예상되는 결과까지 적혀 있어서 완전한 기밀서류로 취급된다. 미국과학재단(National Science Foundation, NSF)의 경우, 제1단계의 심사에는 논문의 레퍼리와 같이, 동업자(동일 분야 연구자) 5명이 심사에 배당된다. 동업자 간에는 경쟁이 일어나기 쉬우며, 아이디어의 도용 등, 미묘한 문제가 일어나지 않는 것도 아니다.

연구제안서는 논문을 5편에서 10편 쓰는 정도의 에너지를 소모한다는 말을 자주 듣는다. 연구제안서 제출 마감일이 다가오면 연구실 주위에 신경과민 증상이 나타나고, 분위기가 팽팽해진다. 연구제안서의 심사는 논문심사와 완전히 다르다. 가장 큰 차이점은 논문은 연구의 성과를 기술하는 데 비해서, 연구제안서는 지금부터 할 연구에 대해서 언급하는 것이다. 또한 논문은 테마가 그 저널에 부합하고 내용이 어떤 수준 이상이면 채택되지만, 연구제안서의 경우는 경쟁자가 많기 때문에 그만큼 다른 전략이 필요하다.

예를 들면 NSF에서는 직원이 수년에 한 번 정도 주요 연구대학을 직접 방문하고 연구, 평가, 연구비 배분, 연구성과 발표의 경향 및 문제점에 대해 조사를 한다. 최근 두 가지의 요인으로 인하여 연구 협력이 가속화되었다. 첫째는 전자메일의 발달로 의사소통이 용이해졌다는 것과, 둘째로 여행의 간편화로 인해 연구회 및 학회에 참석할 기회가 많아졌기 때문이다. 연구 협력면에서 생명과학과 그 외의 분야(물리학, 화학, 수학, 공학 등), 또는 컴퓨터 사이언스의 발달로 학제 간의 연구가 증가하고 있다는 것을 들 수 있다.

조금 걱정스러운 양상으로 지금 젊은 연구자들은 경력에 관심이 많고, 연구의 실용화에 관심이 깊어지는 한편, 중요한 과학적인 문제에 대한 흥미가 엷어졌다고 NSF의 평가자문위원회가 지적하고 있다. 즉, 보다 상업적인 활동에는 관심이 많은 반면 과학에 몰두하는 모습은 점점 볼 수 없게 된다고 우려하고 있다.

연구자들은 저널을 전통적으로 성과발표의 장으로 생각하고 있으며, 동료심사가 계속해서 학술연구의 핵심적인 부분이 되고 있으며, 테뉴어(tenure, 종신 신분보장) 획득 및 승진 시 결정적인 요소가 되고 있다. 국제성에 대해서는 미국에서 관찰한 경우, 주요 유럽 국가, 중국 및 일본 그리고 발전하고 있는 아시아 국가에서의 연구능력이 크게 높아지고 있다고 생각한다. 일반적으로 영국, 프랑스 및 독일은 미국의 수준과 동등한 것으로 생각되며, 일본에 대해서는 종종 높게 평가되고 있지만 큰 진보가 있었다고 말하기 어렵다는 측면이 있다. 중국은 우수한 연구성과를 증대시키고 있고, 인도는 중국에는 뒤떨어지지만 동일 수준의 발전이 있다고 볼 수 있다. 그러나 아직 두 국가 모두 세계의 주요국과 경쟁적인 관계에 이르렀다고까지는 간주되지는 않는 것 같다. 싱가포르, 한국, 대만도역시 과학적인 출력(output)을 증대시키고 있다고 인식되고, 미국은 다른어느 국가보다 질 높은 연구성과를 산출하고 있지만 다른 나라와의 차이는 줄어드는 것 같다.

지금 필자의 책상 위에 방금 NSF에서 의뢰받은 연구제안서 한 부가 도착했다. NSF의 홈페이지에도 설명이 있지만, 레퍼리에 대해서 어떻게 평가해야 할지, 상세하게 설명되어 있기 때문에 허락을 받아 일부 인용하면서 설명한다. 우선 연구제안서에는 다음 다섯 가지 사항이 적혀 있지 않으면 안 된다. 레퍼리는 이들에 대한 답을 이해하지 않으면 안 된다.

1. 이 연구제안자는 무엇을 하고 싶은가?
2. 무슨 목적으로 그 연구를 하고 싶은가?
3. 어떻게 해서 그 연구를 실시하는가?
4. 그 연구가 성공했다는 것을 어떻게 해서 알 수 있는가?
5. 성공했다면 어떤 좋은 점을 기대할 수 있는가?

또한 평가는 '해당 분야의 지적 장점', 더 넓게 '사회에 미치는 영향'이라는 두 가지 관점에서 다음과 같은 다섯 요소에 대해서 상세한 평가를 요구하고 있다.

a. 기대되는 성과의 크기
b. 제안된 연구는 얼마나 독창적인가?
c. 얼마나 필요성이 높고, 얼마나 정확한 근거를 가지고 있는가?

d. 연구팀은 제안된 연구를 수행할 능력이 있는가?

e. 제안된 연구를 수행할 수 있는 설비를 가지고 있는가?

이렇게 보면 연구제안서를 작성하는 쪽도 논문 5~10편을 쓰는 에너지가 필요하지만, 심사하는 레퍼리도 많은 시간과 노력이 요구되는 일이라는 것을 알 수 있을 것이다.

2. 레퍼리에 대한 응답

1) 레퍼리에 감사하는 마음

먼저 레퍼리의 결론(recommendation)이 여러분의 논문 출판에 긍정적이든 부정적이든 레퍼리가 몇 시간, 며칠을 사용해서 무보수로 논문을 정중하게 읽어주고 평가해 준 것에 대해서 진심으로 감사해야 한다. 비록 결론이 게재거부를 추천하는 것이라도, 그 이유를 상세하게 설명해 주는 익명의 레퍼리에게 예의를 표하자. 레퍼리로부터의 코멘트에 대해서 단지 텍스트를 수정하는 것으로 끝나는 것이 아니라, 지적된 하나하나의 사항에 대해서 제대로 대답하는 것이 중요하다. 즉, 저자로서 모든 코멘트를 어떻게 받아들이는가, 어떻게 텍스트 혹은 도표를 수정했는지에 대해서 정중하게 대답하는 것이 중요하다.

> We thank referee 1 for making time available to this paper. We appreciate very much for his/her pointing out a few potentially serious errors on the new figures we added.

그러나 레퍼리는 신이 아닌 인간이다. 착각과 실수도 한다. 그렇다고 해서 다음과 같이 레퍼리를 욕하는 투의 답변을 작성해서는 안 된다. 향후 사태를 복잡하게 할 뿐이다.

> I think that many, if not all, of the points this referee raised appear to result from his/her limited knowledge of basics of magnetohydrodynamics. Also, he/she should realize that rejecting someone's research project categorically is a seriously insulting matter.

물론 레퍼리도 저자에 대해서 다음과 같이 인격을 부정하는 것 같은 투로 쓰는 것은 절대로 해서는 안 된다.

> It seems likely that this author does not know the basic level of plasma physics. It was a great surprise to me.

> Many of the problems the referee 2 has asked seem to result from his/her poor or limited understanding of polar aurora at an elementary level. I wonder if this referee 2 has the right to make serious recommendation on our paper.

> This is the first time I have seen that a physicist has essentially no knowledge about the Balmer series of hydrogen atoms. I am surprised.

레퍼리가 써 주는 코멘트는 '도저히 받아들이기 어려운' 것이라는 느낌이 들 때가 종종 있다. 그러나 반대로 저자로서 몰랐던 논문의 결점을 다른 입장에서 지적해 주는 경우도 많이 있다. 레퍼리의 역할은 그 논문의 질을 높여 주는 것이며, 결코 트집을 잡아 가치를 떨어뜨리기 위함이 아니다. 레퍼리와의 상호교신에 의해 그 논문이 깔끔하게 다듬어지는 것이야말로 동료심사의 진정한 목적이다. 저자는 어디까지나 저자이고, 레퍼리는 저자가 아니기 때문에 최종적으로는 개정판을 준비하는 것은 저자의 책임이다.

레퍼리의 코멘트를 전부 받아들이지 않으면 안 된다는 규칙이 있는 것은 결코 아니다. 레퍼리가 잘못되었다고 확신하는 경우는 그 취지를 정확하고 논리적으로 쓰고 경우에 따라서는 레퍼리 교체를 신청하는 것도 필요하다. 또한 에디터로부터 '게재거부'가 결정되는 경우, 단호히 포기하는 용기도 필요하다.

이제 저자는 레퍼리의 코멘트에 대해서, 회신이라고 하는 답신을 쓰지 않으면 안 된다. 코멘트에는 어떻게 대처했고, 텍스트와 도표를 어떻게 수정했는가를 기술하는 것이다. 전형적으로 회신은 다음과 같이 구성된다.

레퍼리에 대한 감사
전체적으로 어떻게 대처했는지에 대한 설명
레퍼리 코멘트를 그대로 반복해 기술하고
어떻게 대처했는지를 설명
　　〈마지막 2항목은 코멘트 하나하나에 대해서 정중하게 설명할 것〉

물론 레퍼리의 말을 모두 다 따를 필요는 없다. 레퍼리가 착각하고 있다고 생각되면 분명히 그렇게 대답하자. 그러나 그때 어디까지나 고압적인 글투를 사용하지 않는 것이 좋다. 오히려 레퍼리를 오해하게끔 쓴 자신의 탓이라고 대답해야 한다. 또한 다른 매개변수(parameter)를 사용하여 재계산을 요구하는 경우, 그와 같은 재계산을 해도 결론이 전혀 변하지 않는다는 것을 입증할 수 없는 경우, 요구대로 계산을 다시 하는 것이 온당한 대응이다. "재계산을 해도 동일한 결과가 나온다."라고 버티며 옥신각신하는 것보다 대부분의 경우 그렇게 하는 것이 결국 빨리 채택되는 길이라고 생각한다.

2) 여러 가지 국면

제6장(p. 212, '여러 가지 경우' 참조)에서 기술한 4개의 판정 가운데, (1)은 저자로는 문제가 없다. 문제는 (2)~(4)의 경우이다. (4)의 판정에도 혹시 레퍼리 쪽이 오해하고 있거나, 문제를 제대로 이해하지 못했거나 혹은 틀렸을 수도 있다. 여기서 쉽게 물러나서는 안 된다.

레퍼리가 복수, 예컨대 두 사람인 경우 각각 코멘트의 결론이 다른 경우가 흔히 있다. 실제 필자가 에디터로 재직할 때 다룬 논문 중에는 이와 같은 경우가 가장 많았던 것으로 생각된다. 절반 이상의 논문이 이 범주에 속했다. 이와 같은 경우 어느 쪽의 주장이 올바른가를 납득이 갈 때까지 잘 검토하는 것이다.

먼저 식견이 있고 경험이 풍부한 두 명의 판단이 왜 둘로 나뉘는가 하면, 두 레퍼리의 착안점이 다르기 때문이다. 즉, 레퍼리 #1이 가장 잘하는 것과 레퍼리 #2가 주로 보는 점이 다르다는 것이다. 개개인은 만능이 아니기 때문에 어느 정도의 차이는 어쩔 수 없는 것이다.

또한 두 레퍼리가 함께 논문의 수락에 부정적인 경우에도, 결코 포기해서는 안 된다. 모든 코멘트를 확실하게 분석하고, 저자로서 주장할 것은 제대로 주장하지 않으면 안 된다. 재판장인 에디터가 이해할 수 있는 말로 논리를 세워 레퍼리가 오해하고 있다라고 생각하는 점이나 잘못된 점을 지적하는 것이다. 이 경우 레퍼리의 코멘트를 처음부터 끝까지 철저하게 검토하는 것이 당연히 필요하다. 열려 있는 길은 매우 험난하지만, '레퍼리는 훌륭한가'(p. 86 참조)를 기억하라.

다음에 구체적인 장면을 상정해서 어떤 코멘트에 잘 대처하는 방법을 생각해 보자. 예로 든 코멘트는 이 장의 성격상 아무튼 까다로운 것으로 온건한 코멘트와는 거리가 먼 글투이다.

This paper deals with how long electromagnetic waves can transmit through the layers of the ionosphere under severe solar disturbances. To address this long-standing and important question, the authors have conducted numerical simulations along with a realistic boundary condition, which results from the most recent observations of the electron density for various geomagnetic conditions. The paper is in general well written, but there seem to be a number of places where I have difficulties in understanding what the authors really mean.

(1) 논문 전체에 걸친 평가, 코멘트

Unfortunately, I cannot recommend publication of this manuscript in its present form. The authors seem to misunderstand the implications of many studies in the field published over the last several years. I strongly recommend that the authors do read the following critical reviews that cover virtually all unsolved issues, in which major unsolved problems and minor problems are listed separately.

이와 같이 심각한 경우에도 다음 예처럼 이유를 말하고 있다.

The problem which we have challenged in the present paper may be, to this referee, a minor issue in the field. We do think, however, that we have chosen one of the central and hot problems. Papers that have recently been published in this field include A, B, and C. In particular, the purpose of paper B is very similar to that of ours.

이 기술은 레퍼리보다도 오히려 에디터에게 "헤아려 주세요."라고 호소하는 형태로 되어 있다.

(2) 가정은 정확한가
레퍼리의 코멘트 예를 보자.

This paper seems to be of sound science, but there are a few crucial problems with the calculations that the authors conducted. That is, the assumptions the authors made are not realistic, but are simplified too much. I strongly encourage them to look into the results of recent satellite observations of the global aurora distribution and radar measurements of the ionospheric conductivities. In particular, the auroral luminosity the authors are using is smaller by a factor of, at least, five than what the newest observations indicate.

위 예와 같은 경우라면 최근의 결과를 보고 필요한 조치를 취하지 않으면 안 된다. 혹시 대규모 계산을 새로운 가정하에서 다시 할 필요가 있을지도 모른다. 레퍼리가 지적한 것이 올바른 것인지도 모른다. 그 경우 새로운 가정에 근거해서 계산을 다시 할 필요가 있다. 그러나 개별 데이터에는 극단적으로 큰 값과 작은 값이 포함되어 있어, 계산이 제대로 수렴하지 않을 수도 있다. 그와 같이 개정하는데 기간이 걸려서, 마감일에 맞추어 개정판(revised version)을 제출하지 못하는 경우, 일단 그 논문을 취하(withdraw)하고, 완성된 단계에서 다시 제출하는 것도 생각해 보아야 한다. 그래서 그 결과 결론이 달라질 가능성도 있다.

거기에 반해서 레퍼리가 지적하고 있는 것이 언뜻 보아 올바른 것 같지만, 이 논문에서는 전리권의 평균 상태를 재생하기 위한 계산을 시도하고 있기 때문에, 개별 관측 데이터에 반드시 충실할 필요가 없다고 주장해야 할지 모른다. 일종의 평탄화 과정, 혹은 모델화가 이루어지고 있기 때문에 반드시 레퍼리의 지적이 현실적이지 않을지도 모른다.

(3) 데이터는 결론을 지지하고 있는가

I recommend that the authors need to make more effort to attempt to clarify what makes their results that special and unique. In particular, I would like the authors check their data thoroughly to make certain that the conclusions of the present study are valid for all the data they have, rather than just a small subset of them.

이것도 또한 매우 심각한 코멘트이다. 저자는 가지고 있는 데이터로부터 결론을 이끌어 낸 것인데, 레퍼리는 '데이터가 결론을 뒷받침하고 있지 않는 것 같아 보인다'는 것이다. 이것은 기술적인 코멘트에서 자세한 논의가 전개될 것이다.

3) 제3의 레퍼리

제3의 레퍼리(third referee)라는 말을 들어 본 적이 있는가? 보통의 경우 레퍼리는 두 명이 할당되지만 어떤 경우에는 세 번째 레퍼리가 등장할 필요가 있다. 그것은 어떤 때인가? 또는 여러분 자신의 논문이 이렇게 세 번째 레퍼리에게 보내진 경험이 있는가?

여기에서는 투고된 한 편의 논문에 두 명의 레퍼리가 할당된 경우를 상정하고 있다. 그리고 이 두 명의 평가가 정반대로 도저히 결말이나 해결의 희망이 없는 경우, 세 번째 레퍼리의 의견을 구하게 된다. 예를 들면 레퍼리 #1은 "이 연구성과는 새롭고 가치가 있는 논문으로 사소한 항목을 수정하면 게재 가능한 논문이 된다."라고 하는 반면, 레퍼리 #2는 "이 연구는 지금까지의 ○○○그룹의 실험과 본질적으로 동일한 실험으로, 실험 매개변수를 조금 변경한 것에 지나지 않는다. 결론은 ○○의 논문에서 용이하게 예측되기 때문에 굳이 새로운 논문을 낼 필요가 없다."라는 판정이다.

에디터는 레퍼리 #2와 서면으로 연락하여 코멘트의 진의를 다시 자세히 알아보았다. "독창성을 전혀 느끼지 못하는 논문이며, 이와 같은 수준의 논문을 게재한다면 세계 최고를 자랑하는 이 저널의 명성이 하락한다."라고 강력한 회신을 보내왔다. 여기에서 에디터는 사태의 심각성을 이해하고, 부편집인 한 명에게 도움을 요청했다. 부편집인은 또 다른 한 사람의 레퍼리의 의견을 들을 것을 권유하면서, 그 분야의 중진, 교수급, 활동적인 젊은 사람 중에서 각각 한 명씩을 열거하였다. 에디터는 중진과 연락을 취하고, 이제까지의 사정을 이야기하면서, 세 번째 레퍼리의 역할을 맡아주도록 조치하였다.

이렇게 해서 결정된 세 번째 레퍼리는 논문 복사본과 더불어 두 명 레퍼리로부터의 코멘트 일체를 전달 받는다. 때로는 부편집인이 세 번째 심판 구실을 하기도 한다. 또한 일의 형편에 따라 빠른 시간 내에 저자가 에디터에게 세 번째 레퍼리를 요청하는 경우도 있다. 그 시점은 경우마다 다르지만 저자가 명확하게 그 이유를 첨부해서 신청한다.

4) 아이디어의 도용

레퍼리는 에디터로부터 보내온 원고를 읽고, 거기에 사용된 데이터가 탐이 날 수도 있다. 또한 저자와 국제적인 무대에서 경쟁하고 있는 사람이 우연히 레퍼리가 된 경우(이러한 사태가 일어날 확률은 꽤 높다), 그 레퍼리가 저자의 아이디어와 데이터를 손에 넣고 싶은 경우도 있을 것이다. 이러한 때 레퍼리는 어려운 주문을 해 가면서, 그 논문의 출판을 늦추는 것이 불가능한 것만은 아니다. 데이터를 훔치는 일을 쉽게 할 수는 없지만(레퍼리가 훔친 데이터를 사용해서 논문을 쓰면 즉시 발각되어 버리므로), 아이디어를 차용하는 것은 비교적 쉬운 일이 아닐까?

‘선착순’ 요소가 많아 신경이 곤두서 있는 학계에는 제출된 논문 및 연구제안서를 통해서 아이디어 도용이 쉽게 일어날 수 있다. 이러한 출판 전의 아이디어 및 데이터가 도용되는 것을 방지하려면, 논문 출판 전에 학회강연회에서 발표하는 것이 좋다. 학회 프로그램 책자나 초록집에 그 강연의 요지가 인쇄 간행되기 때문에 나중에 이야기가 복잡해졌을 때, 그 초록집에 게재된 요약이 우선 순위를 증언해 준다. 즉, 여러분 쪽이 더 빨랐다는 증거가 되는 것이다.

필자는 아슬아슬한 국제적 경쟁에 노출되면서 결국 그 경쟁에 ‘이겼다’는 경험이 두 번 있었다. 첫 번째 상대는 스웨덴 웁살라대학교의 연구소장이었다. 지구상에는 지자기변동을 항시 관측하고 있는 관측소가 100개소 이상 있다. 어느 순간 지상 100km 상공 전리층이라 불리는 구각(shell) 상을 흐르는 전류가 만들어진다고 가정했을 때, 그 전류분포를 구하는 수치해석을 고안해 냈는데, 스웨덴에서도 동일한 취지의 연구가 진행되고 있다는 것을 전혀 모르고 논문을 제출했다. 그때까지만 해도 연구자가 연필과 지우개를 사용하여 시행착오를 거쳐 전류선을 그렸기 때문에, 이 분야에서는 컴퓨터 그리기(描画法)의 개발은 큰 의미가 있었다.

연구성과를 스웨덴 그룹은 국제회의의 프로시딩(proceedings)에, 필자가 속한 그룹은 *J. Geophysical Research*라는 미국의 전문지에 거의 동시에 출판되었다. 상대는 필자에게 '아이디어가 비슷하다'라는 항의를 보냈을 뿐만 아니라 필자의 지도교수를 포함하여 당시 원로 연구자 수명에게도 동일한 항의문의 사본을 송부하였다. 하지만 필자는 완전히 결백하였다. 이 기술개발은 3년에 걸쳐 대기과학 전공의 대학원생과 공동으로 실시해, 대기과학에서 자주 사용되고 있는 벡터해석을 구사한 결과에 의한 성과였다.

두 번째 상대는 소련(현재는 러시아)의 과학아카데미의 중진인 두 사람이다. 이 연구는 지상의 자기장 데이터를 전리층의 전기전도도와 결합시켜 전위 및 3차원적인 전류를 자동적으로 계산하는 것으로, 필자의 작품 중에서 가장 많이 인용되는 논문 중의 하나였다. 불행하게도 소련에서는 필자가 그들의 연구를 훔친 것으로 인식되어, 여러 번의 항의 편지가 도착했다. 그들은 세계의 여러 기관에게 항의서신을 발송했다. 그들의 방법은 균일한 전기전도도가 아니면 계산할 수 없지만, 필자의 방법으로는 어떠한 분포의 전도도라도 처리할 수 있어 보다 우수하였다. 도대체 어떠한 수단으로 그들의 일을 훔칠 수 있었겠는가? 국제 경쟁이라는 것은 실로 어려운 것임을 몸소 체험했다. 이 문제에 관련된 대학원생 이후의 역사와 학회에서의 발표기록 등 증거서류를 첨부한 편지를 몇 번인가 항의하는 데 사용하였다. 이와 같은 심각한 경험을 통하여, 아이디어의 도용 가능성이 있는 심각한 문제의 일단을 볼 수 있게 되었다.

5) 동시에 동일한 결론

결코 표절한 것은 아니지만 멀리 떨어져 있는 두 그룹이 동일한 결론에 도달할 수도 있다. 이것도 2회나 있었다. 한 번은 필자가 아직 대학원생일 때 두 번째는 40세일 때다. 전자는 캘리포니아대학교 LA 분교의 대학원생과 지도교수였고 후자는 프랑스의 연구소장이었다.

대학원생일 때는 외국과의 교류가 전혀 없었기 때문에 상대방으로부터 항공우편을 받을 때까지 그런 문제를 전혀 눈치채지 못했다. 지상의 자기장변동의 분포를 조사해서 그들 모두를 잘 설명할 수 있는 전류분포가 어떤 형태였으면 좋은가에 대한 모델을 제출한 것이었다. 즉, 그것이 그 논문의 결론이었지만, 동일한 전류 모델이 같은 해에 태평양을 사이에 둔 대학에서 제안된 것이다. 우리들의 논문은 일본저널에, 캘리포니아 그룹은 미국저널에 제출하였다. 당시에는 지금과는 달리 전자메일이 없었다. 그들의 논문(Crooker and McPherron, 1972)의 마지막에 교정 단계에서 추가되었다고 생각되는 다음과 같은 주의 사항을 발견했다.

Note added in proof : Similar conclusions are reached by Kamide and Fukushima (1972) in a study published after the present work was submitted for publication.

참으로 정직하고, 정중하지 않은가라는 것이 솔직한 소감이었다. 우리들은 태평양 이쪽에서 있으면서 그렇게 생각했다.

두 번째는 국제 심포지엄에서 프랑스의 어떤 연구소장의 강연을 듣고 있을 때였다. 필자가 그 당시 쓰고 있던 책의 마지막 장에 마무리를 위해 그린 그림과 95%나 비슷한 그림이 눈앞의 강연자에 의해 프레젠테이션 되고 있는 것이 아닌가! 우연히 감탄만 하고 있을 경우가 아니었다. 연구의 우선권에 관한 문제이다. 여기에서 가만히 있으면 패배하는 것이다. 그의 강연이 끝나자마자 필자는 손을 들어 질문을 하고 사정을 설명했다. 그리고 "다음 주 일본에 돌아가면, 그 그림을 곧 팩스로 보내겠다."고 전했다. 프랑스인이 사용한 그림은 우선 준비 단계답게 손으로 그린 그림으로 우리들의 그림은 제대로 활자화된 것이었다. 필자는 무사히 그 그림을 포함시킨 책을 출판할 수 있었다.

6) 논문작성에 대한 레퍼리의 주문

전체의 구성에 대해서

서론, 방법, 결과, 논의는 어느 것을 취해도 중요한 섹션으로, 저자는 자신이 행한 것, 발견한 것, 지금까지의 연구와의 비교해서 자신의 연구성과가 어느 정도 우수한가를 논의할 필요가 있다. 우수하지 않으면 논문을 쓸 의미가 없다. 레퍼리가 곤란하게 느끼는 것은 논문을 읽은 후 평가가 모호한 경우이다. 일본인 특유의 겸손으로 인하여 모호하게 썼기 때문에, 레퍼리를 납득시키지 못하는 경우도 종종 있다.

레퍼리로부터 다음과 같은 친절한 제언을 받을 수도 있다. 자신이 발견한 것에 대한 평가를 논문 속에서 가능한 한 정량적으로 기술하는 것이 중요하다.

Unfortunately, this paper cannot be accepted for publication until the

Discussion section has been rewritten in such a way that readers can clearly identify the significant contributions that the present paper is making. Advantages, if any, of the findings of this experiment over earlier studies need also to be quantitatively evaluated.

논의나 고찰에는 서론에서 서술했거나 혹은 거론한 이제까지의 연구에서 알려져 있는 것이지만, 우리들의 실험에서 어떻게 바뀌었는지에 대해서 확실히 평가하지 않으면 안 된다. 이전의 결과보다 오차가 크게 줄어 감소했다든가 방법이 간편해졌다는 등 개선점을 설득해야만 한다.

논문제목에 대해서

친절한 레퍼리의 코멘트 예를 보자.

I feel that the title of this paper should be more specific and informative for the contents. I understood the real meaning of the title only after I had gone through carefully the entire manuscript.

I guess that the present title is misleading. It should reflect specifically what you have done and what you have found in your research.

구체적이어야 한다는 것이 제목의 키워드이다. 'A Study of ~'와 같은 평범한 제목을 피하는 쪽이 좋다고 생각한다. 또한 단순해야 한다는 점도 요구된다. 제목만 보고도 읽고 싶은 논문이 되어야 한다.

초록에 대해서

저자가 초록의 의미에 대해서 오해하고 있다는 생각이 들 때 레퍼리는 다음과 같이 지적한다.

The authors wrote the abstract by using more than 500 words, but yet only mentioned the overall context, not correctly the results they obtained and their implications. It is quite possible that the authors assume that the abstract is part of the Introduction.

제목과 마찬가지로 초록을 어려움 없이 읽었다면, 이어서 본문을 읽고 싶은 마음이 생길 것이다. 이처럼 매력적으로 초록을 작성하는 것이 요령이다.

서론에 대하여

서론은 과거에 실시되었던 내용을 지루하게 기술하는 섹션이 아니다. 교과서 및 책에 써 있는 것을 반복하는 것은 독자를 지루하게 한다. 이 논문에 초점이 맞추어진 사항과 관련해서, 지금까지 얻은 것을 정리하자. 참고문헌도 공평하게 나열하자. 다음은 레퍼리로부터 주문의 예이다.

The Introduction spends too many general statements that are widely known in the scientific community. Also, the authors fail in relating the specific background information to the main purpose of the present paper. It is not clear at all what problem they are addressing and why they chose their particular methodology.

The authors of the present paper failed to make it clear why some particular references are mentioned whereas other nearly equal importance are ignored.

방법에 대해서

본 연구에서 채용된 방법 및 순서에 대해서는 목적에 비추어 기술하자. 통계적인 오차도 기술하는 것이 중요하다. 레퍼리로부터의 주문의 예이다.

Some of the procedures used in this statistical study are not obvious to me. The authors are requested to justify their rationale for relying on such procedures. It is also crucial to show the error bar for the statistics.

결과에 대해서

너무 긴 결과 섹션에 대한 레퍼리의 코멘트의 예를 보자.

I would like to point out that the Results section seems to be too long. I notice that much of it is repeated in detail in the Discussion section. The authors should make it clear to separate the findings that are significant from which are not.

결과 섹션은 논의를 너무 길게 쓰면 논의 섹션과 내용이 중복된다. 또한 결과를 단지 항목별로 늘어놓는 것이 아니라, 중요한 결과와 별로 중요하지 않은 것을 제대로 나누어 기술하는 것이 중요하다.

논의, 고찰에 대해서

다음과 같은 '지독한' 코멘트가 올 수 있지만 자신이 발견한 것이 의미하는 것, 혹은 "이 결과로부터 어디까지 말할 수 있는가/할 수 없는가?"를 가능한 한 정량적인 척도에 기초해서 논의하는 것이 중요하다.

> There appears to be no real discussion on the implications and limitations of these points they claim that they found.

진정한 의미의 논의, 고찰이 보이지 않은 논문이 자주 눈에 뜨인다. 또한 결과의 한계, 해석에 대해서도 써 두는 것이 바람직하다.

결론에 대해서

레퍼리로부터의 주문의 예를 보자.

> The Conclusions section is just a repeat, i.e., a copy and paste, of what the authors stated at earlier sections. If this is really the case, I would like to recommend that they completely delete this section. The conclusions are not just a summary.

결론 섹션이 허술한 논문을 자주 보게 된다. 차라리 그와 같은 독립된 섹션은 삭제해도 상관이 없다. 결코 필수적인 것은 아니다.

7) *The EMBO Journal*의 심사과정 파일

*The EMBO Journal*은 분자생물학의 최상위 저널이다. EMBO는 European Molecular Biology Organization(유럽분자생물학기구)의 공식저널로 창간 20년이 된 비교적 젊은 전문학술지이지만 임팩트 팩터가 9를 초과하는 높은 수준의 저널이다. 참고로 해당 분야의 평균은 약 3이다.

비록 모든 논문에 해당되는 것은 아니지만 이 저널의 특이한 점 중의 하나는 2009년부터 레퍼리와 저자가 편집장을 통해 주고받은 전자메일의 교신내용(correspondence), 즉 레퍼리의 코멘트(Referee's comment)와 저자의 회신, 답변(Reply, Responce)을 공개하고 있다는 것이다. 편집장으로부터의 소위 decision letter도 공개하고 있다. 그러나 이 '투명' 시스템에는 레퍼리로부터 에디터에게 보낸 극비 편지나 메모는 포함되지 않는다.

우선 그 기록을 보고 싶은 호(역자 주 : volume)의 목차에 가서 보고 싶은 논문을 클릭한다. 그 논문에 'EMBO Open'이라고 되어 있으면, 'Review Process File'를 다운로드할 수 있다. 일종의 '관음증' 같은 기분이 들지만 매우 흥미로운 시도이다. 이 서비스를 시작하면서 상당한 찬반 여론이 있을 것으로 예상했지만, 지금은 무려 98%이상의 저자가 이 공개제도에 찬성을 표하고 있다고 한다. 좋은 논문을 세상에 내보내는 관계 담당자 여러분의 용기에 경의를 표한다.

젊은 연구자에게 특히 유용한 것은 레퍼리에게 회신하는 방법을 배울 수 있다는 점이다. 최신 논문에 대해서 에디터를 통한 저자와 레퍼리의 전문적인 논의과정의 교신 몇 가지 예를 책 뒤의 부록 B에 소개한다.

마무리

1. 채택되는 논문의 조건
2. 레퍼리의 충고를 받아들일 수 없다
3. 원고의 최종 점검
4. 복수의 논문을 동시에 진행할 것을 권유

태양풍 이론으로 유명한 시카고대학교의 E. N. Parker 교수는 '과학논문출판의 전술'(柴田—成 역, 1998)에서 논문을 쓴다는 것은, 혼탁한 바다를 항해하는 것처럼 위험한 일이라고 기술하고 있다. 특히 처음으로 논문을 투고하는 사람은 신랄한 레퍼리의 평가에 상처받기 쉬우며, 용기가 필요하다고 쓰고 있다. Parker 교수의 고백에 따르면 자신의 학위논문의 성과 두 가지를 투고한 결과, 의심스러운 가정에 근거한 논문 쪽은 문제 없이 게재되었지만, 지금은 옳다고 평가된 또 한편의 논문은 게재가 거부되었다고 한다.

이와 같은 모순은 어디에나 있을 수 있다. 인간이 이루는 것으로 완전한 것은 없다. 논문을 채택하고 저널에 게재하는 과정에는 저자, 레퍼리, 에디터 3자의 합리적인 합의가 필요하지만, 이렇게 입장이 다른 3자의 합의가 항상 보장되는 것은 아니다. 이것은 살아 있는 인간이 이루는 행위이기 때문에, 어느 정도 방법이 없는 것도 사실이며, 그 합의를 얻을 수 없는 논문의 저자는 불쾌감을 맛보게 마련이다.

이 책은 필자가 11년에 걸친 에디터로서의 경험을 바탕으로 주로 젊은 연구자, 대학원생, 박사후 연수생 여러분에게 채택되는 영어논문을 쓰는 방법의 요령을 전수하고자 하는 목적으로 새로 집필되었다. 이 책에서 다루는 논문의 분야는 과학이지만, 다른 분야에서도 충분히 도움이 될 것이다. 본 장에서는 여기까지 기술, 주장해 온 것을 정리하는 동시에, 현재 논문을 쓰고 있는 분에게, 혹은 에디터로부터 레퍼리 코멘트가 도착했을 뿐 그 대처로 고생하고 있는 분들에게, 논문을 최종적으로 마무리하는 데 조금이라도 참고가 되고 바로 사용할 수 있는 구체적인 방법을 전수하는 데 있다.

1. 채택되는 논문의 조건

이제 여기까지 이 책을 읽은 여러분은 논문을 쓰는 것의 중요성을 재인식했다고 생각한다. 그리고 나름대로 최상위 저널에 '채택(accept)되는 논문'의 조건을 적어도 감각적으로 느끼고 있지 않을까 생각한다. 제1장에서 기술한 바와 같이 논문이라는 것은 자신의 새로운 주장이나 생각을 논리적으로 정리한 문서이다. 여기에서 '자신'과 '새로운' 이라는 것이 중요한 점이다. 전 세계에 동일한 논문은 없다. 바로 '독특해야 한다!(Be unique!)'이다.

여러분은 지금까지 많은 논문을 접하고, 스타일이나 그림을 그리는 방법 등 본받고 싶다고 느낀 논문을 여럿 만난 경험이 있다고 생각되지만, 내용, 즉 과학적인 내용은 흉내 내어서는 안 된다. 장(chapter)을 설정하거나 스토리를 진행시키는 방법 등의 말하자면 형식적인 점은 흉내를 내도, 과학적으로 독창적이지 않으면 논문은 채택되지 않는다.

내용, 즉 연구결과가 새롭다는 것이 채택되는 논문의 최소 조건 중의 하나이다. 새롭다는 것에도 수준이 있는데 독자를 깜짝 놀라게 하는 것이 대전제이다. 완전히 새로운 이론, 현상을 발견했다면 이의 없이 새로운 결과로 취급되지만, 지금까지 있던 사고방식, 현상의 설명 방법을 일신해도 그것은 새로운 성과가 된다. 새로운 이론을 제안하고 이를 통해 어떤 현상이 모순 없이 설명된다면 훌륭한 성과이다. 이론은 낡아도 새로운 물질에도 적용할 수 있다는 것을 발견하면, 이것도 채택되는 조건을 확실히 만족하는 것으로 간주된다.

이와 같은 조건을 갖춘 논문이라도 가끔 게재가 거부될 수 있다. 그런 경우 대부분 논문 작성법에 문제가 있기 때문이다. 어떤 작성법이 좋은가/나쁜가는 이전의 장들을 다시 차분히 읽어 보기 바란다.

2. 레퍼리의 충고를 받아들일 수 없다

이 책에서 다양한 것들을 언급하고 있지만, 역시 뭐니뭐니 해도 논문이 채택되는 데는 '동료심사를 극복하는 것'이 큰 비중을 차지한다. 이미 언급한 것과 같이 채택/불채택을 책임지고 결정하는 것은 에디터이지 레퍼리가 아니다. 그러나 복수의 레퍼리가 채택을 추천하는 경우 에디터가 좀처럼 독단적으로 게재를 거부할 수는 없다. 레퍼리는 그 논문이 취급하고 있는 분야의 전문가이다. 매우 드문 일이지만 반대의 경우도 있을 수 있다. 즉, 복수의 레퍼리가 게재 거부를 추천했음에도 불구하고, 에디터가 독단적으로 채택하는 수도 있다. 어쨌든 간에 레퍼리의 채택 추천을 받는 것이 수락으로의 최단거리임은 틀림없다.

그러나 아무래도 레퍼리로부터의 코멘트에 동의하기 어려운 경우에는 수일간 골치를 썩일 수도 있다. 어떻게 이 난국을 벗어나면 좋을까? 출판을 포기해 버리는 것이 가장 쉬운 일이지만, 그런 결단을 하는 것은 처음부터 그 연구결과에 자신감이 없었다고 스스로 인정하는 것이 아니겠는가? 결코 체념해서는 안 된다.

여기에서 제일 중요한 것은 침착하게 레퍼리로부터의 코멘트, 에디터로부터의 편지를 읽고, 사실관계를 제대로 파악하는 것이다. "이 레퍼리는 전혀 아무것도 모른다."라든가, 제멋대로 레퍼리가 누구인가를 가정하고, 그 코멘트에 쓰여져 있는 것 이상의 인간관계를 상상해서, 사태를 악화시키는 일이 없도록, 3일에서 1주일 정도 생각하는 기간을 갖는 것이 좋다. 그렇게 하면서 레퍼리로부터 받은 '나쁜' 코멘트로 인한 흥분을

모든 레퍼리가 두문하는 모든 코멘트를 고려할 수는 없다.

가라앉혀야 한다.

그리고 마음이 안정되면, 여러분은 레퍼리에게 보낼 회신과 에디터에 대한 메모를 준비하게 될 것이다. 다시금 말하지만 논리적이어야 한다는 점을 반드시 염두에 두어야 한다. 다른 레퍼리가 어떤 결론을 내고 있는지도 영향을 받는다. 두 사람 모두 동일한 이유로 게재를 거부하는 경우 저자의 입장은 상당히 어려워진다.

레퍼리 코멘트가 논문의 문제점을 지적하고, 그 문제점을 이유로 이 논문을 거부하는 경우 저자로서 그 오류, 진부함을 인정하느냐 마느냐가 중요하다. 또한 인정하는 경우, 논문의 일부분이 이치에 닿지 않는 것인지 전체에 문제가 있는지에 따라 처리 방법이 크게 나누어진다. 그 일부가 결론에 직접 영향을 미치지 않는다면, 그 오류 혹은 과장된 표현은 삭제하면 좋지만, 전체에 영향을 준다면 그 논문을 포기하지 않을 수 없다 (물론 레퍼리의 코멘트를 제대로 이해한 다음의 이야기이지만). 혹은 적용 범위를 명확하게 해야 할지도 모른다.

어떠한 형태가 되는 경우라도 에디터와 레퍼리에 대한 응답은 명확하게 작성해야 한다. 어떠한 단계의 회답이 되었든 간에 결코 감정적이 되어서는 안 된다.

3. 원고의 최종 점검

그럼 여러분이 '지금 막 출정'할 준비가 되어 있는 원고를 가지고 있다고 하자. 온라인 제출의 버튼을 누르면, 원고와 그림 전체가 순식간에 에디터 앞으로 전송된다. 이 논문이 심사를 무사히 통과해서 인쇄되는 것을 상상하면 가슴이 두근거린다. 하지만 침착하게 한 번 더 최종 체크를 하지 않겠는가? 준비부터 따져 보면 그 연구는 적어도 2년은 걸렸을 것이다. 그 정도로 큰 테마였기 때문에 나중에 하루이틀 정도를 지체한다고 해서 문제될 것이 없다.

투고하는 논문은 세심한 주의를 기울이고 체크하는 것이 중요하다. 인간은 "비교적 단순한 부분에서 그러나 그 영향은 심각"한 잘못이나 실수를 무심코 해버리고 만다. 게다가 사소한 실수가 많은 원고를 레퍼리에게 보내면, 레퍼리는 "이 저자는 주의력이 부족해서 오류가 많다."라고 낙인이 찍힐 수 있기에 이것을 만회하기는 상당히 힘들다.

그렇다고 하더라도 여러분은 논문의 초고를 이미 30회나 읽고 있다. 그리고 읽을 때마다 오류가 발견되고, 곳곳에서 표현을 고쳐 쓰곤 하였다. 심신도 함께 지쳐 있다. 도대체 이 지루한 작업을 앞으로 몇 번을 더 해야 할지를 모르기 때문에 불안해질 때도 있다. 그런 여러분을 위해 여기에 몇 가지 충고를 하고자 한다.

최종원고를 책상 깊숙이 자신의 눈에 띄지 않는 곳에 숨겨 두자. 그리고 1주일 동안 그 논문에 대해서 깨끗이 잊고 전혀 다른 일을 하자. 다른 논문을 쓰는 것도 좋고 새로운 프로젝트를 시작하는 것도 좋다. 온천여행을 떠나는 것도 좋다. 돈이 있으면 쇼핑을 하는 것도 좋을 것이다.

1주일 후 다음 각 항목을 참고하여 최종원고의 마지막 체크를 하는 것이다. 조용한 장소에서 항목별로 원고를 다시 읽어도 좋고, 전 항목을 염두에 두고 아예 원고를 한 번 매우 주의 깊게 다시 읽어도 괜찮다. 혹은 양쪽을 모두 실행해도 좋을 것이다. 단지 시간이 2배 걸릴 뿐이다.

1. 논문 제목은 간단하고 또한 사람의 눈길을 끄는가? 초록, 서론은 규정대로, 게다가 매력적으로 쓰여져 있는가?
2. 논의는 이 논문이 제대로 평가되고, 동시에 흥미진진함을 느낄 수 있도록 진행되고 있는가?
3. 서론에서 언급한 문제점, 미해결 사항이 결과 및 논의에서 정확하게 거론되고 있는가?
4. 본문에 무언가 중요한 것을 잊고 넘어가지는 않았는가? 논문에서 주장하고 싶은 것이 확실히 쓰여져 있는가?
5. 그림 및 표는 보기 쉽고, 제자리에 배치되어 있는가?
6. 참고문헌은 모두 본문에서 인용되고 있는가? 불필요한 문헌이 나열되어 있지는 않는가?
7. 부주의한 실수는 없는가? 목차의 형식은 통일되어 있는가?

이것과 병행해서 여러분의 전문분야에 종사하는 영어 원어민이나 전체를 꿰뚫어 볼 수 있는 선배에게 한 번 더 원고를 읽어 달라고 하자. 또 수백 편의 논문을 내고 있는 영어 능력이 뛰어난 일본인 선배라도 상관없다. 아무래도 자신 주위에 그러한 영어 원어민이나 슈퍼맨이 없을 때는, 어쩔 수 없이 영어논문을 수정해 주는 '영문교정 서비스' 사업자에게 의뢰하는 것도 좋겠다.

그리하여 드디어 자신이 선택한 저널의 에디터에게 제출한다. 혹은 웹에 투고하기 전에 다시 한 번 마지막 점검을 하자.

1. 여러분의 논문은 해당 과학계에서 중요한 테마를 다루고 있다.
2. 그 테마는 그 전문지에서 출판하는 것이 최적이다.
3. 부주의한 실수는 전무하며, 전체적인 편집이 정비되어 있다.

모두가 막힘 없이 끝나면 다음은 투고할 뿐이다. 축하한다!

4. 복수의 논문을 동시에 진행할 것을 권유

여러분은 어느 날 혹은 어떤 임의의 시점에 도대체 몇 편의 논문을 쓰고 있는가? 쓰고 있다고 말하는 것은 넓은 의미에서 "도대체 몇 편의 논문과 씨름하고 있는가?"라는 질문이다. 어제 쓰기 시작했을 뿐인 논문, 6개월 전에 에디터에게 제출하여 지금 개정의 최종단계에 있는 논문, 1개월 전에 채택되어 교정을 기다리는 논문……

아, 한 편뿐인가? 왜냐하면 그 논문에 집중하기 때문에? 이것이 끝나면 다음 논문에 착수할 계획이라고? 물론 이것도 나쁘지는 않다.

그러나 그다지 좋은 연구방법이라고는 할 수 없다. 필자가 여러분에게 조언하고 싶은 것은 복수의 논문을 동시에 진행시키는 것이 중요하다는 점이다. 제3장에서 기술한 바와 같이 논문의 초고는 적어도 1주일간, 가령 책상 가운데 책장의 파일 속 등 '보이지 않는 장소'에 넣어 두고, 내용을 잊어버릴 무렵 꺼내서 수정하는 것을 추천한다. 침착하게 원고를 다시 읽는 것이 중요하다. 흥분된 상태에서 쓴 논문은 영어도 우스꽝스럽고, 논리도 이상하다. 타이프 오류도 있다. 초보자는 이렇게 좋지 않은 일을 반복하는 경우가 많아, 좀처럼 원고를 최종적으로 마무리하지 못한다. 그래서 출판을 거부당하는 확률이 높아진다. 그렇게 되면 한 편씩 꾸준히 논문을 완성해 나가는 방식은 전반적으로 효율이 좋지 않게 된다.

논문의 최종원고를 준비하는 것을 결코 서둘러서는 안 된다. 그렇다면 그 사이의 빈 시간을 낭비라고 생각하는가? 아니 다른 논문을 쓰면 좋다는 것이다. 다른 단계에 있는 복수의 논문을 동시에 진행시키는 것이다. "논문을 제대로 다 쓰지 않은 채 다음의 새로운 연구를 시작하지 마라." 라고 하는 책도 있다. 그 이유는 연구가 마무리된 때야말로, 그 연구에 대한 이해가 가장 깊기 때문이라고 한다. 분명히 그 점만을 고려한다면 그렇다. 그러나 독자는 논문을 읽은 것만으로 연구 전체를 평가한다. 따라서 중요한 것은 정말로 좋은 논문을 생산하는 것이라고 필자는 생각한다. 그리고 이 책에서 언급한 바와 같이 좋은 논문을 쓰는 데는 시간이 걸린다. 그러나 인간 두뇌의 처리능력에는 한계가 있고, 쓰는 것도 쉬어 가면서 하는 것이 필요하다. 그 사이에 새로운 연구를 시작하는 것이 결국 수년의 기간 전체를 통틀어 좋은 논문을 많이 쓰는 것으로 귀결된다.

연구는 인간에게만 가능한 독창성을 발휘할 수 있는 '재미있는' 행위이다. 그 연구에서 얻은 결과를 논문 형태로 세상에 내놓는 것은 연구자로서의 의무라고 생각한다. 그럼 여러분의 성공을 기원한다!

펄럭 ~

부록

A. 논문영어에서 주의해야 하는 것

1) 일본인이 틀리기 쉬운 논문영어

과학논문에서 잘 사용되는 용어 및 표현에서 특히 일본인이 틀리기 쉬운 영어를 나열해 본다. 이들은 영어 특유의 표현에 기인되는 경우가 대부분이며 순서 없이 문제점을 나열한다.

(1) 문장의 시작

영문은 100 혹은 2.3 등 아라비아 숫자로 시작하지 않는다. 숫자는 의미는 전달되지만, 이것은 규칙이므로 반드시 따라야 한다.

> 500 g of the sample was added to the final solution. (×)
> Five hundred grams of the sample was added to the final solution. (○)

Fig. 등 문장 속에서는 인정되는 생략형이라도, 문장 첫머리에는 정확히 철자를 다 써라.

> Fig. 1 shows the local time dependence of ⋯ (×)
> Figure 1 shows the local time dependence of ⋯ (○)

문장은 'And, But, So' 등으로 시작하지 않는다. 그 이유는 필자도 잘 모르지만 'But, I had to close this discussion.'이라고 하면 왠지 조잡한 감이 들지 않는가? 대신에 'I had to, however, close this discussion.'이라고 하면, 세련된 문장으로 보인다.

And 대신에 Moreover나 Further를

But 대신에 However나 Nevertheless를

So 대신에 Therefore나 Hence를

사용하는 것을 권장한다.

단 여기에서 규칙은 어디까지나 문어체로 쓴 경우이고, 구두체인 경우 문장 첫머리의 'And, But, So'를 금지한다는 의미는 아니다. 또한 논문에서도 2개의 문장을 but으로 연결하는 경우는 문제가 없다.

예 :

It is seen in Figure 5 that the standard deviation becomes larger with an increase in X, but it remains rather constant when X exceeds 250.

'숫자+단위'(예 : 100 미터)가 다음 명사를 수식하는 경우 하이픈으로 연결할 수 있다. 그때 단위는 복수형으로 쓰지 않는다.

100-meters race, 100-watts bulb. (×)

100-meter race, 100-watt bulb. (○)

일본인이 많이 실수하는 것 중 하나는 숫자를 나타내는 단어를 복수형으로 한다는 것이다.

3,000은 three thousands가 아니고 three thousand

$10,000는 ten thousands dollars가 아니고 ten thousand dollars

(2) 동일한 구조만 병렬로

동일한 성질을 가진 사항들만, 동일한 문법구조로 나열하자. 일본인이 쓰는 영어에서 흔히 볼 수 있는 실수는, 일본어 그대로의 표현을 and로 나열하는 경우이다. 일본어에서는 이와 같은 경우 모호하지만 그대로 지나칠 수 있으나, 영어에서는 엄격하다. 논리적이라고 하는 편이 좋을지도 모르겠다.

I like tennis and watching baseball games. (×)
I like playing tennis and watching baseball games. (○)

We all agree that writing is more difficult than to read. (×)
We all agree that writing is more difficult than reading. (○)

Think about the origin of the universe and how it has developed. (×)
Think about the origin and development of the universe. (○)

(3) 미국식인가 영국식인가

이하는 미국식과 영국식 철자가 다른 경우의 예를 열거한다. 어느 쪽이 옳다는 것이 아니라, 어느 쪽을 받아들이는지는 저널에 따라 다르다. 하나의 논문에서 무작위로 섞어서 사용해서는 안 된다.

미국식	영국식
acknowledgment	acknowledgement
catalog	catalogue
gray	grey
modeling	modelling
behavior	behaviour
color	colour
favorite	favourite
honor	hounor
vapor	vapour
defense	defence
license	licence
offense	offence
analog	analogue
program	programme
aluminum	aluminium
canceled	cancelled
signaled	signalled
traveled	travelled
center	centre
meter	metre
analyze	analyse
authorize	authorise
optimize	optimise

organization	organisation
realize	realise
check	bill
bookstore	book shop
drugstore	chemist
editor-in-chief	chief editor
sick	ill
elevator	lift
baggage	luggage
bill	note　　(지폐)
front	reception(호텔의 프런트)

3개 이상의 단어를 and로 연결하는 경우 쉼표

　미국식　A, B, and C
　영국식　A, B and C

문장의 끝에 큰따옴표가 올 때 마침표의 위치

　미국식　The screen shows a message "Scan in progress."
　영국식　The screen shows a message "Scan in progress".

(4) 단수 취급인가 복수 취급인가

이것은 일본인에게는 감이 오지 않는 문제이다. 일본어 명사에는 단수/
복수의 구별이 없기 때문이다.

A and B는 복수동사를 취한다. A와 B가 다른 성질의 것이라도 A와 B의 '합'으로 간주하는 것이다.

Time and tide wait for no man.
(세월은 사람을 기다리지 않는다.)

A or B는 B의 숫자로 결정된다.

Either the passengers or the driver is at fault.
It was not very good that neither the pilot nor the crew members were present when the accident occurred.

A as well as B는 A의 숫자로 결정된다.

A perfect technique as well as speedy applications was our final aim.

Data는 원래 datum의 복수형이지만 집합명사로 간주하여 단수 취급 동사로도 좋다고 되어 있다. Phenomena는 phenomenon의 복수형이다.

This data was extensively used in this study.
These data from the spacecraft are quite useful.

All, some, none, half 등의 부정대명사는 목적격의 숫자에 의해 결정된다.

Half of the machine system was broken.
Half of the machine units were broken.

얼른 보기에 형태는 복수이지만 단수로 취급하는 단어도 과학영어에는 종종 나타난다.

The news is not true at all.

Mathematics is one of my favorite subjects of study.

(5) 논리적인 오류

The reaction rate is extremely fast. (×)

주어는 율(rate)이기 때문에 동사 '빠르다'는 안 된다.

The reaction rate is very high. (○)

The reaction is very fast. (○)

In such a system, entropies of activation would become a negative value. (×)

"엔트로피를 수치로 나타낸다."는 것은 이론적으로 이상하다.

In such a system, entropies of activation would become negative. (○)

In this paper, A = B (×)

"본 논문에서는"이라는 부사절에 대해서 동사가 없다.

In this paper, we show that A = B. (○)

It is evident that the electrons are decreasing. (×)

감소하고 있는 것은 전자의 무엇인가?

It is evident that the number of electrons is decreasing. (○)

(6) 타동사를 자동사로 사용

이하와 같은 문장은 매우 자주 눈에 띈다.

I will attend to the class. (×)
I will attend the class. (○)

We will discuss on this issue. (×)
We will discuss this issue. (○)

In the present paper we have not considered about this point very seriously. (×)
In the present paper we have not considered this point very seriously. (○)

I entered into his office. (×)
I entered his office. (○)

(7) 띄어쓰기 방법

Email : kamide@email.univ.ac.jp (×)
Email : kamide@email.univ.ac.jp (×)
Email : kamide@email.univ.ac.jp (×)
Email : kamide@email.univ.ac.jp (○)

Fig.5 (×)
Fig. 5 (○)

100W (×)

100 W (○)

50% (×)

50% (○)

(8) 셀 수 없는 명사

일본인 과학자가 많이 틀리는 셀 수 없는 명사

advice, assistance, behavior, equipment, evidence, heat, help, information, knowledge, literature, machinery, progress, research, transport, treatment

(9) 8번에 나열한 것보다 더 혼란을 일으키기 쉬운 셀 수 없는 명사로 논문에 자주 사용되는 것

The followings are two items that we should consider in this paper. (×)

The following are two items that we should consider in this paper. (○)

Many informations are needed to complete the test (×)

Much information are needed to complete the test. (○)

The authors would like to thank the staffs of the University of Tokyo. (×)

The authors would like to thank the staff of the University of Tokyo. (○)

(10) 셀 수 있는, 셀 수 없는 양쪽 성질을 모두 갖는 명사

ability

재능   He is a man of many abilities

능력   He has the ability to manage many different languages.

energy

활동성 She applied all her energies to the development of the new
        town.

에너지 The energy of the sun is extremely large.

room

방   His house has five bedrooms.

여지   There is room for correction in this report.

참고 : 小野義正 著 "ポイントで学ぶ 科学英語の効果的な書き方" (丸善出版)

2) 일본어와 다른 영어 표현

여기에서는 일상 회화나 문장을 영어로 대충 직역하는 경우 그 의미나 뉘앙스가 원래의 의미와 달라지는 것에 대해서 예를 들면서 설명한다. 여기에도 어떤 원인의 배경이 되는 이유가 있기 때문에 그것을 고려하면 이해가 빠르다고 생각한다. 영문 구조가 일본어와는 본질적으로 다르기 때문에 발생하는 경우가 많다고 생각한다.

'영어를 쓰는 법'에 관한 책은 이미 세상에 많이 출판되었다. 또한 '영어논문 작성법'도 많이 나와 있기 때문에 이 부록에 조금밖에 첨부하지 못했으므로 불완전하다는 것을 쉽게 알 수 있다. 그러나 굳이 완벽함을

목표로 하지는 않지만 필자의 경험에서 일본인들이 많이 빠지는 영어의 함정에 대해서 쓰고자 한다.

(1) 표현, 사고방식이 애매하다

일본어 문화권에서는 부드러운 표현이 오히려 환영받는지도 모른다. 잘라 말하지 않고, 직접적인 표현을 피하고, 암시하며, 마지막까지 결론을 쓰지 않는 것 등을 영어 표현에 사용한다면, 그와 같은 문화적인 배경을 알지 못하는 사람은 도저히 이해할 수 없을 것이다. 몇 가지 예를 열거한다.

A new procedure was adopted by us.
수동적인 표현이 많다.

It could have been eliminated.
모호하다.

It may be true that the unit could have been taken out, but ...
너무 정중해서 의미 없는 표현이 된다.

Because the reaction speed was low and the temperature went up too high, I finally changed the method.
결론이 마지막에 온다.

The proposal to execute this large-scale experiment in the manner indicated there was not followed.
결론이 문장의 끝부분에 이르기까지 알 수 없다.

In the present study we used the method and we all liked it.

한 문장에 사실과 의견이 혼재하고 있다.

(2) 기술적 글쓰기의 특징

덧붙여 기술적 글쓰기에는 가급적 일본어로 생각하지 않고, 처음부터 영어로 생각하는 것을 추천한다.

평이하고 명쾌하게

Increasing the temperature by approximately 10 degrees does double the reaction rate in one of the experiments we conducted.

From the data we can tell that it is possible for the spacecraft did encounter … 보다도

The data indicate that the spacecraft did encounter … 가 간결하다.

There were a certain number of people in the hall. 보다도

There were approximately 80 people in the hall. 이 구체적이다.

(3) 올바른 접속사 사용

논문은 일본어, 영어에 관계 없이 반드시 논리적이어야 한다. 따라서 좋은 논문은 논리 정연해서 설득력 있는 글이라고 바꾸어 말할 수 있다. 거기에는 접속사의 역할이 매우 중요하지만 유감스럽게도 일본인은 접속사에 약하다고 한다.

'그러므로'라는 뜻의 영어는 많다. 뉘앙스가 조금 차이가 나는 것도 있지만, 어느 것을 사용하는가는 저자의 취향에 따른다.

Therefore, Thus, Accordingly, Consequently, Hence, As a result, For this reason 등이 있다. 이전의 문장을 다른 말로 바꿔 말할 때는, This is, In other words, Namely, Altogether 등을 사용한다.

(4) 관사 the의 사용법

논문에 한정되지 않지만 일상 회화에서도 일본인과 중국인(역자 주 : 한국인도 마찬가지)은 영어 관사의 사용법에 매우 약하다는 것으로 유명하다. 이것은 어쩔 수 없는 현상으로 자국어에 관사 등이 없기 때문이다. 태어났을 때부터 관사가 없는 문장과 함께 살았는데 대학생이 되고 나서 "이 the가 있을 때와 없을 때에 따라 의미가 크게 다르다."라고 배워도, "어, 그렇구나!"라는 말밖에 나오지 않는다. 게다가 the가 없는 문장을 써도 영어인(원어민)에게 전혀 통하지 않는 것은 아니다. 그러나 미묘한 의미의 차이가 존재하고, 그 차이가 논문의 내용을 이해할 수 있는지 여부에 영향을 미친다면 심각해질 수밖에 없다.

일본 복사기, 광학기기의 선두 제조업체 코니카미놀타의 캐치프레이즈는 다음과 같다.

Giving Shape to Ideas

이것은 다음과 어떻게 다른가?

Giving a Shape to Ideas
Giving the Shape to Ideas
Giving Shapes to Ideas

미국 정부에서 일하는 영어에 강한 친구(미국인임)에게 물어 보았다. 대답은 다음과 같았다.

Giving Shapes to Ideas

코니카미놀타사의 모토는 "우리 회사에서는 새로운 아이디어를 형상화한다."이다. 여기서 단어를 복수로 하거나, 정관사를 넣거나/무관사로 하면, 미묘하게 의미가 달라진다. 그 미묘함이 과학영어에는 중요하다.

이 경우 형상화(Shape)라 함은, 특별히 구체적인 상품을 묘사하고 있는 것이 아니고, '희망하는 것(wish)'으로 막연하게 눈에 보이지 않는 상태의 것을 구체화하여 실현시켰다는 등 다양한 의미를 포함하고 있다. 또한 코니카미놀타가 실현하는 '희망하는 것'에는 정해진 형태는 없다. 복사기라는 형태로도 있으며, 사회공헌이라는 형태로 사람들의 소원에 부응하는 것도 있다. 이런 의미에서 형상은 구체성이 없는 단어로 취급한다.

그렇다면 위에 열거한 3개의 문장은 어떻게 의미나 뉘앙스가 변하고 있는 것일까?

Giving a Shape to Ideas

"우리 회사에서는 하나 혹은 그 이상의 아이디어로 하나의 형태를 완성한다." 이것이 의미하는 바는 하나의 아이디어로부터 하나의 독특한 형태를 만들 수 있지만, 복수의 아이디어가 있어도 동일한 형태가 만들어진다.

Giving the Shape to Ideas

단 하나의 특정한 형태가 있는데, 그것은 하나 혹은 복수의 아이디어로부터 완성된다.

Giving Shapes to Ideas

주어진 아이디어가 복수이면, 복수의 형태가 완성될 뿐 아무것도 독특한 것은 없다.

여기서 실제의 경우를 살펴보자. 우선 반드시 the가 붙는 경우부터 시작해 보자. 그렇다면 the가 의미하는 것을 상상할 수 있다고 생각한다.

The possibility that the process results from interaction between cosmic rays and the earth's magnetic field is now substantiated.

이 경우 최초의 the의 경우, 얼마든지 있는 possibilities 가운데, that 이하에서 설명하고 있는 것에 가능성을 한정하고 있다. 아무래도 '한정'이 the의 열쇠 같다. 그러면 다음과 같은 사용 방법도 이해하기 쉬운 것이 아니겠는가?

The second point we should be careful is ⋯.
비슷한 한정어는

only, same, following, nest, most important, ⋯
등을 들 수 있다.

정관사(the), 부정관사(a), 복수형(XXXs)에 관해서 아직도 배울 것이 많이 있기 때문에 영문법 책을 참조하기 바란다.
마지막으로 다른 관사로 의미가 달라지는 까다로운 예이다.

You have the time?
(지금 몇 시입니까?)

You have a time?

(지금 한가합니까?)

I had fish last night.

(어제 저녁에 생선을 먹었다.) fish: 추상명사

I had a fish last night.

(나는 어제 저녁에 (살아 있는) 생선을 통째로 덥석 먹었다. a fish: 보통명사

Do you have room?

(이 부근에 공터가 있습니까?)

Do you have a room for tonight?

(오늘 저녁 방 한 칸이 비어 있습니까?)

(5) 분사구문을 잘 사용한다

영어에는 분사구문이라는 문법이 있고, 그것을 올바르게 사용함으로써 세련된 영문이라는 점이 어필된다.

The magnetic effect of the ionospheric current cannot account for the observations by polar-orbiting satellites, implying that currents aligned along field lines are very important as well.

위의 예는 다음 두 개의 문장과 등가이다.

The magnetic effect of the ionospheric current cannot account for the observations by polar-orbiting satellites. This implies that currents aligned along field lines are very important as well.

또한 분사구문을 사용할 때 일본인이 틀리기 쉬운 것은 "앞뒤 문장의 주어가 동일해야 한다."는 규칙이다.

Applying this relationship to the observation, the air temperature was calculated very accurately.

위의 예는 잘못된 문장이다. 부절(副節)의 주어는 apply한 저자, 주절의 주어는 air temperature이다. 올바른 문장이 되려면 어떻게 하면 좋을까?

올바른 문장의 예

Applying this relationship to the observation, we calculated the air temperature very accurately.

(6) 동일한 단어를 여러 번 사용하는 것은 어휘의 빈약함을 나타내는 것

어휘력에 자신이 없으면 동일한 단어를 여러 번 사용하지 않을 수 없다. 따라서 문장 전체가 극단적인 경우에 유치한 인상을 주게 된다. 수준 있는 논문을 내기 위해서는 역시 수준 있는 영문을 쓰는 것도 중요하다.

다음에 유사하면서 논문에 자주 사용되는 단어를 나열했으므로, 이들을 적절하게 바꾸어 가며 사용해 보는 것은 어떨까?

예를 들어, 다음 두 가지 경우에서 알 수 있듯이 미묘한 뉘앙스의 차이가 있을지언정 같은 의미이다.

'명백하다'

obvious, clear, evident, apparent, conspicuous, certain, specific, precise, plain, unmistakable, distinct,

'중요하다'

important, imperative, crucial, indispensable, essential, necessary, needed, required, precise, valuable, significant, central, chief, key, main, principal, critical, focal, weighty,

이와 같은 예는 그 밖에도 많이 있기 때문에 미묘한 어조의 강약 등은 Microsoft Word의 '유사어 사전' 등에서 공부해 보는 것도 좋다.

B. 레퍼리 코멘트 등의 실례

여기에서 예로 *The EMBO Journal*로부터 한 편의 논문을 선택해서 심사 단계의 에디터, 저자 그리고 레퍼리 사이의 교신으로부터 독자가 참고하 면 유용하다고 생각되는 내용을 발췌해 보았다(p. 227, '2. 레퍼리에 대 한 응답' 참조). 학술전문지이기 때문에 전문용어가 많이 나온다. 생략할 수 있는 용어는 가능한 생략하도록 하지만, 전부 생략하면 전문성을 잃 어버리는 문장이 될 가능성이 있다. 따라서 필자의 판단으로 이 정도의 균형 감각이면 좋다는 판단 아래, 〈......〉로 처리하고, 각각의 문단의 해 설을 시도해 보았다. 의학 · 생리학의 전문용어가 자주 등장하지만 여러 분의 읽는 방식에 맡긴다.

또한 여기서 수석 에디터인 Bernard Pulverer 교수의 허락을 얻어 상세 한 내용은 생략하였다.

여기서 열거하는 논문은 Published online: 12 April 2013인 신경생리 학의 Counterbalance between BAG and URX neurons via guanylate cyclases controls lifespan homeostasis in *C.elegans*이다. 저자는 T. Liu and D. Cai, Corresponding author는 앨버트 아인슈타인 의과대학의 D. Cai로 게재지는 *The EMBO Journal*(2013)이다.

논문 제출일은 2012년 8월 15일이다. 채택일은 2013년 3월 12일이었다. 평가, 심사의 전체에 약 7개월이 소요되었다.

초록에는 선충(線虫, *C. elegans*)의 수명이 2개의 신경계(BAG, URX)의 균형에 의해 제어되고 있다는 실험 결과가 요약되어 있다. 귀에 익숙하지 않은 선충이란 길이 1mm 정도의 작은 생물이지만, 이 생물의 발생, 성장은 인간의 발생, 성장의 연구에 크게 공헌하고 있다고 한다. 2002년에는 노벨상 수상의 대상이 되었던 연구분야이다. 선충의 수명은 단 20일 정도이지만, 그 수명곡선(횡축은 연령, 종축은 생존율을 취한 곡선)은 인간의 곡선과 흡사하다는 것이다.

이 연구에서는 BAG, URX 뉴런이라는 산소에 대해서 반대 반응을 나타내는 신경에 주목하고, 수명과의 관계를 실험으로 조사했다. 게다가 지금까지의 동일한 종류의 연구와의 비교도 수행하였다. 역시 여기에서도 도표는 생략했다.

에디터 Karin Dumstrei로부터 온 처음 메일
2012년 9월 18일

Thank you for submitting your manuscript to the Journal. Your study has now been seen by three referees and their comments are provided below.

〈이 논문은 3명의 레퍼리에 의해 평가되었다.〉

As you can see below, the referees appreciate the findings linking oxygen sensing and longevity in *C. elegnas*. However, further work is also needed to substantiate this conclusion. The referees offer a number of constructive comments for how to strengthen the finding reported. I realize that this would entail quite some work, but the suggested experiments would also strengthen the conclusions and impact of the study. Given the referees' positive recommendations, I would like to invite you to submit a revised version of the manuscript, addressing the comments of all three referees. I should add that it is policy of this Journal to allow only a single round of revision and that it is therefore important to address these at this stage.

〈3명의 레퍼리는 이 연구를 높이 평가하고 있지만, 추가적인 실험을 하면 결론이 더 강화될 것으로 믿고 있다.〉

We generally allow three months as standard revision time. If you need more time, I can extend the deadline to six months. As a matter of policy, competing manuscripts published during this period will not negatively impact on our assessment of the conceptual advance presented by your study. However, we request that you contact the editor as soon as possible upon publication of any related work, to discuss how to proceed.

〈통상적인 원고 개정일 수는 3개월이지만 레퍼리가 추가 실험을 권고 하였기 때문에 이번에는 마감일이 6개월로 연장되었다.〉

〈에디터로부터의 종합평가에서 알 수 있듯이 3명의 레퍼리로부터의 제안(에디터는 건설적인 코멘트라 부르고 있다)에 따라 새로운 실험을 추가해서 결론을 더욱 강화시킬 것을 요구하고 있다.〉

3명의 레퍼리(Referee #1, #2, #3)로부터의 코멘트

Referee #1

One of the key findings in aging research is that the lifespan of animals is coupled to their metabolic status, i.e., caloric restriction extends lifespan whereas chronic satiety decreases it. In *C. elegnas*, these effects are in part mediated by the endocrine functions of various gustatory and olfactory neurons. Oxygen supply, i.e. hypoxia and oxidative stress, affect lifespan as well. However, the neural mechanisms mediating these effects remain unclear. In this manuscript, Liu and Cai convincingly demonstrated effects of oxygen chemosensory neurons on lifespan.

〈노년의학의 중요한 발견 중의 하나는 동물의 수명과 신진대사 상태의 관계이다. 본 논문의 저자는 산소량이 수명에 영향을 미친다는 것을 설득력 있는 방법으로 보여주었다.〉

It has previously been shown, that BAG neurons sense decreasing oxygen concentration via molecular oxygen sensors of the soluble guanylate cyclase (sGC) protein family.

Performing cell ablation-and generic experiments, the authors provide evidence that BAG neurons inhibit lifespan in a gcy-31/-

33 dependent manner, whereas URX neurons promote lifespan in a gcy-35/-36 dependent manner. These genetic studies are thorough, carefully controlled, and the results are solid. The authors conclude that oxygen sensing and the resulting aerotaxis behavior, mediated by BAG and URX neurons, promote residence at oxygen levels that favor an optimal lifespan. This manuscript falls short on providing data that fully support their conclusion. Moreover, the authors fail to reference previously published studies that provide conflicting data (Honda et al., 1993). I can only recommend publications in *The EMBO Journal* if the authors provide additional experiments to further substantiate their major conclusions.

〈연구목적, 데이터, 실험 방법을 정리하고, 새로운 실험을 행하여 *The EMBO Journal* 정도의 수준에 도달하기 위한 제안이다. 또한 과거의 중요한 관련 연구를 인용하지 않은 점을 지적하고 있다.〉

(1) The authors should perform additional experiments that allow specifying the proposed model. What are the ranges of oxygen concentrations that promote and inhibit lifespan, respectively?

〈Honda et al. (1993)의 결과/해석과 모순되는 점이 있고, 이를 위해서도 추가 실험을 할 필요성을 제기하고 있다.〉

(2) The authors discuss that on their assay plates oxygen concentrations would be non-uniform. This is not convincing. They performed their experiments using feeder lawns of UV-

inactivated bacteria, which are metabolically compromised or even dead. Thus, under these experimental conditions oxygen levels are expected to be homogenous and should correspond to atmospheric 21% across the assay plates. It is hard for me to understand how oxygen aerotaxis could take place at all under these conditions.

〈저자의 해석상의 부자연스러움을 지적하고, 이러한 이유로도 추가 실험의 필요성을 제기하고 있다.〉

(3) The authors discuss that their results might be relevant for recent studies, which report tht people living at higher altitudes show longer life expectancies compared to people living at normal altitudes. However, higher altitudes are commonly associated with a decrease in partial oxygen pressure, which corresponds to lower oxygen levels. The statement in the discussion should be more carefully formulated.

〈저자는 고지대에 거주하는 사람이 장수한다는 최근의 연구결과와 잘 부합된다고 지적하고 있지만 논의를 더 주의 깊게 행해야 한다고 조언하고 있다.〉

minor comments:

〈생략〉

Referee #2

Liu and Cai report in this manuscript an unexpected role for oxygen-sensing neurons in regulating lifespan of *C. elegans*. Using laser ablation of specific neurons and analysis of mutants defective in neuron-specific genes that function in oxygen sensing Liu and Cai show that URX neurons, which are activated by hyperoxic stimuli, lifespan while BAG neurons, which are activated by hypoxic stimuli, suppress lifespan.

〈이상은 해당 분야의 현재까지의 연구와 본 연구의 종합을 Referee #2 가 행한 것이다.〉

The authors compellingly document the effects of ablating oxygen sensing neurons and mutating genes that function in specific types of oxygen-sensing neurons. But is lifespan regulated by oxygen levels as the authors suggest? And does changing oxygen levels affect lifespan in a manner that requires BAG and URX neurons? There are no data addressing this key point.

〈이상은 레퍼리로서 본 논문의 문제점, 의문점을 지적하고 있다.〉

Specific comments

1. Because perturbing oxygen-sensing neurons affects lifespan the authors infer that environmental oxygen would affect lifespan. They do not show this. The authors should test whether hyperoxic conditions, which activate BAG neurons, affect lifespan as their

model predicts i.e. shortening of lifespan. Also, the authors should determine whether hyperoxic conditions, which activate URX neurons affect lifespan as predicted, i.e., extension of lifespan. The authors should then test whether any effects of changing oxygen levels require gcy genes.

〈저자는 가설을 테스트해 보아야 한다고 제안했다. 이것이야말로 저자가 받아들여야 할 중요한 점이라고 기술했다.〉

2. BAG neurons are also activated by carbon dioxide. How does the CO_2-sensing role of BAG fit into regulation of lifespan? Does activating BAG with CO_2 affect lifespan? Does a mutation that affects the ability of BAG neurons to be activated by CO_2 affect lifespan ad do gcy-31 and gcy-33 mutations? The authors cannot ignore other published work about stimuli that activate BAGs in this characterization of a role for BAGs in the regulation of lifespan.

〈과거에 관련된 중요한 논문을 인용할 것을 충고하였다. 이 밖에 일부 관련된 문제점이 지적되었지만 생략했다.〉

Referee #3

Liu and Cai present some very interesting observations on the interplay between oxygen sensing and longevity in C. elegans. This study provides a nice addition to the body of work demonstrating that neuronal signaling plays an important role in both the insulinsignaling pathway and in DR. The experiments appear to be well done and technically sound.

〈종합평가로서 실험 자체는 높은 수준이다. 그러나 ……〉

My primary criticism is that the authors fail to attempt to fit their observations into the broader field where several studies have shown that the oxygen-sensing transcription factor HIF-1 can modulate lifespan in *C. elegans*. It has also been previously shown that hypoxia is sufficient to extend lifespan in *C. elegans*, which is clearly relevant for this study but the authors fail to mention. At a minimum, the authors should discuss how their findings might fit into the current data linking HIF-1 and hypoxia to longevity.

〈이상은 저자의 논의 방법에 대한 의견. 보다 넓은 관점에서의 논의가 필요하다는 것이 주된 뜻이다.〉

저자로부터의 회신
2013년 1월 16일

Response to Referee #1:

Thank Referee #1 for these very enthusiastic remarks. Regarding aerotaxis behavior, we previously speculated its involvement in order to suggest a conceptual model for our observations. In this revision, through performing a large number of new experiments, we obtained new data which have resulted in 3 new figures (Figs. 6-8) and 14 new supplemental figures (Figs. S1-S14). Based on these data, we have obtained new important understandings, leading to the current working model (Fig. 9) without involving an idea about aerotaxis. As detailed in our responses below, these new data, while having completely addressed the Referee's concerns, have greatly substantiated our conclusion.

〈레퍼리의 조언을 받아 추가 실험을 실시하여, 새로운 데이터를 얻고, 그 그림을 추가했다고 기술하고 있다.〉

(1) Thank the Referee for suggesting these valuable experiments. We accordingly performed these experiments to test the effects of different environmental O_2 levels on *C. elegans* lifespan. In our test, we employed serial O_2 levels including 4%, 8%, 12%, 21% and 40%. Among these O_2 conditions, 21% was used as normoxic reference, representing the condition in which laboratory *C. elegans* are usually maintained. Moderately-low O_2 levels including 4%, 8% and 12% were used to reflect the 5-12% O_2 range which is known to be preferred by wild type *C. elegans* (Gray et al., 2004; Zimmer et al., 2009). As shown in Fig. S1, *C. elegans* lived increasingly longer as environmental O_2 level drops from 40% to 4%. These data proved that environmental O_2 level modulates *C. elegans* lifespan.

(2) This issue has now been clarified by the new experiments which the Referee suggested. (이하 생략)

(3) Thank the Referee for this point, and we have deleted this discussion in the manuscript.

〈새로운 시험으로부터 처음 제출한 논문은 추측에 불과했던 점이 사실인 것으로 확인되고, 따라서 이전의 논의는 삭제했다.〉

Response to Referee #2:

Thank Referee #2 for these important suggestions. In this revision, we conformed to all these suggestions by performing five sets of major experiments, and obtained following new findings.

〈레퍼리의 권고에 따라 새로운 5조의 실험을 실시하고, 새로운 발견을 했다는 점을 밝혔다. 이들을 다음과 같이 정리했다.〉

(1) *C. elegans* lifespan is affected by environmental O_2 levels (Fig. S1).

(2) BAG neurons and comprised GCY-31/33 counter-regulate anti-longevity effect of low O_2 (Fig. 6).

(3) URX neurons and comprised GCY-35/36 counter-regulate anti-longevity effect of high O_2 (Fig. 7).

(4) Lifespan effects of GCYs are not mediated by but counteract canonical pathways (Figs. S2-S13).

(5) *C. elegans* lifespan is also affected by environmental CO_2 levels (Fig. S14).

(6) BAG neurons act via GCY-9 to limit the pro-longevity action of moderate CO_2 (Fig. 8).

These new data, while having completely addressed Referee #2's critiques, greatly substantiate our findings.

Specific comments

1. Referee #2 advised us to test the effects of environmental O_2 on lifespan, as did Referee #1. We experimentally addressed this suggestion, and please see our response to Referee #1: *Paragraph* 1. Regarding the prediction from Referee #2, because low O_2 sensing of BAG neurons leads to avoidance from the low O_2 environment (Zimmer et al., 2009), the pro-longevity action from ablating BAG neurons (Figs. 1A&B) suggest that low O_2 increases lifespan. Similarly, because high O_2 sensing of URX neurons leads to avoidance of the high O_2 environment (Gray et al., 2004), the anti-longevity action from ablating URX neurons (Figs. 1C&D) suggest that high O_2 reduces lifespan. Indeed, our new data in Fig. S1 have confirmed that environmental O_2 affect s lifespan in *C. elegans*, and thus provided a relevant context for this study.

2. Given the Referee's question, we experimentally tested if CO_2 sensing in BAG neurons is involved in lifespan modulation. To test the effect of environmental CO_2 on lifespan in wildtype *C. elegans*, we employed 5% CO_2, as it is below 9-19 % CO_2 which is known detrimental to health of *C. elegans*. We found that compared to atmospheric CO_2 (0.039%), 5% CO_2 led to an increase of lifespan in C. elegans (Fig. S14). Next we dissected the role of BAG-mediated CO_2

sensing in lifespan modulation of *C. elegans*.

Response to Referee #3:

We thank Referee #3 for these valuable suggestions. We apologize for our carelessness that we previously did not include these important papers in our discussion. All these papers are cited in the current manuscript.

We have experimentally addressed Referee #3's question about whether HIF-1 is required for GCYs to modulate lifespan. Thank the Referee for providing helpful information regarding temperature-dependent action of HIF-1 deletion.

〈초고에 중요한 논문을 인용하지 않은 것을 인정했다. 개정판에는 이들의 연구를 논의에 포함시켰다.〉

In revision, we also performed several experiments to address the relationship between GYSs and DAF-16 or dietary restriction, which was also suggested by Referee #2. Briefly, we obtained data (Figs. S2, S3, S10, and S11) showing that the lifespan effects of GCYs are not attributed to DAF-16 or dietary restriction; however, anti-longevity effects of GCY-31/33 are independently counteractive against these canonical pathways, while pro-longevity effects of GCY-35/36 are additive to these pathways.

두 번째로 에디터가 저자에게 보낸 메모

2013년 2월 13일

Thank you for submitting your manuscript to *The EMBO Journal*. Your study has now been re-reviewed by the original referees. As you can see below, the referees appreciate the added changes and are supportive of the work. However, referee #2 still has some issues that should be resolved.

〈레퍼리 전원은 개정판에 명확한 진전이 있다고 평가하고 있지만, Referee #2는 다시 몇 가지 해결해야 할 문제점을 지적하고 있다.〉

Some of these issues can be addressed with appropriate text changes and better discussion of the data . There is still the issue if gcy mutations and BAG/URX ablations affect the foraging behavior. This issue should be fairly easy to resolve. Let me know if there are problems in carrying out such experiments.

Given the very positive comments on the revision, I would like to ask you to resolve the last remaining issues in a final round of revision.

3명의 레퍼리(Referee #1, #2, and #3)로부터의 두 번째 코멘트

Referee #1

In this revised version of the paper the authors satisfactorily addresses all criticisms and suggestions I raised on the original manuscript. The new results convincingly demonstrate that oxygen and carbon dioxide levels control lifespan. In addition, oxygen/carbon dioxide sensory neurons counteract these effects independently of known lifespan regulating pathways. These findings are profound and of high interest to a broad audience of scientists. The manuscript is clearly written and all results are adequately discussed. I highly recommend publication in *The EMBO Journal*.

Minor point: All figures panels of figure-texts should now indicate the O_2 levels under which experiments were performed (I assume 21% if not indicated otherwise).

Referee #2

Lin and Cai have significantly expanded their study of hypoxia- and hypoxia-sensing neurons in the control of lifespan. In the revised manuscript they have added data showing that (1) these neurons need not function as sensors of respiratory gases to affect lifespan (2) another stimulus that activates BAG neurons, CO_2 extends lifespan, and (3) canonical regulators of *C. elegans* lifespan are not required for the effects of ablating/mutating gas-sensing neurons.

With revisions the manuscript has become more substantial, and the authors have directly responded to some of my questions. I still have major concerns about the interpretation of the data. What some of my concerns have in common is that the new data have not been logically synthesized into a clear model. one important point I raised remains unaddressed.

〈Referee #2 여전히 데이터의 해석에 대하여 큰 의문을 가지고 있다.〉

(1) Newly added data clearly indicate the existence of targets of hypoxia, hyperoxia and hypercapnia other than the BAG neurons. The data suggest that BAG and URX neurons regulate lifespan in a manner that might not have much to do with their functions as gas-sensing neurons. In light of this, the model shown in Figure 9 is extremely misleading, to the point of being incorrect.

〈실험 결과를 보면 그림 9는 오해를 줄 수 있거나, 혹은 오류가 아닐까 라고 지적한다.〉

Referee #3

In their revised manuscript, Lin and Cai have responded to a majority of the comments raised by the referees. I am generally satisfied with the data, although I think the interpretation still needs to be tweaked.

〈레퍼리 코멘트의 대부분은 확실하게 대응하고 있지만, 해석에 관해서 한 번 더 궁리해 볼 필요가 있다.〉

Mehta et al. (2009) also showed that 0.5% oxygen during adulthood can extend lifespan. This should be added to the sentence discussing the Honda paper.

2회째 개정

2013년 3월 7일

Response to Referee #1:

Thank Referee #1 for recommendation, and we have labeled O_2 condition in all figures.

Response to Referee #2:

(1)

Thank Referee #2 for this valuable critique. We have re-written the manuscript in order to logically synthesize our data into a clear models, *i.e.*, BAG and URX neurons control lifespan independently of canonical pathways. Also, our revised model now contains a point (which the Referee indicated) that there are parallel pathways by which O_2 and CO_2 affect lifespan, and BAGURX neurons exert effects on lifespan independently of parallel pathways induced by environmental O_2/CO_2 changes (such as HIF-1). Please see Paragraphs 2 and 3 in revised discussion (Page 17-20).

The Referee indicated that previous Figure 9 (which we used to present our model) was misleading, we agree and have removed this figure. Also, the Referee suggested that the data regarding canonical pathways-independent observations should not be neglected as supplementary; thank the Referee for this constructive point, we have organized them into Figures 5-7 in this revised manuscript.

As we responded above, we have completely addressed these issues through adding new data and re-writing, and certainly hope that the Referee will find the revised manuscript publishable.

Response to Referee #3:

Thank Referee #3 for positive comments. To conform to the Referee's suggestion, we have removed the statement that HIF-1 is not involved, and added this caveat to the discussion.

We have added this finding by Mehta *et al.*, together with our discussion of Honda paper.

We apologize that we did not include details of the DR method in the previous manuscript. Our study was based on using modified solid DR (msDR) method which was originally published by Kapahi's group in 2009 and followed in publications by other groups. Kapahi's group concluded that this msDR method, resembling *eat-2*, bacterial deprivation, liquid Dr or axenic growth, extends lifespan independently of DAF-16. In our revised manuscript revision, we have provided the details of this methos.

두 번째 개정 후 이 논문은 2013년 3월 12일 무사히 채택되었다.

참고문헌

D. 프라이스 著, 島尾永康 訳 (1970) リトル・サイエンス, ビッグ・サイエンス, 創元社.

E. N. Parker 著, 紫田一成 訳 (1998), 科学論文出版の戦術, 天文月報, **91**, 370–375.

T. E. Pearsall, K. C. Cook 著, 都田青子 訳 (2010) 情報整理からはじめるテクニカル・ライテイング, 丸善出版.

有馬朗人, 金田康正 (1984) 研究者の活動力を測る, 科学, **54**, 360–365.

逸村 裕, 安井裕美子 (2006) インパクトフアクター―研究評価と学術雑誌, 名古屋高等教育研究, 6.

小野義正 (2008) ポイントで学ぶ 科学英語の効果的な書き方, 丸善出版.

加藤真紀 (2011) 論文の被引用数から見る卓越した研究者のキャリアパスに関する国際比較, 科学技術政策研究所 discussion paper No. 78.

上出洋介 著, 津田かつみ絵 (2002) 私の研究 オーロラのひみつ, 偕成社.

小林康夫, 船曳建夫 (1994) 知の技法, 東京大学出版会.

内閣府 (2012) 国立大学法人等の科学技術関係活動 (平成22事業年度) に関する調査結果.

広田 勇 (1996) 優れた論文とは何か, 天気, **43**, 577–582, 日本気象学会.

マーク・ピーターセン (1988) 日本人の英語, 岩波書店.

森村久美子 (2011) 使える理系英語の教科書：ライテイングからプレゼン, ディスカッションまで, 東京大学出版会.

文部科学省 (2010) 論文成果に見る我が国の状況, 平成22年度版, 科学技術白
　書.

山崎 誠 (2001) 論文の寿命 ― 参考文献の"年齢"分布, 言語処理学会, 213-216.

Aad, G., et al., (2010), Charged-particle multiplicities in pp interaction at s=900
　GeV measured with the ATLAS detector at the LHC, *Physics Letters B*, **688**, 21
　-42.

Akasofu, S.-I, Kamide, Y. (2005) Comment on "The extreme magnetic storm of
　1-2 September 1859" by B. T. Tsurutani, W. D. Gonzalez, G. L. Lakhina,
　and S. Alex, *Journal of Geophysical Research-Space Physics*, **110**, A09226.

Amin, M. and Mabe, M. (2000) Impact factors: use and abuse, *Perspectives in
　Publishing*, **1**.

Carrington, R. C. (1860) Description of a singular appearance seen in the Sun on
　September 1, 1859, *Monthly Notices of the Royal Astronomical Society*, **20**, 13-
　15.

Crooker, N. U., McPherron, R. L. (1972) On the Distinction between the
　Auroral Electrojet and Partial Ring Current Systems, *Journal of Geophysical
　Research-Space Physics*, **77**, 6886-6889.

Day, R. A. (2006) How to Write and Publish a Scientific Paper, Cambridge
　University Press.

De Mendonça, R. R. S., Raulin, J.-P., Echer, E., Makhmutov V. S., Fernandez
　G. (2005) Analysis of atmospheric pressure and temperature effects on cosmic
　ray measurements, *Journal of Geophysical Research-Space Physics*, **118**, 1403-
　1409.

Garfield, E. (1996) The significant scientific literature appears in a small core of
　journals, *The scientists*, **10**, 13.

Hirsh, J. E. (2005) An index to quantify an individual's scientific research output, *Proceedings of the National Academy of Science of the United States* of America, **102**, 16569–16572.

Kamide, Y., Kokubun, S., Bargatze, L. F., Frank, L. A. (1999) The size of the polar cap as an indicator of substorm energy, *Physics and Chemistry of the Earth, Part C: Solar, Terrestrial & Planetary Science*, **24**, 119–127.

Liu, T. and Cai, D. (2013) Counterbalance between BAG and URX neurons via guanylate cyclases controls lifespan homeostasis in *C.elegans*, *The EMBO Journal*, **32**, 1529–1542.

Nicholas, K. A. and Gordon, W. S. (2011) A Quick Guide to Writing a Solid Peer Review, *EOS Trans. AGU*, **92**, 233–234.

Nishida, A., Kamide, Y. (1996) Comment on "The relationship between ionospheric convection and magnetic activity" by J.-H. Shue and D. R. Weimer, *Journal of Geophysical Research–Space Physics*, **101**, 11013–11014.

Pérez-Claros, J. A. Aledo, J. C. (2006) Comment on "Morphological Evolution Is Accelerated among Island Mammals", *PLoS Biology*, **7**, 1412.

Usoskin, I. G., Kromer, B., F. Ludlow, F., Beer, J., Fredrich, M., Kovaltsov, G. A., Solanki, S. K. and Wacker, L. (2013) The AD 775 cosmic event revisited: the Sun is to blame, *Astronomy and Astrophysics*, **552**, L3.

Wallwork, A. (2011) English for Writing Research Papers, Springer Verlag.

Weinstock, M. (1971) Citation Indexes, in Marcel Dekker ed., Encyclopedia of Library and Information Science, **5**, 16–40.

Weisman, H. M. (1985) Basic Technical Writing, Merrill Pub.

Woeginger, G. J. (2008) An axiomatic analysis of Egghe's g–index, *Journal of Informetrics*, **2**, 364–368.

Wood, P. (2006) Kamide reflects on JGR and the role of editor, *EOS, Trans.*, **79**, 83.

Wyatt, P. J. (2012) Too many authors, too few creators, *Physics Today*, **65**, 9–10.

참고한 웹 페이지

遠藤 悟, 米国の科学政策.

　変わりつつある米国の研究 大学における研究と成果発表の環境

　http://homepage1.nifty.com/bicycletour/sci-rep.nsf.pubs-environment.htm

コニカミノルタ

　http://www.konicaminolta.jp/

角皆静男, 個人ホームページ

　研究者にとっての論文十か条

　http://member3.jcom.home.ne.jp/mag−hu/Tsunogai/Ronbun/Zatsu5/
　Zatsu5−60d.htm

文部科学省

　研究活動の不正行為への対応のガイドライン について 研究活動の不正行
　為に関する特別委員会 報告書 (要旨)

　http://www.mext.go.jp/b_menu/shingi/gijyutu/gijyutu12/houkoku/
　attach/1334651.htm

Ecological Society of America

　GUIDELINES FOR REVIEWERS

　http://esapubs.org/esapubs/reviewers.htm

Geophysical Research Letters

　http://onlinelibrary.wiley.com/journal10.1002/ (ISSN) 1944−8007

Nature

　投稿をお考えの皆様へ

　http://www.natureasia.com/ja-jp/nature/authors/guideline

Solar Physics

　http://www.springer.com/astronomy/astrophysics+and+astroparticles/
　journal/11207

Science Watch.com

Top Ten Most-Cited Journals (All Fields), 1999－2009

http://archive.sciencewatch.com/dr/sci/09/aur2－09_2/

The EMBO Journal

http://emboj.embopress.org/

The National Science Foundation

Proposal and Award Policies and Procedures Guide, February 2014

http://nsf.gov/publications/pub_summ.jsp?ods_key=papp

후기

젊은 연구자, 햇병아리 연구자, 혹은 대학원생으로 연구자가 되기 위해 훈련을 받는 사람, 혹은 외면상으로는 한 사람의 훌륭한 연구자로 자부하고 있는 사람들 누구라도, 논문을 쓰는 것과 출판하는 것에 대해서 일종의 불안감을 가지고 있다. 그것은 연구는 새로운 것이 아니면 안 되고, 그 연구결과를 설득력 있는 스타일로 읽기 쉽고 격식 있는 논문으로 발표하는 것은 간단한 일이 아님을 알고 있기 때문이다. 논문의 재료를 준비하는 것부터 레퍼리와 논쟁하는 것, 에디터를 설득하는 데 자신만만한 사람은 아무도 없다.

이 책을 집필하는 과정에서 논문을 둘러싼 연구부정 의혹이 큰 사회문제로 대두된 적이 있었다. 문제점의 하나는 대학이나 연구기관에서 과학논문 작성법에 대한 강의와 연습이 없는 반면, 데이터의 조작이나 변조가 각 연구실마다 선배로부터 물려받은 형식으로 행해지고 있는 것 같다. 또한 지금은 전화나 메일 1통으로, 저자를 대신해서 졸업논문이나 저널 투고논문을 써 주는 '논문대행' 회사가 있다고 한다. 게다가 그것이 사업으로 번성한다는 것은 많은 고객이 있기 때문이다. 연구라는 창의성 넘치는 일을 한 사람이 인터넷을 경유해서 데이터를 보내면, 창조성이 없는 사람(그러나 상상력은 왕성한 사람)이 여러분을 대신해서 논문을 써 주는 것이다. 영문 교정 서비스업체가 존재하는 것은 알고 있지만, 논문까지 써 주는 회사가 있다는 것을 듣고 놀랐다. 입학시험에서 '대리시험'은 범죄이기 때문에 같은 이유로 '대리졸업'도 단속 대상이 아니겠는가? 어느 쪽이든 이런 사기가 사업이 될 정도로 많은 연구자들이 고민하고 있다는 것인지도 모른다.

이 책은 국제저널의 에디터로 11년 이상을 근무한 필자가 그 경험을 살려, 어떻게 하면 좋은 논문을 효율적으로 잘 쓰는가에 대해서 조언하기 위해서 쓴 것이다. 필자는 지구과학, 우주과학이 전문이지만 본서에 쓴 주요한 점들은 과학 어느 분야에서도 공통되는 것으로 생각한다.

그런데 여러분, 본서를 한 번 읽고 논문 쓰기의 중요성을 인식하게 되었는가? 논문을 내는 것은 자신의 독창성의 결과를 세상에 남기는 위대한 일이다. 그 논문에 쓰여 있는 연구결과는 인류 역사의 일부가 되는 것이다. 이러한 축적이 이 행성에서 우리 인류의 올바른 입장을 대변해 주는 것이다.

그러나 논문을 쓰고, 학술전문지에 제출하여, 마지막으로 채택되기까지의 길은 결코 평탄치 않다. 실망하는 적이 여러 번 있을 것이다. 그것은 레퍼리라는 눈에 보이지 않은 존재가 여러 가지 주문을 해 오기 때문이다. 주문을 해 오기만 한다면, 그들은 논문의 질을 향상시켜 주기 때문에 고마운 충고로 받아들이지 않으면 안 되지만, 그 주문 덕분에 '게재거부'가 되기라도 하면, 지금까지 몇 년간에 걸친 연구가 물거품이 되지 않겠는가?

하지만 걱정할 것 없다. 레퍼리는 투고된 논문의 질을 높은 수준으로 이끌기 위해, 건설적인 의견을 제시하는 것이 원래의 역할이다. 아무리 생각해도 트집 잡을 생각밖에 없는 레퍼리가 있다면, 그 취지를 에디터에게 제대로 호소하는 것이 좋다. 필자의 낙관적인 의견이지만 연구내용이 새롭고, 결과가 새로운 경우, 그것을 기술한 논문은 반드시 채택되어야 한다는 것이다. 이와 같은 신념을 갖고 논문을 쓰고, 개정을 한다 하더라도 중도에 좌절하는 경우가 반드시 있다. 이와 같은 때는 최종 도착지점을 놓치지 않을 정도로 자신을 격려해 보라. 넓은 시야에서 논문을 검토하는 여유를 갖는 것도 중요하다.

먼저 에디터의 메일과 첨부되어 온 레퍼리의 코멘트를 침착하게 읽어라. 의미를 모르는 곳이 있으면 완전히 전체를 이해할 때까지 읽어라. 논문의 개정판을 쓰고, 레퍼리에게 응답(response)을 준비하는 데 있어서 그 과정이 매우 중요하다. 레퍼리가 오해하고 제멋대로인 코멘트를 보내왔을 경우, 솔직히 화가 날 수 있을 것이다. 흠이나 트집처럼 들리는 코멘트도 있을 것이다. 이런 완고한 녀석 때문에 자신의 인생이 걸려 있는 중대한 논문이 쓰레기 취급당해도 좋다는 말인가! 그러나 여기서 어른이 되자. 레퍼리가 오해한 것은 자신의 작성법의 논리가 이상했기 때문은 아닌지, 혹은 자신의 영어가 에둘러서 표현된 것은 아닌지 반성해 보는 것도 중요하다. 흥분되어 거친 말로 응수하여 논문을 휴지 조각으로 만들기보다는 채택으로의 길을 남겨 두는 것이 그렇게 나쁜 것만은 아니라고 생각한다. 에디터는 많은 어려운 논문의 처리에 오랜 경험을 가지고 있는 인격자가 많기 때문에 그 점은 걱정할 필요가 없다. 결론이 올바른지/올바르지 않은지 누구도, 물론 레퍼리도 모르는 경우, 그 논문은 수락되지 않으면 안 된다.

이 책의 집필단계에서 많은 분의 신세를 졌다. 국립천문대의 사쿠라이(櫻井隆) 교수는 *Solar Physics* 현 에디터의 입장에서, 특히 연구자의 도덕상의 문제에 대해서 조언을 주었다. 또한 다양한 기관에서 학생지도를 담당해 오신 나고야대학교의 쿠사노(草野完也) 교수는 논문의 인용 및 공동 논문의 저자순서에 관련된 어려움에 대한 논의에 참여해 주었다. 그리고 많은 논문을 발표하고 있는 박사후 연수생 미야시타(宮下幸長) 군은 젊은 사람을 대표해서 전체 원고를 읽고, 많은 코멘트를 해 주었다.

전임 우주과학연구소장인 니시다(西田篤弘) 명예교수(일본학사원회원·문화공로자)는 논문인용 데이터를 이 책에서 인용하도록 동의해 주셨다. 진심으로 감사드린다. 또한 오스트리아 우주과학연구소의 W. Baumjohann은 그의 훌륭한 논문 출판기록을 예로 사용하는 것을 허락하였다.

본문에도 기술한 바와 같이 이 책에 기재된 '좋은 논문 쓰는 방법'에 관한 노하우의 대부분은 필자가 미국 지구물리학연합의 학술지 *Journal of Geophysical Research – Space Physics* 및 *Geophysical Research Letter*의 오랜 에디터의 경험에 의한 것이다. 미국 본토, 유럽에서 필자와 같은 기간에 에디터로 근무하면서, 푸념을 늘어놓은 다음 분들에게도 감사를 드린다(소속은 당시의 것임).

Dessler, A. J. : 라이스대학교

Goertz, C. K., Van Allen, J. A. : 아이오와대학교

Gombosi, T. I. : 미시간대학교

Haerendel, G., Ip, W. H. : 막스 플랑크 연구소

Hultqvist, B. : 스웨덴 우주과학연구소

2014년 4월

카미데 요스케